幼儿园科学教育活动设计与指导

（第2版）

主　编　康　丹
副主编　谭湘府　蔡　术　周端云
主　审　杨莉君

北京理工大学出版社
BEIJING INSTITUTE OF TECHNOLOGY PRESS

版权专有　侵权必究

图书在版编目（CIP）数据

幼儿园科学教育活动设计与指导 / 康丹主编. —2 版. —北京：北京理工大学出版社，2022.8 重印

ISBN 978-7-5682-7889-8

Ⅰ. ①幼… Ⅱ. ①康… Ⅲ. ①学前教育 – 科学技术 – 活动课程 – 幼儿师范学校 – 教材 Ⅳ. ① G613.3

中国版本图书馆 CIP 数据核字（2019）第 253616 号

出版发行 / 北京理工大学出版社有限责任公司
社　　址 / 北京市海淀区中关村南大街 5 号
邮　　编 / 100081
电　　话 /（010）68914775（总编室）
　　　　　（010）82562903（教材售后服务热线）
　　　　　（010）68944723（其他图书服务热线）
网　　址 / http：//www.bitpress.com.cn
经　　销 / 全国各地新华书店
印　　刷 / 定州市新华印刷有限公司
开　　本 / 787 毫米 × 1092 毫米　1/16
印　　张 / 14.5　　　　　　　　　　　　　　　　　　责任编辑 / 张荣君
字　　数 / 325 千字　　　　　　　　　　　　　　　　文案编辑 / 张荣君
版　　次 / 2022 年 8 月第 2 版月第 2 次印刷　　　　　责任校对 / 周瑞红
定　　价 / 42.00 元　　　　　　　　　　　　　　　　责任印制 / 边心超

图书出现印装质量问题，请拨打售后服务热线，本社负责调换

序 XU

近年，世界学前教育界已经达成了最基本的共识：幼儿生命中最初几年是为其设定正确发展轨道的最佳时期，早期教育是消除贫困的最佳保证，投资学前教育比投资任何其他阶段的教育都拥有更大回报，当然，这些成效的达成都以高质量的学前教育为前提，而幼儿园教师是保证高质量学前教育的关键。

《国务院关于当前发展学前教育的若干意见》强调要造就一支师德高尚、热爱儿童、业务精良、结构合理的幼儿园教师队伍，为此颁布了《幼儿园教师专业标准（试行）》，引导幼儿园教师和教师教育向着专业化、规范化和高质量的方向发展，这套教材正是以满足《幼儿园教师专业标准（试行）》《教师教育课程标准》和幼儿园教师资格证考试要求为理念编写的，体现了如下特点：

一、全新的教材编写理念

师德是幼儿园教师最基本的职业准则和规范。师德就是教师的职业道德，是幼儿园教师在保教工作中必须遵循的各种行为准则和道德规范的总和。对幼儿园教师而言，师德是其在开展保育教育活动、履行教书育人职责过程中需要放在首位考虑的。关爱幼儿，尊重幼儿人格，富有爱心、责任心、耐心和细心是幼儿园教师师德的重要内容。"教育爱"不仅仅是对幼儿身体的呵护，更需要幼儿园教师尊重每一个幼儿的人格，保障他们在幼儿园里快乐而有尊严地生活，为幼儿创造安全、信任、和谐、温馨的教育氛围，能温暖、支持、促进每一个幼儿富有个性地发展。由于幼儿独立生活和学习的能力还较差，幼儿园教师几乎要对他们生活、学习、游戏中的每一件事提供支持和帮助，幼儿园教师充满爱心地、负责任地、耐心地和细心地呵护，才能使学前教育能够满足幼儿个体生命成长的需要，体现学前教育对个体生命的意义与价值。

幼儿为本是幼儿园教师应秉持的核心理念。学前儿童是学前教育的主体和核心，必须尊重儿童的主体地位，学前教育的一切工作必须以促进每一个儿童全面发展为出发点和归宿，因此，珍惜儿童的生命，尊重儿童的价值，满足儿童的需要，维护儿童的权利，促进每一个儿童的全面发展，是学前教育的本质，也是学前教育最根本的价值所在。具体来说，幼儿为本要求教师要尊重幼儿作为"人"的尊严和权利，尊重学前期的独特性和独特的发展价值，以幼儿为主体，充分调动幼儿的积极性，遵循幼儿身心发展特点和保教活动的规律，提供适宜的、有效的学前教育，保障幼儿健康快乐地成长。

专业能力是幼儿园教师成长的关键。毋庸讳言，我国幼儿园教师的专业能力与学前教育改革的需要之间还存在着较大差距，在当下，幼儿园教师观察幼儿、理解幼儿、评价幼儿、研究幼儿、与幼儿互动、有针对性地支持幼儿、反思自己的教育行为等保教实践能力是其专业能力中的短板，在职教师们普遍感到将《幼儿园教育指导纲要（试行）》《3~6岁儿童学习与发展指南》中的先进教育理念转变为教育行为仍然存在困难，入职前的学前教育专业学生也需要强化正确的教育观和相应的行为，理解、教育幼儿的知识与能力，观摩、参与、研究教育实践的经历与体验。因此，幼儿园教师和教师教育应该强调在新的变革中转变自己的"能力观"，树立新的"能力观"，提高自己与学前教育变革相匹配的、适应"幼儿为本"的学前教育专业能力。

终身学习是顺应教师职业特点与教育改革的要求。德国教育家第斯多惠说过："只有当你不断致力于自我教育的时候，你才能教育别人。"幼儿园教师需要不断拓展自身的知识视野，优化知识结构，了解学科发展和幼教改革的前沿观点。因此，幼儿园教师应该是终身学习者，具有终身学习和持续发展的意识和能力。终身学习是时代进步和社会发展对人的基本要求，是人类自我发展、自我实现的不竭动力，是幼儿园教师专业发展的基本条件，也是幼儿园教师更好地完成保育教育工作的必然要求，只有不断学习与发展，才能跟上学前教育改革的步伐。

二、重实践的教材特点

这套教材的编写力图呈现以下特点：第一，内容全而新。根据《幼儿园教师专业标准（试行）》《教师教育课程标准》和《幼儿园教师资格考试大纲》的内容和要求，确保了内容的全面性和时效性。第二，重实践运用。针对学前教育专业学生的特点和实际需要，围绕成为一个合格的幼儿园教师"需要做什么"和"具体怎么做"这两个问题展开，强调实践运用。第三，案例促理解。为了帮助学习者了解幼儿园保教实践中遇到的各种问题，灵活地运用保育教育现场的各种策略，本书列举了大量的案例，并对案例进行了具体分析，增强了本书的针对性和操作性。

三、多元化的教材使用者

这套教材主要的使用对象是职业院校相关专业的学生，也可用于幼儿园新教师培训、转岗教师培训和在职幼儿园教师自学时使用。实践取向的教材涉及学前教育、儿童发展理论的相关内容，以深入浅出的解读与理论联系实践的方式阐释，提供了大量的操作案例，同时提供课件，方便教师备课和理解钻研教材时使用，也便于学生自学、预习或温习。

杨莉君
于湖南师范大学

前言 QIANYAN

高质量的教材是提高教师教育课程质量的保证。为了适应当前学前教育改革和发展的需求，积极推进我国学前教育专业的课程改革和教材建设，并结合幼儿教师资格考试的要求，根据注重实践和实用的特点，紧密联系幼儿园教育实践，特编写了《幼儿园科学教育活动设计与指导》教材。本教材旨在通过提高学前专业学生从事学前儿童科学教育的专业素养和实践能力，促进学前儿童科学教育质量的提升。

一、编写理念

以"实践取向型"作为编写指南，以2011年颁布的《教师教育课程标准（试行）》和2012年颁布的《幼儿园教师专业标准（试行）》《3~6岁儿童学习与发展指南》为依据，来设计幼儿园科学教育活动设计与指导。本书以"科学探究"和"数学认知"两个子领域的学习为划分体系。从观念上，重视幼儿科学教育对幼儿发展的价值，注重培养幼儿的好奇心、求知欲、探究能力以及热爱科学的情感；注重对幼儿科学意识、科学情感和科学能力的启蒙教育，引导幼儿主动学习。从方法上，注重幼儿进行探索与发现，强调创设适宜的教育环境等。

二、教材特点

1. 实践性。高质量的幼儿园科学教育课程应当丰富未来教师关于幼儿园科学教育实践的经验和体验，缩短他们从课堂走向实践的距离。因此，本教材在设计时以科学活动设计与组织为主要线索，并融入了大量的案例评析，旨在帮助学习者在熟悉幼儿园科学教育活动的设计流程与评价方式的同时，能够科学合理地设计幼儿园科学教育活动，并进行有效评价和反思。这样才能保证学习者在学习过程中可以多思考、多练习、多实践，积累感性经验，掌握科学教育教学技能，提高科学活动设计与组织的能力。

2. 通俗性。根据学习者的学习特点，本教材在撰写过程中，将一些抽象的理论知识通过联系实际，将其转化为可读性较强的文字；对一些重点、难点都提供了教学案例，并配以图表等直观、形象的材料进行解释和说明，以帮助学习者更好地学习和运用。

3. 发展性。本教材在沿袭传统章节体系的基础上，加入了"案例导入""学习目标""知识结构""拓展延伸""思考与实训"等模块。通过案例的形式激发学习者对科学教育的兴趣；通过学习目标和知识结构提示，帮助学习者带着问题进入每章的学习，以及对每章的大致框架形成基本的了解；通过拓展延伸、思考与实训模块，在开阔学习者视野的同时，帮助学习者更好地运用所学知识去分析问题和解决问题。

三、内容组织

本书在实践性和实用性理念的指导下，以学前教育基本理论和自然科学、心理学为理论基础，对幼儿园科学教育的目标、内容、途径、方法和设计组织等进行全面的介绍。

第一部分包括三个章节，主要结合《3~6岁儿童学习与发展指南》和《幼儿园教育指导纲要》等文件解读科学领域的目标和内容；阐述幼儿园科学教育组织途径与方法；全面描述了应该如何设计和实施幼儿园科学教育活动。

第二部分包括三个章节，主要从"科学探究"子领域的生命科学活动、物质科学活动、地球与空间科学活动三个方面介绍教育活动的设计与组织，分析适宜各个年龄阶段幼儿的核心经验、组织要点和活动设计，提供各个年龄班的活动案例。

第三部分包括四个章节，主要从"数学认知"子领域的集合与模式、数与运算、空间与时间、量与测量四个方面介绍教育活动的设计与组织，提供各个年龄班的活动案例。

每个章节都设有"案例导入""学习目标""知识结构""正文""拓展延伸"和"思考与实训"六个模块。"案例导入"部分在每章的开头，通过案例的形式引出本章学习的关键问题，引发学习者的学习兴趣。接着，还列出本章的"学习目标"和"知识结构"，帮助学习者明确本章的学习任务和了解将要学习的内容。"正文"部分概述本节的主要观点和相关理论，并以案例分析、图片展示等方式来解释相对抽象的理论，注重阐述的简洁性和可读性。"拓展延伸"部分列举相关的阅读资料，进一步拓展学习者的阅读视野。"思考与实训"部分包括思考题、案例分析和实践性的学习活动，旨在培养学习者的独立思考能力和理论联系实际的能力。

四、使用对象

本书针对幼儿园保教工作的实际需要和中职学前教育专业学生的学习特点，凸显实践上的应用性和理论上的适用性，适用于中、高职学前教育专业的学生，同时也可作为各级各类学前教育工作者的参考用书。还可以为学前教育工作者搭建理论联系实际的桥梁，以增强学习者对科学教育理论知识的基本认识，提高从事学前教育工作者的实际能力。

本教材在撰写过程中，参考并借鉴了国内外许多学者、专家的观点和资料，同时得到了湖南师范大学附属幼儿园、长沙市政府机关幼儿园以及北京理工大学出版社的大力支持，在这里一并表示感谢。

由于编者的水平和能力有限，书中难免有不妥之处，恳请广大读者批评指正。

康 丹

第一部分 幼儿园科学领域《纲要》与《指南》解读

第一章 幼儿园科学领域的目标及内容 ………… 2
第一节 幼儿园科学领域目标的解读及制定 ………3
第二节 幼儿园科学教育的内容与要求 ………… 15
第三节 幼儿园数学教育的内容与要求 ………… 17

第二章 幼儿园科学领域教育活动的组织途径与方法 … 21
第一节 幼儿园科学教育活动的组织途径与方法 ………… 22
第二节 幼儿园数学教育活动的组织途径与方法 ………… 28

第三章 幼儿园科学领域活动的设计与实施 ………… 40
第一节 幼儿园科学集体教学活动的设计与实施 ………… 41
第二节 幼儿园科学区域活动的设计与实施 ………… 59
第三节 幼儿园数学集体教学活动的设计与实施 ………… 63
第四节 幼儿园数学区域活动的设计与实施 ………… 70

第二部分 幼儿园科学探究教育活动的设计与指导

第四章 幼儿园生命科学活动的设计与指导 ………… 76
第一节 生命科学的核心概念与关键经验 ………… 77
第二节 生命科学集体教学活动设计与组织的案例评析 … 82

第五章 幼儿园物质科学活动的设计与指导 ………… 91
第一节 物质科学的核心概念与关键经验 ………… 92
第二节 物质科学集体教学活动设计与组织的案例评析 … 96

- 第六章　幼儿园地球与空间科学活动的设计与指导 …… 111
  - 第一节　幼儿园地球与空间科学的核心概念与关键经验 …… 112
  - 第二节　地球与空间集体教学活动设计与组织的案例评析 …… 115

第三部分　幼儿园数学认知教育活动的设计与指导

- 第七章　幼儿园集合与模式活动的设计与指导 …… 130
  - 第一节　幼儿园集合与模式活动的目标与内容 …… 131
  - 第二节　幼儿园集合与模式活动的组织与指导 …… 135
  - 第三节　幼儿园集合与模式活动设计与组织的案例评析 …… 139

- 第八章　幼儿园数与运算活动的设计与指导 …… 148
  - 第一节　幼儿园数与运算活动的目标与内容 …… 149
  - 第二节　幼儿园数与运算活动的组织与指导 …… 153
  - 第三节　幼儿园数与运算活动设计与组织的案例评析 …… 167

- 第九章　幼儿园空间和时间活动的设计与指导 …… 175
  - 第一节　幼儿园空间和时间活动的目标与内容 …… 176
  - 第二节　幼儿园空间和时间活动的组织与指导 …… 181
  - 第三节　幼儿园空间和时间活动设计与组织的案例评析 …… 190

- 第十章　幼儿园量与测量活动的设计与指导 …… 206
  - 第一节　幼儿园量与测量活动的目标与内容 …… 207
  - 第二节　幼儿园量与测量活动的组织与指导 …… 209
  - 第三节　幼儿园量与测量活动设计与组织的案例评析 …… 214

- 参考文献 …… 223

第一部分

幼儿园科学领域《纲要》与《指南》解读

第一章 幼儿园科学领域的目标及内容

案例导入

李老师原计划组织"认识菊花"的科学活动，可是天公不作美，清晨，天空出现了少见的大雾，看不清一米以外的东西。这时来园的幼儿热情地与老师和同伴们谈论着自己看到的雾和在雾中的体验。"你看我的头发都湿了。""我好像走在烟里。"李老师见到此状，决定将原计划的课程放下，带幼儿到院子里好好地去体验"雾"。幼儿又有了新的发现："我不小心撞到了一棵小树，树上掉下了好多水珠。""滑梯也湿了。"李老师让幼儿摸摸墙。"墙为什么没湿？"很多孩子提出了这个问题。李老师提出了幼儿发现的问题，似乎显得有些"矛盾"的事实。"滑梯湿了，墙为什么没湿？"幼儿连续几天的探究、收集信息和寻求答案的过程开始了……[①]

问题： 教师预先设计的科学活动能否随幼儿的兴趣改变？要如何理解《纲要》和《指南》中提到的幼儿园科学领域目标？在制定幼儿园科学领域目标时教师应注意什么？带着这些问题，一起进入本章的学习。

学习目标

通过本章学习，你应该具备以下知识：
1. 了解《纲要》和《指南》对科学领域目标提出的具体要求及其内涵。
2. 理解幼儿园科学领域教育目标制定的依据及目标的结构。
3. 能够科学地选择与幼儿年龄特点相符的科学领域教育的内容。

---

① 刘占兰. 学前儿童科学教育［M］. 北京：北京师范大学出版社，2008.

第一章　幼儿园科学领域的目标及内容

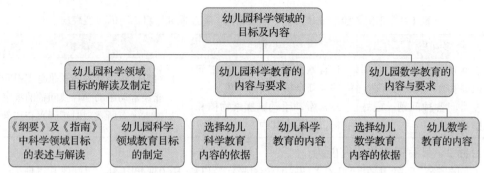

第一节　幼儿园科学领域目标的解读及制定

科学活动起源于人类的生产和生活实践，是人类在好奇心和求知欲的驱使下所进行的探索活动。从本质上看，科学是一种人生态度，也是一种精神和价值追求。我国非常重视幼儿园科学教育，它是幼儿全面发展的重要组成部分。2001年教育部颁布的《幼儿园教育指导纲要（试行）》（以下简称《纲要》）则对科学领域教育目标进行了明晰的表述；2012年教育部颁布的《3~6岁儿童学习与发展指南》（以下简称《指南》）对科学领域提出的目标及价值取向与《纲要》中科学领域倡导的理念如出一辙，是对《纲要》中科学领域的目标、内容的具体化和细化，便于幼儿园一线教师的理解和实践。

一、《纲要》及《指南》中科学领域目标的表述与解读

（一）《纲要》中科学领域目标的表述

1）对周围的事物、现象感兴趣，有好奇心和求知欲。
2）能运用各种感官，动手动脑，探究问题。
3）能用适当的方式表达、交流探索的过程和结果。
4）能从生活和游戏中感受事物的数量关系并体验到数学的重要和有趣。
5）爱护动植物，关心周围环境，亲近大自然，珍惜自然资源，有初步的环保意识。

（二）《指南》中科学领域目标的表述

《指南》中将科学领域划分为"科学探究"与"数学认知"两个子领域，每个子领域中都有三个目标，每个目标下也描述了3~6岁不同年龄阶段幼儿在该目标下的典型表现，具体表述如下：

第一部分　幼儿园科学领域《纲要》与《指南》解读

子领域一：科学探究

目标1　亲近自然，喜欢探究

不同年龄阶段幼儿在"亲近自然，喜欢探究"目标下的典型表现，如表1-1所示。

表1-1　不同年龄阶段幼儿在"亲近自然，喜欢探究"目标下的典型表现

3~4岁	4~5岁	5~6岁
1. 喜欢接触大自然，对周围的很多事物和现象感兴趣。 2. 经常问各种问题，或好奇地摆弄物品	1. 喜欢接触新事物，经常问一些与新事物有关的问题。 2. 常常动手动脑探索物体和材料，并乐在其中	1. 对自己感兴趣的问题总是刨根问底。 2. 能经常动手动脑寻找问题的答案。 3. 探索中有所发现时感到兴奋和满足

目标2　具有初步的探究能力

不同年龄阶段幼儿在"具有初步的探究能力"目标下的典型表现，如表1-2所示。

表1-2　不同年龄阶段幼儿在"具有初步的探究能力"目标下的典型表现

3~4岁	4~5岁	5~6岁
1. 对感兴趣的事物能仔细观察，发现其明显特征。 2. 能用多种感官或动作去探索物体，关注动作所产生的结果	1. 能对事物或现象进行观察比较，发现其相同与不同。 2. 能根据观察结果提出问题，并大胆猜测答案。 3. 能通过简单的调查收集信息。 4. 能用图画或其他符号进行记录	1. 能通过观察、比较与分析，发现并描述不同种类物体的特征或某个事物前后的变化。 2. 能用一定的方法验证自己的猜测。 3. 在成人的帮助下能制定简单的调查计划并执行。 4. 能用数字、图画、图表或其他符号记录。 5. 探究中能与他人合作与交流

目标3　在探究中认识周围事物和现象

不同年龄阶段幼儿在"在探究中认识周围事物和现象"目标下的典型表现，如表1-3所示。

表1-3　不同年龄阶段幼儿在"在探究中认识周围事物和现象"目标下的典型表现

3~4岁	4~5岁	5~6岁
1. 认识常见的动植物，能注意并发现周围的动植物是多种多样的。 2. 能感知和发现物体和材料的软硬、光滑和粗糙等特性。 3. 能感知和体验天气对自己生活和活动的影响。 4. 初步了解和体会动植物和人们生活的关系	1. 能感知和发现动植物的生长变化及其基本条件。 2. 能感知和发现常见材料的溶解、传热等性质或用途。 3. 能感知和发现简单物理现象，如物体形态或位置变化等。 4. 能感知和发现不同季节的特点，体验季节对动植物和人的影响。 5. 初步感知常用科技产品与自己生活的关系，知道科技产品有利也有弊	1. 能察觉到动植物的外形特征、习性与生存环境的适应关系。 2. 能发现常见物体的结构与功能之间的关系。 3. 能探索并发现常见物理现象产生的条件或影响因素，如影子、沉浮等。 4. 感知并了解季节变化的周期性，知道变化的顺序。 5. 初步了解人们的生活与自然环境的密切关系，知道尊重和珍惜生命，保护环境

第一章 幼儿园科学领域的目标及内容

子领域二：数学认知

目标 1　初步感知生活中数学的有用和有趣

不同年龄阶段幼儿在"初步感知生活中数学的有用和有趣"目标下的典型表现，如表 1-4 所示。

表 1-4　不同年龄阶段幼儿在"初步感知生活中数学的有用和有趣"目标下的典型表现

3~4 岁	4~5 岁	5~6 岁
1. 感知和发现周围物体的形状是多种多样的，对不同的形状感兴趣。 2. 体验和发现生活中很多地方都用到数	1. 在指导下，感知和体会有些事物可以用形状来描述。 2. 在指导下，感知和体会有些事物可以用数来描述，对环境中各种数字的含义有进一步探究的兴趣	1. 能发现事物简单的排列规律，并尝试创造新的排列规律。 2. 能发现生活中许多问题都可以用数学的方法来解决，体验解决问题的乐趣

目标 2　感知和理解数、量及数量关系

不同年龄阶段幼儿在"感知和理解数、量及数量关系"目标下的典型表现，如表 1-5 所示。

表 1-5　不同年龄阶段幼儿在"感知和理解数、量及数量关系"目标下的典型表现

3~4 岁	4~5 岁	5~6 岁
1. 能感知和区分物体的大小、多少、高矮长短等量方面的特点，并能用相应的词表示。 2. 能通过一一对应的方法比较两组物体的多少。 3. 能手口一致地点数 5 个以内的物体，并能说出总数。能按数取物。 4. 能用数词描述事物或动作，如我有 4 本图书	1. 能感知和区分物体的粗细、厚薄、轻重等量方面的特点，并能用相应的词语描述。 2. 能通过数数比较两组物体的多少。 3. 能通过实际操作理解数与数之间的关系，如 5 比 4 多 1；2 和 3 合在一起是 5。 4. 会用数词描述事物的排列顺序和位置	1. 初步理解量的相对性。 2. 借助实际情境和操作（如合并或拿取）理解"加"和"减"的实际意义。 3. 能通过实物操作或其他方法进行 10 以内的加减运算。 4. 能用简单的记录表、统计图等表示简单的数量关系

目标 3　感知形状与空间关系

不同年龄阶段幼儿在"感知形状与空间关系"目标下的典型表现，如表 1-6 所示。

表 1-6　不同年龄阶段幼儿在"感知形状与空间关系"目标下的典型表现

3~4 岁	4~5 岁	5~6 岁
1. 能注意物体较明显的形状特征，并能用自己的语言描述。 2. 能感知物体基本的空间位置与方位，理解上下、前后、里外等方位词	1. 能感知物体的形体结构特征，画出或拼搭出该物体的造型。 2. 能感知和发现常见几何图形的基本特征，并能进行分类。 3. 能使用上下、前后、里外、中间、旁边等方位词描述物体的位置和运动方向	1. 能用常见的几何形体有创意地拼搭和画出物体的造型。 2. 能按语言指示或根据简单示意图正确取放物品。 3. 能辨别自己的左右

（三）对科学领域目标的解读

尽管《纲要》和《指南》对科学领域的核心理念和价值导向有着本质上的相似，从幼儿学习和发展的角度看，科学领域中的"科学探究"和"数学认知"之间也有着千丝万缕的联系，与幼儿认知发展的关系都很密切，但"科学探究"和"数学认知"作为两个不同的学科和学习与发展的领域，却有着各自不同的发展目标和发展内涵。因此，对科学领域目标的解读也相应地分为"科学探究"和"数学认知"两部分。

1. 对"科学探究"目标的解读

不管是《纲要》对科学领域目标的概括，还是《指南》对科学领域目标的具体分解，究其本质，关于"科学探究"的目标主要包含以下三个方面。

（1）科学情感与态度

《纲要》指出：要从不同的角度促进幼儿的情感、态度、能力、知识、技能等方面的发展。之所以把情感作为幼儿教育的首要目标，是因为情感是一种动力因素，能够激起幼儿的活动兴趣。科学探究中的情感能够促进幼儿对科学本身产生积极的情感回应，进而激发自主探索的兴趣和欲望。而要最大程度地发挥科学情感的动力作用，就需要注意以下几点：

一是激发幼儿的好奇心、兴趣和求知欲。《纲要》提出"对周围的事物、现象感兴趣，有好奇心和求知欲。"也就是发展幼儿对周围各种事物和现象的好奇心，培养幼儿参与科学活动的兴趣，进而激发他们的求知欲。好奇心是人类认识事物不可缺少的主观前提，是科学探索的必要条件。强烈的好奇心能增强幼儿对外界信息的敏感性，促使他们对出现的新情况和发生的新变化及时做出反应，发现问题，激发探究的欲望。《指南》提出"亲近自然，喜欢探究"的目标，而亲近和喜欢是建立在兴趣基础上的，能引起幼儿兴趣的事物，幼儿才会乐于亲近、喜欢探究，因此兴趣是实现这一目标的前提。① 而幼儿对科学的兴趣来源于他们身边的、熟悉的、生活中的事物。例如：幼儿将白糖放进水里后，发现白糖很快就消失了，这或许会激起他们将不同的物体放进水里的兴趣，在这一过程中幼儿能够感知并不是任何物体放进水里都会消失。

二是培养幼儿关爱环境的积极情感和态度。《纲要》提出"爱护动植物，关心周围环境，亲近大自然，珍惜自然资源，有初步的环保意识。"强调"在生活经验的基础上，帮助幼儿了解自然、环境与人类的关系，并从身边的小事入手，培养初步的环保意识和行为。"例如：幼儿将一些树叶、废纸等杂物丢进鱼缸后，发现不久鱼就死掉了，从而萌发了不能往水里丢脏东西的意识。《指南》关于不同年龄阶段的科学领域目标也提出了珍惜生命、保护环境，感知常用科技产品与自己生活的关系等方面的要求。其中，科技产品一方面能够为人类的生活带来便利，另一方面过度的依赖科技产品也会对环境造成不利影响，因此在科学活动选材方面，不仅要善于从幼儿身边的熟悉事物入手，同时也要帮助幼儿理解科技产品有利也有弊。

三是培养幼儿尊重事实的科学态度。尊重事实是最起码的科学态度，表现为从实际出发，从不同的角度去认识事物；敢于怀疑、勇于批判，能自己记录观察、探索和实验的结果；根据这些客观存在的结果形成对事物及其关系的看法和解释，而不是以生活经验代替

---

① 董玉华．对《指南》科学领域目标的解读和思考［J］．天津市教科院学报，2013．

客观事实。《指南》也多处提到了幼儿通过多种感官和方法探究事物的要求,可见只有引导幼儿通过自己动手动脑,探究事物的发生、发展,才能使其逐渐形成尊重事实的科学态度。

在科学教育中幼儿应具有的科学态度

科学态度是在美国先进科学协会颁布的《2061计划》中提出的,该计划提出通过科学教育幼儿应具有的科学态度是:

1)好奇心:善于提出问题,并且积极地去寻求答案。
2)尊重实证:思路开阔,积极主动地去考察不同的、有冲突的实证。
3)批判地思考:权衡、观察和对观察到的事实进行评价。
4)灵活性:积极主动地接受经证实的结论和重新考虑自己的认识。
5)对变化的世界敏感:有尊重生命和环境的觉悟。

（2）科学方法和策略

"授人以鱼,不如授人以渔""方法比知识更重要"等古语都强调学习方法的重要性。虽然说幼儿的认知发展水平有限,但并不是说不能对他们进行科学方法的启蒙。科学方法的核心就是要获得探究问题的策略,即知道如何去解决和探究问题。《纲要》提到"能运用各种感官,动手动脑,探究问题",指的也就是发现解决问题的策略。

幼儿探究问题的策略一般由四个环节构成。

其一是发现问题。发现问题是解决问题的前提,幼儿只有能够发现问题,才能进一步解决问题。

其二是动脑思考。也就是针对观察和探索时发现的问题、产生的疑问,进行推理和推测,提出解决方案,产生设计。

其三是动手操作。根据《指南》关于各年龄阶段目标的表述,不难看出其对不同年龄阶段幼儿的操作要求:小班幼儿能够通过多种感官和动作获得发现,中班幼儿能够通过不同方式对事物进行比较,发现其相同和不同,而大班幼儿则能够对事物做出假设并验证自己的假设。

其四是表达交流。《纲要》指出"能用适当的方式表达、交流探索的过程和结果",表达不仅能传递或获取信息,而且还能帮助幼儿之间互相启发,因此把"表达交流"作为《纲要》的目标之一是很有必要的。

（3）科学知识与能力

科学是解释自然界的一种方法,人类只有不断地认识自然界,科学才会发展,时代才会进步。幼儿经过参与科学探究实践,自然也会积累一些科学知识。《指南》提出的"在探究中认识周围事物与现象",其实也就是在实践中通过对事物的观察和操作,理解一些基本的科学事实和概念。当然,幼儿在科学探究中应该理解哪些科学知识并不是教师随意安排的,而是根据幼儿的身心发展水平来决定的。人们都知道幼儿的思维特点是以具体形象思维为主,所以幼儿对科学知识的获得主要是经验层次的知识获得,这就需要教师引导幼儿通过直接感知、亲身体验和实际操作进行科学学习,而不是为追求知识和技能的掌握对幼儿进行灌输和强化训练。

2. 对"数学认知"目标的解读

(1) 在生活中感知数学

《指南》和《纲要》都强调在生活中对数学进行感知,体现了对数学的态度和体验以及对数学学习的过程性能力的重视。这使人们认识到数学学习并非局限于数的知识、概念和技能的习得,而是能促进综合性认知能力的发展。也正是这样的学习,才能保证幼儿真正理解和运用所学的数学知识。

一是发现数学与生活的联系。与幼儿的生活经验建立联系,这是有效的数学学习和发展必不可少的前提条件。发现数学与日常生活之间的联系,能让幼儿看到数学在日常生活中的用处。例如:幼儿分类整理玩具、统计到园的人数等日常活动都与数学知识的学习密不可分。对于幼儿来说,数学就存在于现实生活中,能从真正的生活和游戏中感受事物的数量关系并体验到数学的重要和有趣,对他们而言就是一种最自然、轻松和愉快的学习。

二是在生活中运用数学。《指南》提出"初步感知生活中数学的有用和有趣",强调幼儿能用数学方法解决生活中遇到的问题。"解决问题"是数学学习的过程性能力之一,也是一种综合性能力,它需要幼儿在实际的问题情境和已有的数学知识经验之间建立联系。

三是强调感性经验和兴趣在数学学习中的重要性。感知和操作经验在幼儿早期数学学习和发展中极其重要。幼儿的数学学习是一个从具体到表象再到符号理解的发展过程。幼儿的数学学习离不开积极情感的支持,早期的幼儿容易关注那些可以感知到的事物特征,而数学反映的是一种抽象的关系,往往很难引起低年龄段幼儿的兴趣,所以在数学学习中如何引发幼儿的兴趣就成了教师首先需要考虑的问题。①

(2) 对基本数学知识和概念的理解

《指南》中"感知和理解数、量及数量关系""感知形状与空间关系"两个目标均涉及对抽象的数学知识和概念的理解。在幼儿的现实生活中,从幼儿园、游乐场到日常用品、玩具等都有各自的形状、数量和空间位置。幼儿在生活中不断地感知着数、量、形状、空间、时间等数学知识和概念。因此,掌握数学知识正是幼儿认识事物和生活的需要,在学前阶段的数学启蒙教育中,让幼儿掌握初步数学知识和概念也是十分必要的。

《指南》所体现的幼儿数学知识和概念主要包括两个方面。一是数概念,数概念主要涉及一些最基本的数学知识技能和能力,包括量的比较、基数概念、集合比较、序数、加减运算;也涉及数学学习的过程性能力,包括数的表达交流和数的表征。二是几何与空间,空间感的发展不仅有利于幼儿理解自己所处的空间世界,还有利于幼儿学习数学的其他内容。例如:幼儿在搭建不同形状的积木时,能够感知不同形状积木的特征和空间关系,以及在拿取积木的过程中理解数概念。但是,不管是对数概念的理解,还是对几何和空间关系的感知,对于学前期的幼儿来说都是粗浅的、基础的,重在培养幼儿对数学的兴趣性、

---

① 周欣.《指南》数学认知目标解读[J]. 幼儿教育,2013.

启蒙性、生活性以及应用性。

（3）形成初步的逻辑思维能力和问题解决能力

数学智能是人类智能结构中最重要的基础能力之一。数学知识本身的逻辑性、抽象性、概括性和应用性的特点，决定了幼儿早期的数学学习应以培养初步的逻辑思维能力和问题解决能力为主要任务。《纲要》和《指南》虽没有明确提出发展幼儿的逻辑思维能力和问题解决能力，但整个关于数学认知的目标都隐含着对幼儿逻辑思维能力和问题解决能力的培养。而数学学习的过程本身就包含着一系列的逻辑活动，因此，早期数学学习的最终目标不在于幼儿能够掌握多少数学知识和概念，而在于通过数学学习发展幼儿的逻辑思维能力和提升幼儿思维的灵活性、敏捷性和发散性。问题解决能力是检验幼儿对数学相关概念的理解和有效运用的主要方面，也是判断幼儿是否真正掌握数学知识的重要标志。[①] 幼儿一天生活中与"数学"接触的机会无处不在，如几点到幼儿园、活动室里有多少位小朋友、家里有几口人等，幼儿无时无刻不在用数学知识解决生活中的问题。因此，教师在用《纲要》和《指南》作为自己制定活动目标的依据时，也需要将幼儿的逻辑思维能力和问题解决能力考虑在内。

二、幼儿园科学领域教育目标的制定

幼儿园科学领域教育目标的制定是指导幼儿园科学领域活动设计与实施过程中的关键因素，也是决定活动成败的核心因素。只有确定明确的活动目标，才能制订行之有效的活动计划来保证活动的顺利进行。由于幼儿园科学领域的教育目标主要包含科学和数学两大部分，因此对科学领域教育目标的分析也分为科学和数学两大方面。

（一）确定幼儿园科学领域教育目标的依据

1. 确定幼儿园科学教育目标的依据

（1）社会发展对幼儿科学教育的要求

社会发展对幼儿科学教育起着规范的作用，这是一种来自教育外部的制约。社会发展对幼儿科学教育的制约，首先，体现在信息技术的广泛应用使得知识更新加快，信息量变得更大，因此人类需要终身学习。作为人生起始阶段的幼儿教育，更要为一个人终身的学习和发展打好基础，即要乐学、会学。其次，科学技术的突飞猛进使得科学几乎囊括了生活中的每个角落，因此需要培养幼儿科学的态度。再次，人类生存环境日益恶化，环境破坏严重，因此还需培养幼儿尊重自然、热爱自然、保护自然的意识。综上所述，社会发展对幼儿科学教育提出的这些要求，既是幼儿园科学教育活动的出发点和归宿，也是与《纲要》和《指南》的目标相一致的。

（2）幼儿身心发展及认知规律

教育活动的设计与实施，必须遵循人的生理、心理发展规律。为此，在确定科学活动目标时，应先研究和把握幼儿的身心发展规律和认知规律，以及其前期的经验和水平，在

---

① 黄瑾. 学前儿童数学教育与活动指导［M］. 上海：华东师范大学出版社，2014.

此基础上提出对幼儿适宜的、合理的期望和要求。如从幼儿的记忆特点来看，学前期的幼儿常常能在无意之间记住经常接触的事物的具体形象以及他们自己操作探索的结果，他们的记忆主要以无意记忆为主。因此，这就需要教师在确定科学教育目标时，首先要将幼儿的记忆特点考虑在内，关注幼儿的兴趣和需要。从幼儿的思维特点来看，学前期的幼儿仍然要依靠操作探究来解决问题、获得科学经验。具体形象思维是这个阶段幼儿思维发展最主要的特点。因此，这就需要教师在确定科学教育目标时，将幼儿的思维特点考虑在内。

（3）科学活动本身的特点

科学活动具有区别于其他活动的特性，具体体现在：在活动目标上以科学素养为中心，不仅包含对现代科技知识的掌握，而且涉及科学精神、科学态度、科学方法、科学能力和行为习惯等方面；在教育内容上强调现代科技与日常生活的结合。随着科学本身向社会的广泛渗透，幼儿需要知道常用科技产品与自己生活的关系，以便更好地适应现代社会生活；在活动过程中强调实践性和探究过程。现代科学教育强调通过让幼儿动手、动脑的实践活动来获得科学知识、科学态度和科学方法。科学活动本身的这些特性决定了在制定幼儿科学活动目标时，需要将这些特点考虑在内。

2. 确定幼儿园数学教育目标的依据

（1）社会的要求

人总是生活在一定的社会中，每一个社会都有对其社会成员的要求，这一要求必然反映在对年轻一代的培养中，即塑造社会所要求的人。当然，幼儿数学教育也不例外。社会的需要、社会发展的现状和趋势以及对人才培养的要求理所当然地会影响幼儿数学教育目标的制定。

2001年教育部颁布的《纲要》中就鲜明地体现着国家的意志，也体现着国家对年幼一代的期望和培养要求。《纲要》明确规定了科学领域（包括数学教育）的目标、内容和要求以及指导要点，指出从不同的角度促进幼儿情感、态度、能力、知识、技能等方面的发展。通过对《纲要》的简要介绍，可以清楚地看出，社会的发展影响着教育目标的制定，也使大家明确到在幼儿数学教育中应建立情感、社会性、智力等全面协调发展的教育目标体系。

（2）幼儿的发展

幼儿是教育的对象，幼儿身心发展的水平、需要、可能性和规律性，是教育目标制定的依据之一。教师对幼儿的身心发展特点、对幼儿生长发展规律的深入了解和思考，能够帮助他们制定出符合幼儿认知特点、促进其发展的教育目标。如幼儿的数学学习是一个从具体到表象再到符号理解的渐进过程，由此可以启示教师以此为一个方面的依据，在制定幼儿数学活动目标时，考虑到通过利用实物情境、教具模型、图形或图标、口语以及书面符号等多种表征来表达数学的概念。

幼儿作为一个完整的人，其身体、心理的发展是相互影响、密切相关的。幼儿的认知发展与其身体的、社会的、情感的发展是相互促进、相辅相成的。由此说明，对幼儿进行的任何一方面的教育，都必须重视从幼儿整体发展的角度出发。因此，在制定幼儿数学活动目标时，也应遵循幼儿的这一特点，提出促进幼儿情感、态度、能力、知识、技能等方面综合、整体发展的教育目标。①

（3）学科的特性

对于幼儿数学教育而言，数学学科的结构，学科的教育价值和学科学习规律等都对数学教育目标的制定有着重要的影响。它能够给教育目标的制定工作提供十分重要的参考信息。

当代，数学已经渗透于科学技术、经济生活和现实世界中，与人类生活息息相关，成为现代科学技术的基础和工具。数学作为人类文化的自然组成部分，对人类生活有着重要的影响，良好的数学修养将为人的一生可持续发展奠定坚实的基础。由此可见，数学不单是一种知识、一种工具，也是一种文化。正是确立了学科本身的这一特点，才使人们在构建幼儿数学教育目标的过程中，以发展思维为数学教育的核心，提出了要发展幼儿初步的逻辑思维能力及良好的思维品质。

（二）幼儿园科学领域教育目标的结构及其分析

幼儿园科学领域教育目标的结构主要指幼儿园科学领域教育目标较为稳定的组织形式。它主要包括幼儿园科学领域教育总目标、分类目标、各年龄阶段目标和具体活动目标。

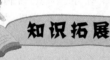

幼儿园教育目标的主要分类

英国课程理论家威勒将教育目标划分为最终目标、中期目标、近期目标以及具体目标四个层次。依照威勒的划分体系，幼儿园教育目标从目标体系上可以划分为教育总目标即最终目标、课程目标即中期目标、阶段目标（或年龄目标）即近期目标和教育活动目标即具体目标。

1. 幼儿园科学领域教育的总目标

幼儿园科学领域教育的总目标是对幼儿园科学领域教育活动目标的总体概述，是确定其他层次目标的重要依据。对于幼儿园科学领域目标的阐述在《幼儿园工作规程》（以下简称《规程》）、《纲要》和《指南》中均能找到相关的阐述。从《规程》《纲要》《指南》中科学领域目标的阐述中可充分体现我国幼儿园科学教育改革发展的趋势，也可看出幼儿园科学领域活动目标日趋细化和丰富化，以及在当前科学活动和数学活动中教师应把握的要点。

（1）在幼儿的科学活动中，体验以探究为中心的科学观

探究是幼儿的天性。幼儿有着与生俱来的好奇心和探究热情，有着问不完的问题。正因为幼儿有着强烈的好奇心和探究欲望，有着一双善于发现的眼睛，所以，没有什么东西能逃脱幼儿的注意力，尤其是越不知道或越被禁止触摸的东西，幼儿就越想一探究

---

① 黄瑾. 学前儿童数学教育与活动指导［M］. 上海：华东师范大学出版社，2014.

竟。① 看完有趣的动画片，幼儿会好奇里面的大灰狼会不会跑出来；遇到下雨天，幼儿总会趁着父母不注意，打着自己的小雨伞到雨中嬉闹……这样的好奇心和探究热情绝不亚于科学家。幼儿除了好奇、好问、好探索外，还是一个勇于行动的实践者，一个通过直接经验来认识事物的人。例如：当幼儿在草地里发现蜗牛时，他可能会想知道，蜗牛是吃蔬菜的还是吃肉的？如果要将蜗牛养起来，他需要制作一个怎样的房子？紧接着，他会拿出不同的食物观察蜗牛到底是吃什么的，然后给蜗牛做一个漂亮的家。此外，由于受经验水平和思维特点的限制，幼儿在认识事物的特点时还需要进行多次尝试，探究过程具有很大的试误性，因此人们经常会看见幼儿总是长时间地做着同一件事。总之，幼儿是在不断地探究中感知事物的特点以及解释事物之间的关系的，科学活动开展的过程也就是幼儿主动探究的过程。

《纲要》也强调"对周围的事物、现象感兴趣，有好奇心和求知欲""能运用各种感官，动手动脑，探究问题"。这不仅体现了幼儿探究过程的特点，也体现了将探究融入幼儿园科学教育中的要求。因此，教师在对幼儿进行科学教育时，应尊重幼儿探究的天性，为幼儿提供适合探究的环境，使幼儿园科学教育活动成为引发、支持和引导幼儿主动探究，并获得周围物质世界及其关系经验的过程。

（2）在幼儿的数学活动中，体现以生活化为核心的教育观

幼儿的思维主要以形象思维为主，对物体的认识往往要借助于具体直观的材料。心理学的研究也一再表明：幼儿的年龄特点就注定了他们对物质世界的认识还是感性的、具体形象的，常常需要动作的帮助。他们对物质世界的认识还必须以具体的事物和材料为中介和桥梁，在很大程度上借助于对物体的直接操作。此外，幼儿的已有经验也制约着他们对新知识的学习，不考虑幼儿经验基础的知识幼儿无法理解。幼儿的这些发展特点决定了只有将数学问题生活化，让幼儿在生活中，基于日常经验，通过与周围事物的互动才能理解抽象的数学知识，并促进逻辑思维的发展。

《纲要》提到的"能从生活和游戏中感受事物的数量关系并体验到数学的重要和有趣"，也体现了对幼儿数学生活化的要求，即幼儿园数学教育内容、操作材料等的选择应来自生活，与幼儿的实际生活紧密联系。同时，幼儿也需将获得的数学知识和经验运用到生活中，解决生活和游戏中简单的问题。由此可见，教师应将幼儿的数学学习生活化，让幼儿在生活中不知不觉地学习数学，感受并体验到数学的有趣，体现"数学源于生活，用于生活"的思想。

2. 幼儿园科学领域教育的分类目标

目前在幼儿园教育领域中，普遍采用了布鲁姆的目标分类方式。布鲁姆以人的身心发展的整体结构为框架，将教育目标分成认知、技能和情感三个领域，被人们广泛采纳。

（1）认知目标

认知目标主要由知识的掌握与理解及智力发展诸目标组成。在幼儿园的教育活动中主要指向掌握某些词汇、某种事实和基本概念等。

---

① 刘占兰. 学前儿童科学教育[M]. 北京：北京师范大学出版社，2008.

1）幼儿园科学教育的认知目标主要包括：

①在接触自然、生活事物和现象的过程中感知事物和现象的特性，以及它们之间的关系。

②在探究事物的过程中学会思考，尝试进行简单的推理和分析，并能发现事物之间明显的关联。

③能够了解和体会自然、科技产品与人们生活的密切关系。

2）幼儿园数学教育的认知目标主要包括：

①能从生活和游戏中感受事物的数量关系，获得有关物体形状、数量以及空间、时间等方面的感性经验，体验到数学的重要性和趣味性。

②能运用数的相关经验解决问题，并且在解决问题的过程中能够发展初步的逻辑思维能力，以及用恰当的方式表达、交流、操作和探索过程、结果的能力。

（2）技能目标

技能目标主要指基本动作、解决问题能力或其他借助感官或肢体进行观察、操作而获得技术上的知觉经验。

1）幼儿园科学教育的技能目标主要包括：

①能通过观察周围事物获得观察的基本方法，形成一定的观察、分类与比较的能力。

②能运用各种感官，动手动脑，探究问题，并且在探究的过程中能够发现问题和尝试解决问题。

③能做简单的计划和记录，并与他人交流、分享。

2）幼儿园数学教育的技能目标主要包括：

①能正确使用数学活动材料。

②养成做事认真、仔细、坚持、克服困难等良好的学习习惯。

（3）情感目标

情感目标主要指向幼儿在活动中的兴趣、态度、适应性等方面的发展。

1）幼儿园科学教育的情感目标主要包括：

①喜欢接触自然和有趣的事物，有好奇心与探究欲望。

②在探究的过程中，能够逐渐形成尊重事实的科学态度。

③能够形成爱护动植物、关心周围环境、亲近大自然以及珍惜自然资源的积极情感和态度。

2）幼儿园数学教育的情感目标主要包括：

①对周围生活中事物的数、形、量、空间与时间等感兴趣，喜欢参与数学活动与游戏，具有好奇心、探究欲。

②喜欢与他人交流、分享与合作。

3. 幼儿园科学领域教育的各年龄阶段目标

各年龄阶段目标是幼儿园科学领域活动分类目标在幼儿各个年龄阶段的具体分解和落实，即教师根据幼儿各个年龄阶段的身心发展特点和认知学习特点，对不同年龄阶段的科学领域活动提出不同层次的要求，既要考虑幼儿的最近发展区，又要考虑幼儿的长远发展。同时也为单元或主题活动目标及每个具体活动目标指明了方向。《指南》科学领域中对3~6岁不同年龄阶段幼儿在"科学探究""数学认知"两个子领域六个目标下都有相应的、具体的典型表现，这也为教师把握好3~6岁各年龄阶段科学领域目标提供了很好的参照。由于这部分目标在第二部分、第三部分的不同类型的科学、数学活动中均有翔实的阐述，故在此不进行赘述。

4. 幼儿园科学领域教育的具体活动目标

具体活动目标是指一个教育活动或一类教育活动所期望达到的成果，是课程目标和年龄阶段目标在每日教育过程中的具体反映，是实现课程总目标的最小单位，它必须与总目标、年龄阶段目标一致，应体现具体化、清晰化和可操作性。

（三）制定幼儿园科学领域教育目标应注意的事项

1. 制定幼儿园科学探究活动的目标应注意的事项

（1）根据核心科学概念的内涵，使活动目标明确化和具体化

教师在考虑科学探究活动的目标时，要明确活动中所涉及的核心科学概念，并准确理解这些概念的内涵和意义，这是教师确保活动目标明确化和具体化的基础。以"小蝌蚪变青蛙"为例，如果教师不能明确蝌蚪的生长周期以及生长周期的阶段性，其教学就不可能突出重点，进而会使教学活动流于形式而难以取得实质的效果。因此教师在设计科学探究活动时，在目标上涉及的科学概念不应过多。

总之，将目标细化、具体化，才能使各项活动较容易围绕活动总目标展开，活动过程中材料的选择、环境的创设以及教师在活动中的组织引导与总目标之间也才能相辅相成。

（2）基于幼儿的兴趣制定活动目标

科学探究活动开展的主要目的是激发幼儿探究兴趣，体验探究过程，发展幼儿初步的探究能力，而实现这些目的的前提是要关注幼儿的兴趣，只有幼儿感兴趣的事物才能引起他们的好奇心，并激发探究欲望。因此，不管是教师预先设定的活动目标，还是通过观察幼儿的活动所生成的目标，都要基于幼儿的兴趣，促使幼儿通过认知的主动建构来认识外部世界。

2. 制定幼儿园数学认知活动的目标应注意的事项

（1）注重目标的全面性

目标的全面性是指教师在制定目标时，应思考在本活动中"幼儿将会知道什么"（认知目标）、"幼儿将会做什么"（技能目标）、"幼儿对活动会感兴趣吗"（情感目标）。一般来说，活动目标应包括学习内容的要求以及幼儿行为的养成要求。在制定数学活动的目标时，教师应避免两种倾向：一是偏重知识的学习，忽视其他方面的发展；二是错误理解"全面性"，即认为只要是数学活动就必须有认知、技能、情感等三方面的目标，从而使某些目标流于形式，对幼儿的发展并不会产生任何影响。

（2）考虑目标的适宜性

目标制定的是否适宜，直接影响着该数学活动所取得的实际效果，以及幼儿在活动中的收获。因此教师在制定数学活动的目标时，一方面要考虑该活动目标是否与幼儿的最近发展区相适应，即是否处于幼儿发展的现实水平和可能水平之间；另一方面，还需判断该活动目标是否与上一级的目标保持一致，是否已将上一级目标具体化，从而使总目标、各

第一章　幼儿园科学领域的目标及内容

年龄阶段目标和具体活动目标在相互联系的基础上充分发挥导向作用。

第二节　幼儿园科学教育的内容与要求

幼儿科学教育的内容是实现科学教育目标的媒介，是将目标转化为幼儿发展的重要中间环节，也是科学教育活动设计和实施的主要依据。

一、选择幼儿科学教育内容的依据

幼儿生活在一个丰富多彩的世界里，而这样的世界充满了值得探索和学习的科学经验、科学概念，甚至是与科学有关的规律。例如：植物的生长、动物的生活、水的变化、声音的产生等，这些都含有丰富的科学道理。然而，如何在如此丰富的内容中选择出适合幼儿学习并能取得最佳教学效果的内容，则必须遵循一定的依据。

（一）科学教育内容的选择要符合幼儿的兴趣

幼儿的科学探究活动是由他们自身的好奇心和兴趣直接驱动的。幼儿在与生俱来的好奇心和探究欲的驱动下，对周围世界中任何新奇、有趣的事物都会产生探究的兴趣和欲望，并以自己的方式和周围世界相互作用。当幼儿玩磁铁时，出于好奇，他们会用磁铁去吸不同的物体以验证自己的猜测，如磁铁只能吸住铁，而不能吸住其他的物体；幼儿不满足于玩不倒翁的游戏，总是想将不倒翁拆开看看是否是因为里面有什么东西才使得它不倒等。幼儿这些出于兴趣的探索，正是幼儿主动学习科学的过程，幼儿对于自己不感兴趣的事物不会进行积极的学习和探究。因此，教师在选择科学教育内容时，需要考虑到幼儿的兴趣。

（二）科学教育内容的选择要贴近幼儿的生活

对于幼儿来说，科学不是抽象的理论和概念，而是他们在生活中经常接触的一些事物，如物体在水中的沉浮、树叶的形状等。让幼儿通过探究日常生活中熟悉的事物来学习科学，不仅能激起他们探究科学的兴趣，而且能使抽象的科学概念具体化，便于幼儿理解。更为重要的是，这些科学概念的学习还能帮助幼儿体验到科学与生活之间的密切联系。因此，教师需要从幼儿的日常生活中寻找科学教育的内容。例如：遇到下雪天，教师就可以引导幼儿感受雪的温度，观察雪的形状以及雪遇热所发生的变化等，通过这样的探究活动，不仅会激起幼儿对大自然的关注，还会使幼儿体验到天气的变化与人类生活的联系。

（三）科学教育内容的选择要体现广泛性和代表性

科学对于幼儿来说是一个综合性很强的领域，它本身涉及很多自然科学的学科，内容十分广泛，如周围的动植物、物体的运动，以及声、光、电、磁、热等物理现象。但是，如此多的科学内容全部放在学前阶段进行是不现实的，因此，幼儿园科学教育的内容在关注广泛性的同时,还需考虑到代表性,即幼儿园科学内容的选择要能代表自然科学各个领域的基本知识结构,使幼儿对科学知识的各个方面都有基本的了解,掌握各个学科最基本的结构。教师可以按以下步骤来选择科学教育内容:

1)从幼儿广泛的生活中选择教育内容,如秋天的树叶、冬天的雪、滚动的皮球、影子的变化等。

2)教师需要衡量所选内容的代表性。也就是说,所选择的内容不仅能反映学科知识的基本结构,而且能为幼儿学习其他类似的内容提供帮助。例如:动物有很多种,教师在选择内容时,陆生动物、水生动物和两栖动物都应有所涉及。幼儿通过对不同种类动物的认知和生活经验的积累,就可以归纳出一定的规律,如水生动物不能离开水,陆生动物都生活在陆地上,而两栖动物既可以待在水里,也可以待在陆地上。

3)教师还需要考虑各部分内容的均衡性,不能只考虑某一部分而忽略其他部分。如果教师一个学期都只安排关于动物的内容,尽管幼儿对动物有了比较清楚的了解,但却失去了了解其他科学现象的机会。

(四)科学教育内容的选择要反映时代特征

随着科学技术的突飞猛进,人类社会进入了科学化时代,幼儿的周围生活中也充满了各种现代科学技术产品,如手机、电视、计算机等。这些科学技术产品通过各种不同的途径影响着幼儿的生活,幼儿对它们既感到熟悉,又感到好奇。因此,幼儿科学教育不能只关注幼儿对大自然的认识,还要引导幼儿了解科学技术的新发展,以及科学技术在给人类的生活带来便利的同时所产生的消极影响。如工厂中排出的大量污水对环境产生的危害等。

二、幼儿科学教育的内容

综合我国《纲要》的精神及《指南》的理念,我国幼儿科学教育的内容可分为生命科学、物质科学、地球与空间科学三个方面的内容。[①]

(一)生命科学

在生命科学领域,幼儿主要探究的内容可包括:生物的身体特征、生物的基本需求、生物的简单行为、生物的生命周期、生物的多样性,以及生物与环境的相互作用。生物既包括植物和动物,也包括人。换言之,在进行植物探究时,教师可带着幼儿探究植物的外形、基本需求、简单行为、生命周期、多样性以及与环境的关系等,动物与人亦然。以下以植物为例,列举一些具体的内容:

1)周围常见植物,如树木、花草、蔬菜等的名称及外形特征。

2)植物是由根、茎、叶等部分组成的,以及各部分的功能。

3)植物生长需要空气、阳光、水、温度等条件。

---

① 廖丽英. 学前儿童科学教育[M]. 北京:高等教育出版社,2015.

第一章 幼儿园科学领域的目标及内容

4）植物生长的季节变化，初步了解植物与季节变化的关系。

5）生长在不同环境中的植物形态特征，了解植物形态与所生长的地理环境之间的关系。

6）植物与动物、人类之间的关系，植物对净化环境的作用，萌发保护植物的意识。

（二）物质科学

物质科学的内容包括物体与材料的特性、物体的位置与运动，以及声、光、电、磁、热等物理现象。在每个方面教师都应根据幼儿的理解水平、兴趣点，以及科学概念的逻辑关系精选一些内容与幼儿一起探究。如有关声音的具体内容可包括：

1）声音的特性：音量、音调、音色等。

2）声音是由物体振动产生的。

3）自然界里有各种不同的声音。

4）不同的声音代表不同的意义。

5）如何控制声音。

（三）地球与空间科学

从幼儿的学习能力与学习经验的角度考虑，在幼儿阶段，地球和空间科学领域的内容包括地球物质的特性、天气和气候、太阳与月亮的活动，以及地球与人类的活动等。在地球物质部分，教师可带着幼儿探究岩石、土壤、沙子、空气、水等；在天气和气候部分，可探究不同季节的特征、各种天气的现象及特点、天气与气候对人类的影响等；在太阳与月亮部分，可探究太阳的运动及作用、地球的运动、日食和月食等；在地球与人类的活动方面，则重点探究地球的表面在环境的作用下发生的变化，以及这些变化对人类生活的影响等。以水为例，具体内容可包括：

1）水的物理性质：无色、无味、透明。

2）水的物理现象：水往低处流，有浮力，能溶解一些物质等。

3）水的三态：固态、液态、气态。

4）水的生态意义：水对人、动植物生存的重要性。

第三节 幼儿园数学教育的内容与要求

幼儿数学教育的内容对于完成教育目标是至关重要的，它是实现幼儿数学教育目标的媒介，是设计与实施数学教育活动的主要依据。学前期幼儿数学教育的内容不仅要使幼儿感兴趣，还要使其从中受益，接受数学启蒙教育，实施数学素质的早期培养。

一、选择幼儿数学教育内容的依据

选择幼儿数学教育的内容是一项目的性和科学性都很强的工作。它既要贯彻当今社会

及未来社会对幼儿发展所提出的要求,又要根据《纲要》《指南》等文件的精神,符合我国幼儿数学教育的要求,同时更要考虑学科本身的知识体系和幼儿认知发展的特点和规律。因此,教师应科学地、合理地选择幼儿数学教育的内容。

(一)符合幼儿数学教育的目标

在选择幼儿数学教育内容时,首先需要考虑所选择的这一内容是为了实现哪一个或哪几个目标。这要求对拟选内容可能包含的教育价值进行基本分析,估计一下这项内容是否与目标相关联,以及是否还有关联更密切的内容等。同时,围绕某一目标来选择内容时还需考虑"还有哪些内容可以促进这一目标的达成?"例如:"能感知和区分物体量方面的特点,并能用相应的词表示"这一目标,就需要通过多种多样的内容逐渐达成,如比较物体的大小、多少、高矮、长短、粗细等等。

(二)遵循数学知识本身的科学性、系统性

幼儿数学教育内容的选择,首先必须体现数学学科的特征。数学是一门逻辑性、科学性很强的基础学科,其知识本身是相互关联、系统有序的。例如:数数是以集合为基础的,幼儿在确定有多少个橙子之前,必须先知道哪些物体是橙子,哪些不是。只有幼儿建立了有关橙子的集合概念,比如将苹果与橙子分开,才能数出有多少个橙子。因此,幼儿数学教育的内容应从数学学科的特点出发,考虑、安排相关的知识,在将数、量、形、空、时等方面的简单知识纳入数学教育内容的同时,考虑这些知识之间的逻辑性和系统性。

(三)考虑幼儿的认知发展特点和规律

在选择数学教育内容时,不仅应考虑符合数学知识本身的科学性、系统性,还应注意考虑幼儿的认知发展特点。幼儿的认知发展在某个阶段会出现不同的发展特点,体现在数概念的初步理解上也要经历一定的发展过程。对于幼儿来说,早期数概念的发展既离不开具体的客观环境和生活经验,又依赖于具体的动作操作和体验,它是幼儿在不断积累感性经验,借助于具体事物和形象逐步在头脑中建构起一个抽象逻辑概念的渐进发展过程。这些认知发展特点为幼儿掌握初步的数学概念提供了可能性。因此,在选择教育内容时必须遵循幼儿这方面的认知发展特点,运用实物情境、教具模型、图形或图表等多种形式来表达数学内容,帮助幼儿更好地理解数学概念。

(四)结合幼儿的生活经验与背景

对于幼儿来说,数学就存在于周围的现实生活中,能从真实的生活和游戏中感受事物的数量关系并体验到数学的重要和有趣,对他们而言就是一种最自然、轻松而愉快的学习。因此,在选择数学教育内容时,不仅应当结合数学教育的目标,从学科本身的逻辑结构和知识特性出发,更应当考虑与幼儿的生活经验相联系,将数学教育的内容融入幼儿的生活之中,融入与生活化、情境化的主题式课程相一致的背景中,寻找渗透于幼儿生活中的与数、量、形、空、时相关的概念,作为早期幼儿数学启蒙教育的适宜内容。多选择幼儿感兴趣,且与他们的生活联系密切的内容,如统计到园的人数、分类整理玩具、搭积木等等。

二、幼儿数学教育的内容

（一）集合与模式

集合是指按照一定的属性组合在一起的总体。例如："我的积木"就是一个集合——这些积木都是"我的"而不是乐乐的。集合是幼儿思考和学习的基础，也是形成数系统的基础。数字的重要功能之一就是描述一个集合有"多少"物体——1个、8个或者217个等。模式是可以在物理、几何、数学里发现的可预测的序列。模式存在于各种形式中，包括：视觉模式，如地砖设计；听觉模式，如时钟的嘀嗒声；时间模式，如四季的交替；等等。幼儿学习数学的意义就在于能发现模式，例如：一个善于寻找模式的幼儿能认识到20以后的数字重复着同样的顺序。在学前阶段，集合与模式的具体内容包括：

1）感知集合及其元素，进行物体的分类。
2）用对应的方法比较两个物体数量的相等和不等。
3）发现和识别物体排列的规律。
4）运用不同的方式和材料（图画、实物或动作等）表征有规律的模式。

（二）数与运算

在自然界和生活中，数可以用来表示客观世界中各种事物的量，量的结果可以用数字来表示，如用"2"来标记两只手、用"10"来标记十个皮球等，而数的运算实际上是对数量关系的一种运用。幼儿在生活早期虽然还不会运算，但与生活相关的一些加减实例能为他们学习加减运算提供重要的基础。因此，数与数运算的学习是幼儿数学教育中的一个重要方面，其具体内容包括：

1）10以内的基数（包括数的实际意义、认数、数的守恒、相邻数和10以内自然数列的等差关系等）和序数。
2）数数（唱数、点数、目测数、按群数）。
3）理解10以内数字符号的意义。
4）10以内数的组合与分解。
5）10以内数量的变化（相加和减去）。

（三）空间和时间

幼儿空间和时间的学习，主要包括空间形体、空间方位和时间三大方面。空间形体和空间方位的学习有助于幼儿辨别日常生活中的客观物体和一些空间方位，发展初步的空间知觉能力和空间想象能力。时间的学习有利于幼儿感知时间的存在、发展时间知觉、树立时间概念和养成良好的生活习惯等。因此，空间和时间的学习也是幼儿数学教育的重点，其具体内容包括：

1）平面图形：圆形、正方形、三角形、长方形、半圆形、椭圆形、梯形。
2）立体图形：球体、圆柱体、正方体、长方体。
3）图形的组合与分解。
4）空间方位：上、下、前、后、左、右、里、外、远、近等。

5）空间运动方向：向前、向后、向左、向右、向上、向下等。

6）认识早、中、晚、白天、黑夜、星期、月、四季、年。

7）感知时间的先后顺序，以及时间的长度变化。

8）认识时钟和日历。

（四）量与测量

学前期的幼儿已经开始关注事物量的特征，并有对量进行比较的意识和愿望，在日常生活和游戏活动中有了运用测量等手段来解决问题的感觉，如想知道自己长多高、桌子有多长等。而幼儿通过对事物的比较，可以获得更多的对事物量的差异的认识，从而促进幼儿思维能力的发展。因此，在学前期对幼儿进行量的比较与测量的教学既是可行的，也是必要的，其具体内容包括：

1）比较大小、长短、粗细、高矮、厚薄、宽窄、轻重、容积等量的特征。

2）量的相对性和传递性。

3）自然测量。

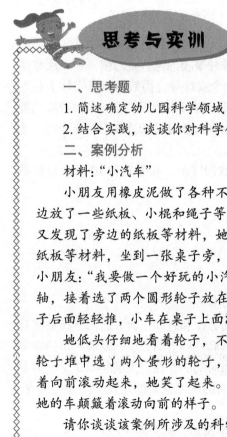

思考与实训

一、思考题

1. 简述确定幼儿园科学领域目标的依据。

2. 结合实践，谈谈你对科学领域内容的理解。

二、案例分析

材料："小汽车"

小朋友用橡皮泥做了各种不同大小和形状的轮子，放在窗台上，老师还在旁边放了一些纸板、小棍和绳子等各种不同的材料。小丽看了一下自己的轮子还在，又发现了旁边的纸板等材料，她拿起自己的轮子，挑选了一些小棍和大小不同的纸板等材料，坐到一张桌子旁，把那些纸板分类后，挑选了一张小的告诉旁边的小朋友："我要做一个好玩的小汽车。"小丽将小棍穿过纸板上的洞，做成两个车轴，接着选了两个圆形轮子放在前面，两个方形轮子放在后面，她把手指放在轮子后面轻轻推，小车在桌子上面滑动了。

她低头仔细地看着轮子，不再推了，笑了起来。她拆下后面的方轮子，跑到轮子堆中选了两个蛋形的轮子，迅速装在后面的轴上。她再推小车时，小车摇晃着向前滚动起来，她笑了起来。她又把车拿到地板上滚动，热情地让小朋友来看她的车颠簸着滚动向前的样子。

请你谈谈该案例所涉及的科学领域的内容有哪些。

第二章 幼儿园科学领域教育活动的组织途径与方法

案例导入

每天进餐环节教师都要求幼儿吃完饭后要漱口,但不少幼儿会忘记或偷懒不做,教师总是反反复复提醒。有一天,教师灵机一动,请一个漱口的幼儿将漱口水倒入透明的杯子里,另外用一个透明杯子接了一杯清水,将两杯水放在窗台上,15分钟后请幼儿观察两个杯子有什么不同,幼儿惊讶地发现装漱口水的杯子里沉淀了一些菜叶、饭粒的残渣,显得很脏,而装清水的杯子里的水则比较清亮。从那以后,大多数幼儿都会自觉自愿地漱口了。①

问题: 案例中的教师是通过哪种途径进行科学教育的?所用的方法又是什么?幼儿园科学教育活动的组织途径与方法都有哪些?带着这些问题,一起进入本章的学习。

学习目标

通过本章学习,你应该具备以下知识:
1. 掌握幼儿园科学领域教育活动的基本途径。
2. 能够运用幼儿园科学领域的教育方法解决实际问题。

---

① 陈虹. 幼儿园科学教育与活动指导[M]. 北京:高等教育出版社,2012.

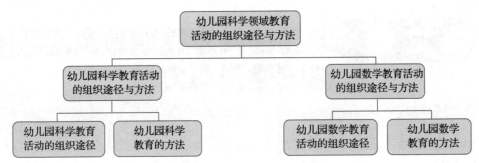

第一节　幼儿园科学教育活动的组织途径与方法

幼儿园科学教育的组织途径与方法是指为了实现教育目的所采用的手段或者方式。幼儿园科学教育的组织途径包括集体教学活动、区域活动和渗透的科学教育三种主要形式。在科学教育领域中，根据科学活动的性质和幼儿的年龄特点，采用灵活多样的组织途径与方法，可以促进幼儿自主探究的意识，激发幼儿对科学探究的兴趣，同时帮助幼儿发展有关自然科学方面的知识。

一、幼儿园科学教育活动的组织途径

教师充分利用周围环境为幼儿创设条件，提供物质材料和机会，以不同的组织形式，在不同的场合，给予不同程度的指导（包括直接指导和间接指导）的过程以及幼儿通过自身的活动，对周围环境进行感知、观察、操作、发现问题和寻求答案的探索过程是幼儿获取广泛的科学、技术经验和具体事实，主动建构表象水平上的粗浅的科学概念、学习科学方法和技能、发展智力的过程；是发展幼儿好奇心，使幼儿感受到自己的能力，得到愉悦情绪的体验，产生学习科学技术的兴趣，以及对自然界和人工自然的关注和爱护的过程。

（一）集体教学活动

幼儿园科学领域的教学是教师根据幼儿科学教育活动的目标和内容，有计划、有目的地选择科学内容，决定教学组织方法和形式，以达到预期教育目标教师指导下开展的科学教育活动。例如：认识"风"，教师需要预先确定课题、选择适宜本班幼儿学习的内容、设计活动方案、准备必需的教具和学具等。

这种教学形式是集体的，教学内容是统一的，教学对象是全体幼儿。科学领域的教学活动中教师是主导，幼儿是主体。教师要发挥其主导作用必须有较丰富的科学知识，这样才能将科学的、正确的知识经验传递给幼儿，也才能更好地指导幼儿探索科学。幼儿是学习活动的主体，教师可以为幼儿提供一种集体讨论与交流的学习氛围，不仅有助于幼儿体验共同学习、集体合作的乐趣，而且易于培养幼儿的集体意识，养成集体学习的习惯。但是，集体教学活动学习内容统一、固定，容易忽视幼儿的差异性；学习过程以教师引导为主，时间和空间受到一定的限制。

（二）区域教育活动

区域教育活动，是由教师为幼儿创设一个宽松和谐的环境，提供各种科学活动的设备和丰富多样的材料，引发幼儿的好奇心；每个幼儿都按照自己的兴趣和意愿，从自己的发展水平出发，运用方法和技能进行的科学探索活动。幼儿可以自主选择活动内容、活动材料、活动方式，按自己的兴趣、根据学习特点与进程进行科学探究和科学游戏。幼儿以个别活动为主，或三两人自愿组合；教师以间接指导为主，幼儿的自由度较大。教师的指导大多是一种间接的指导，教师在活动中所起的作用主要通过创设环境，尤其是投放活动材料实现的。幼儿科学活动发生较多的区域是专门的科学发现区、自然角与种植园、其他相关区域，如美工区、沙水区等。

（三）渗透的科学教育活动

渗透的科学教育活动，是指除了专门的科学教育活动，渗透于幼儿一日生活中、游戏活动中和主题及其他各领域教育活动中的科学教育活动。

1. 生活中的科学教育

所谓生活中的科学教育顾名思义也就是对发生在日常生活中的一些事件或现象进行的随机教育。我国著名教育家陶行知曾说过："生活才是教育的中心，生活教育是给生活以教育，用生活来教育，教育要通过生活才能发出力量而成为真正的教育。"的确如此，人类的一切活动都是发生在生活中，生活是一切活动的载体。对于孩子而言，生活中存在着太多新奇而有趣的现象，例如：活动室里突然飞来一只小鸟；下雨前地面上的蚂蚁在搬家；初冬的早晨，天空起了大雾等，所有这些生活现象无不蕴含着深刻的科学问题，可以说，科学就在幼儿的生活中，科学就在幼儿的身边。生活教育是幼儿科学教育一个不可缺少的途径，可以说，日常生活中的这种"润物细无声"式的教育对幼儿的发展具有极为重要的价值。

生活中科学教育活动的产生源于幼儿的兴趣，与集体教学活动相比，没有教师预定的目标和既定的内容，这是一种主动的探索活动；生活中的科学教育是一种整合教育。生活中的科学教育由于教育的内容来自生活，而生活是没有科目之分的，幼儿眼中的世界是一个整体的、具体的、自然统一的，正是这种特性，使生活中的科学教育具有正规教育活动努力追求的整合性。

2. 游戏活动中的科学教育

学前教育之父福禄倍尔曾指出："游戏是幼儿内化活动的自身表现，是幼儿最纯洁、最神圣的心灵活动的产物。"游戏完全是幼儿自主选择参与的活动，在游戏的过程中，幼儿完全是自主的、自由的、轻松的、快乐的，游戏对幼儿的发展具有独特的价值。许多游戏中蕴含着科学教育，例如：玩"放风筝"的游戏可以让幼儿在无拘无束的奔跑中感受到空气的流动和风的产生；玩"捉影子"的游戏可以亲身体验"光和影子"的关系；玩"堆雪人"的游戏可以感受"雪与水"的关系；玩积木游戏可以对平面和立体的图形有所认识；

玩水、玩沙游戏可以对量和量的守恒有所感知和体验；玩吹泡泡的游戏……还有各种音乐、体育、语言游戏也都蕴含着向幼儿进行科学教育的因素。

总之，寓科学教育于幼儿的游戏活动之中，能使幼儿在一种轻松愉悦的状态下获取有关科学的知识和经验。因此，在实施幼儿园科学领域教育活动的过程中，教师应当从整合和渗透的思想出发，充分利用游戏环境，将科学教育有机地渗透到各类游戏活动中，使科学学习成为一种有趣的活动，给幼儿带来无限的乐趣，真正做到"玩中学""寓教于乐"。

3. 主题及其他各领域教育活动中的科学教育

从当前的幼儿园课程改革来看，整合式的课程模式已成为一种重要的趋势。幼儿园科学领域教育活动的整合大致有两种呈现方式：一是将科学教育内容渗透于其他各领域教育活动中；二是将科学教育的内容与主题活动相融合。

所谓主题活动，是指在一段时间内教师围绕幼儿发展所需要的某个核心知识经验为中心内容来展开的教育教学活动。主题源自幼儿的生活，反映的是一个整体的、具体的、生动的现实世界。在构成主题的教学活动中，不仅包括学科性的活动，还包括以问题为中心组织的活动。也就是说，主题活动并不是对各学科的简单相加，只有突破学科的界限，寻找教育内容、教育活动之间的内在联系才能真正体现活动的主题。

此外，幼儿以整体的眼光认识世界，在幼儿看来，世界是一个整体的，各种知识并非割裂而是互相有关联的。因此，除了科学以外的其他教育活动都可以与科学教育相结合。例如：很多的幼儿文学作品会涉及科学方面的知识，儿歌《番茄红了》[①]："绿绿的番茄，等着人来采。等着，等着，急得脸都红了。"这首儿歌讲述的是番茄成熟的故事。这首儿歌还配有一组图画，描述了番茄的颜色由青变红的过程，孩子可以在这诗意的语言中感受番茄颜色的变化。

除了语言文学活动之外，音乐、美术等艺术活动中也常常渗透有科学教育的内容。在美术活动中，孩子们通过把树叶、树枝、落花等自然物拼接粘贴在一起，做出了一幅好看的粘贴画；在体育活动中，往往要认识、复习上、下、左、右、前、后等空间方位；在积木区内，搭建的过程中为了防止积木倒塌或断裂，学会使用对称、视觉平衡……各种教育活动都可能发生科学探究活动，各种教育活动中的科学探究形式都是灵活多样的。

因此，教师应当善于发现、分析和挖掘各种教育活动中所蕴含的科学教育活动，重视知识间的相互联系和相互渗透，充分利用和整合各个不同发展领域中具有科学教育价值的内容，有效地发挥科学教育的价值，使幼儿在丰富多彩的科学探究活动中潜移默化地获得发展。

二、幼儿园科学教育的方法

无论是哪种教育途径的科学教育活动，都应该采用科学探究的理念、思路和步骤引导幼儿发现问题、解决问题并得出结论。具体可采用的方法包括观察法、科学小实验、劳动、测量、信息交流、科学游戏、科技操作与制作等。

---

① 周兢，陈娟娟.《幼儿园活动整合课程指导》教师用书小班（上）[M].南京：南京师范大学出版社，信谊基金出版社，2002.

（一）观察法

观察是一种有目的、有计划的知觉活动，是学习和研究自然科学的方法和技能，也是幼儿探索科学的基本方法。它可以保证幼儿在直接接触事物的过程中，运用多种感官直观、生动、具体地认识事物，提高幼儿感官的综合活动能力，培养运用感官探索周围环境的习惯，并为发展幼儿的抽象思维能力形成概念提供丰富的感性经验。

1. 个别物体的观察

个别物体的观察是指幼儿对特定的某一物体（或一类物体）或自然现象进行观察。通过幼儿有目的地运用感官与周围某一事物的直接接触，了解它的外形、特征、属性和习性。通过对个别物体的观察，帮助幼儿获得有关物体的信息包括物体的外形特征，如物体的形状、大小、颜色；发出的不同声音；散发的不同气味；软和硬、粗糙和光滑、轻和重，以及弹性、黏滞度、光滑度、湿度等不同特性；某些物体的味道等；个别物体的外部结构和功能及其生活、生长习性和特点；个别物体相对的静态和动态；个别物体的存在和周围环境的关系等。对个别物体的观察是最基本的观察技能，是其他各种观察的基础。

2. 比较性观察

比较性观察是指幼儿同时对两种或两种以上的物体或自然现象进行观察比较。使幼儿从中更正确地认识物体和自然现象，并进行分析、比较，为概括、分类奠定基础。通过比较性观察，幼儿发现物体的不同点和相似点；学习以两种物体或自然现象的相应部分和整体性进行比较，挑选出同类物体并进行分类。各年龄班进行比较性观察时要求不同：中班比较物体明显的不同点；大班比较物体的不同点和相同点，并比较相似点，最后分类。

3. 长期系统性观察

长期系统性观察是指幼儿对某一自然物或自然现象进行较长时间的系统观察。该观察主要用于观察动物、植物的生长过程，观察气象的变化，直观地了解自然界各种因素间的相互关系、因果关系和自然界的发展规律。长期系统性观察不在于天天去观察某一自然物，而是根据科学教育（观察）的具体目的和要求来决定观察时间，如观察蝌蚪，要在蝌蚪长后腿、长前腿、尾巴退化时观察。

（二）科学小实验

科学小实验是指教师或幼儿按照预想的目的或设计，利用一些材料，通过简单演示或操作，对周围常见的科学现象加以验证的一种活动。幼儿科学小实验和研究自然科学的实验方法不同，仅仅是重复前人的实验，不要求有新的科学发现。实验内容和操作简单易行，幼儿在较短时间内就能看到结果。实验形式多采用游戏，幼儿可在轻松有趣的活动中进行科学探索。

根据不同目的，科学小实验可分为教师演示实验和幼儿操作实验。教师演示实验是指由教师操作实验来演示，幼儿进行观察的一种形式。这种实验一般难度较大，幼儿操作困难，或因为仪器设备条件不足而采用，也可作为幼儿实验前的示范。教师进行演示实验时，要做到动作熟练，操作速度放慢，边演示边用简洁明了的语言进行提示和讲解；幼儿座位、仪器大小和位置，要便于幼儿观察，以保证每个幼儿都能看清楚。

幼儿操作实验是指由幼儿亲自动手操作并参与实验的过程，主要在简单易行、带有游戏性的实验时用。在操作中，幼儿可以充分摆弄材料、仪器，充分观察实验过程中的现象和变化；还可以反复操作，多次尝试，满足其好奇心，使其实验积极性提高。因此，只要条件许可，可多进行此类实验。

（三）劳动

劳动是指与幼儿科学教育有关的劳动，主要有种植、饲养、科学小制作和协助成人劳动。

1. 种植

种植是指通过在园地、自然角（或用泥盆、木箱等）种植花卉、蔬菜和农作物等，让幼儿认识自然，主要有常见植物的播种、管理、收获等内容，如参加选种、浸种、移栽、浇水、松土、除草、追肥、收获等。

2. 饲养

饲养是指幼儿通过在饲养角里喂养和照管习性温顺的动物来认识自然，主要包括帮助收集饲料、喂养、管理，学习简单的饲养技能，并观察小动物的外形特征、动作和生活习性，培养爱护小动物的情感。

3. 科学小制作

科学小制作是指帮助幼儿采用各种自然材料（如麦秆、果核、贝壳、树叶、羽毛、石头、瓜子壳等）和废旧材料（如木块、包装纸、废塑料盒等），制作一些简单的科学玩具、陈列品和装饰品。

4. 协助成人劳动

协助成人劳动是指协助成人参加一些力所能及的劳动，如拾麦穗、拣菜、剥豆等，从中获得有关科学的感性经验。

（四）测量

幼儿科学教育中的测量，是指通过观察或运用简单的测量工具，对物体进行简单的、初级的测定，包括体积测量、长度测量、质量测量，即包括测量物体的大小、长短、高矮、粗细、轻重等内容。测量的类型包括观察测量、非正式量具测量和正式量具测量。

观察测量是指通过眼睛、手等感官的观察来测量物体。如通过目测（眼睛）来测量物体的大小、粗细、长短等；通过手来测量水的温度；用手掂量物体的轻重等。这种直观感知的测量一般用于特征比较明显的认识对象。

非正式量具测量（也叫自然测量）是指不采用通用的量具，而是用一些自然物如木棍、积木、绳子、手指、步长等作为量具，对物体进行测量。这种方法在幼儿园多用，可使幼儿在避免测量单位带来困难的前提下，掌握测量的基本知识。

正式量具测量是指以通用的标准量具对物体进行测量。适合幼儿用的有尺、天平、温度计、钟表、秤等。通过操作和使用，可使幼儿懂得这些量具的作用，初步了解时空等概念性较强的知识，如让幼儿用温度计测量两盆不同温度的热水。

（五）信息交流

信息交流是幼儿运用言语或非言语的形式表达自己在科学探索活动中的发现，交流自己所使用的方法、探索过程以及认识和情感体验。信息交流有师生间的，也有同伴间的，包括交流讨论、体态姿势和图画记录。交流讨论是指幼儿通过口头言语，表达自己在科学活动中的发现和探索方法、过程,以及询问、了解教师与同伴的意图和看法。它常伴随幼儿科学探索活动的全过程,一般包括发现现象的交流、描述发现的交流、表达情感的交流。图画记录是幼儿运用数字、表格和绘画形式,记录自然现象和科学活动的内容。幼儿在信息交流中,教师要给幼儿以充分交流的时间;要做忠实的听众;对幼儿语言表达不清楚的,要对幼儿予以启发、引导,也可直接给予正确的语言指导;要教会幼儿运用简洁明了的语言来表达、描述科学探索活动的过程和结果。

(六)科学游戏

科学游戏是指运用自然物质(树叶、贝壳、沙、土等)和有关图片、玩具等,进行带有游戏性质的操作活动。游戏在幼儿科学教育活动中可用于教育活动的各个环节。

根据游戏形式,可分为实物游戏、图片游戏、口头游戏和情景游戏几类。

1. 实物游戏

实物游戏是利用实物进行的,可以培养幼儿的感知觉,如"奇妙的口袋"。

2. 图片游戏

图片游戏是在幼儿直接经验的基础上,利用图片进行的游戏。常用的玩法有:

(1)配对

将内容相同的两组图片分发给幼儿,由一人先出示一张图片,另一人出示相同内容的图片与其配对,并说出图片上物体的名称、特征等。

(2)接龙

要求幼儿将相同的或相关内容的图片连接在一起。例如:可根据动物与其所吃食物将其相连,或按季节变化顺序相连。

(3)拼图

将物体的整体结构拆开,分画在若干图片上,再让幼儿拼整。

(4)找错、改错

让幼儿在图片上发现错误并给予改正。

3. 口头游戏

口头游戏是指在感性认识的基础上,直接运用口语进行的游戏。此法主要在中、大班进行。如老师问:"秋天有哪些现象?"幼儿答:"树叶枯黄了。""菊花开了。""小朋友穿毛衣了。"等。

4. 情景游戏

情景游戏是指教师根据教育目标设计一特定的情景,让幼儿按照情景内容进行活动,看谁反应快。例如:老师出示动物园的背景图,幼儿马上模仿各种动物的叫声、行走、吃食物时的姿态等等。

(七)科技操作与制作

科技操作是指幼儿学习使用科技产品或掌握某些工具的操作方法与技能;科技制作是指幼儿尝试设计并动手制作多种科技产品。科技操作与制作可帮助幼儿了解科学技术发展,体验技术之于生活的重要性,提高幼儿的技术运用能力、产品制作能力与程序设计的意识能力,体验创造的价值和乐趣。

科技操作主要是引导幼儿学习日常生活中经常接触的科技产品和工具的使用方法，如手电筒、榨汁机、豆浆机等。科技制作主要包括两类：一类是科技玩具的制作设计，如不倒翁、风车、电话、降落伞、万花筒、拉力球等；另一类是科学模型的制作设计，如岩石标本、树叶标本、昆虫标本等。

在指导幼儿科技操作与制作时，教师可把握以下几点：

1）提供范例，激发幼儿的制作或操作兴趣。
2）详细说明，使幼儿明确制作或操作的目标与评价的标准。
3）剖析难点，引导幼儿积极思考并解决问题，保证制作或操作的顺利进行。
4）为幼儿留有空间，自己探索制作或操作的方法和技巧，必要时提供帮助。

第二节 幼儿园数学教育活动的组织途径与方法

一、幼儿园数学教育活动的组织途径

幼儿数学学习的途径，就是实施数学教育所采取的活动组织形式。幼儿的数学学习既需要教师系统的、有目的的设计和组织数学环境和活动以启发、引导幼儿发展，同时幼儿的年龄特点和数学教育的特点也决定了数学教育的途径是灵活多样的。除了家庭早期启蒙教育外，幼儿园的数学教育对幼儿早期数学能力的发展起着重要的促进作用。教师应该切实理解和灵活运用幼儿生活中的各种活动对幼儿进行数学教育。不同教育途径和活动组织方式为幼儿提供的学习机会不同，幼儿从中得到的体验和经验也不同。教师应根据具体的教育目标和教育内容选择适宜的途径，可以把幼儿数学教育途径分为专门的数学教育活动和渗透的数学教育活动。

（一）专门的数学教育活动

专门的数学教育活动是指教师组织或安排专门的时间让幼儿参加的专项数学活动，在这种活动中，幼儿接触的是以数学为主要内容的材料和环境。专门的数学教育活动包括集体数学教学活动和区域数学活动。

1. 集体数学教学活动

集体数学教学活动是指教师有目的、有计划地组织和指导全班幼儿进行学习的活动形式。这种形式目前在幼儿园仍是一种不可缺少的组织形式，因为它可比较集中地实现教学目标，教师也较容易组织全班幼儿进行学习活动。这种活动是由教师预先设计好并由教师发起，教师对实施背景、实施过程都有精心的设计。

在幼儿数学教育中，有一些教学内容需要教师在集体活动中采用演示、讲解或观察、讨论等方法来引导幼儿学习。有些数学知识、技能需要教师示范、讲解、指导幼儿学习。例如：认识和书写阿拉伯数字，认识一些数学符号，如加号、减号、等号等。新的数学活动或游戏，教师需要在集体中讲解、演示，让幼儿明确在活动时需要做什么，怎样去做。

幼儿对一些数学关系是难以独自发现和感知的，这需要教师结合幼儿生活中的经验或设计一定的情景，引导幼儿观察、讨论，使他们对这些数学关系有所感知和体验。教师需要帮助幼儿整理、归纳已获得的数学感性经验。通过整理和归纳可使幼儿获得的经验系统化、概括化，并形成一定的结构，这样可使幼儿能够运用已有的知识经验，去学习、吸收新的知识。

无论是采用全班同时参与活动还是分组轮流参与活动的形式，都要保证每个幼儿能在教师指导下，在自身的探索、操作过程中，充分地感知、发现、操作，与客体相互作用，获得有关的数学经验和初步的数理逻辑知识。集体活动虽然是教师直接指导幼儿进行学习的活动，但是活动的主体仍是幼儿。教师可以采用启发式教学，充分调动幼儿学习的主动性和积极性，使他们愉快地、富有成效地进行学习，但切忌剥夺幼儿主动学习的权利。

2. 区域数学活动

教师根据不同幼儿的发展水平，为他们创设良好的数学学习环境，提供充分的、多层次的学习材料，让幼儿独立地选择活动内容，主动地操作、摆弄各种材料。幼儿在与材料相互作用的过程中，获得数、量、形等感性经验。这种数学学习环境可以是专为幼儿开设的数学活动室，让幼儿自由地、自愿地选择材料与活动来操作摆弄，感知体验，也可以是在教室里设置专业的数学学习区域，投放可以供幼儿自由选择的学习材料，进行自主探究。如活动区里有幼儿可以自由选择的各种游戏材料，可以进行数数、对应、分类、排序、比较和搭建等活动。除此之外，幼儿园常见的活动区都可以是幼儿数学学习与探究的有效途径。幼儿在这样一个具有丰富刺激而又有序的环境里学习，更能取得较好的学习效果。

区域活动自由度大，能使不同发展水平的幼儿在原有基础上获得较好的发展。区域活动比集体教学活动能更好地培养幼儿对数学活动的兴趣；能充分发挥幼儿的独立性、自主性、创造性，最大限度地发展幼儿的思维和动手操作能力；有利于培养幼儿乐于思考、勤于思考的好习惯；也有利于加强幼儿之间的合作、交往和相互学习，促进幼儿社会性的发展。

活动名称：孔雀和毛毛虫（中班）

【活动目的】

1. 学习并放对应的方法，比较多少或一样多。
2. 按夹子的形状或颜色差异练习排序。

【活动准备】

孔雀、毛毛虫的外形图，不同颜色、形状的夹子。

【操作提示】

1. 幼儿练习并放对应。将夹子一一对应夹在孔雀羽毛上，一片羽毛夹一个夹子；将夹子一一对应夹在毛毛虫脚上，一只脚夹一个夹子，比一比夹子与羽毛、毛毛虫脚是否一样多。

2. 幼儿练习排序。在并放对应的基础上，进一步要求幼儿按夹子的颜色或形状的差异进行排序，并数一数各种形状或颜色的夹子各有几个。

（二）渗透的数学教育活动

渗透的数学教育活动是渗透于幼儿的日常生活、游戏及其他领域教育互动中的数学教育活动。

1. 日常生活中的数学教育活动

幼儿日常生活是指幼儿一天中进行的各种活动。幼儿是在各种各样的活动过程中了解周围世界的，他们很早就开始按大小、颜色、形状、空间位置和其他特征来区分物体，认识周围世界的基本结构与秩序。幼儿生活的现实环境中充满了数、量、形的有关知识和内容。教师要善于利用这些教育资源，引导幼儿了解数学与生活的关系，懂得数学在社会生活中的价值。

生活活动在幼儿一日生活中，不仅占有一定的时间，而且对幼儿的发展也具有重要的影响。在生活中，蕴含着许许多多可以激发幼儿数学学习兴趣的情景和事例，而且这些情景和事例是经常地、反复地发生，因而对幼儿的数学学习产生了潜移默化、日积月累的作用和影响。幼儿稳定的、前后一贯的一天生活活动的顺序，就可使他们体验各种活动时间的长短、时间的间隔，如起床时间、上幼儿园时间、做早操的时间、上课时间和游戏时间等。每天早上教师和幼儿一起数一数今天班上来了多少个小朋友，还有几个小朋友没有来；今天星期几，哪几位小朋友做值日生；整理玩具、图书和衣物的时候，由于玩具、图书和衣物的形状、颜色、大小不同，教师可以引导幼儿学习对物品进行归类的方法和技能，上下楼梯时数一数阶梯；进餐时将碗和勺一一对应；散步时，可以说说花草的数目、形状、颜色；户外活动时，可以说说自己所在的位置。有的中、大班幼儿还学习记气象日记，日记中记载着每天的日期、星期几和气温等情况。幼儿在轻松自然的生活情景中不仅求知欲和学习兴趣猛增，而且还在潜移默化中获得了数学知识和经验。

2. 游戏活动中的数学教育活动

游戏是幼儿最喜爱、最基本的活动，也是幼儿数学教育的有效手段。把抽象的数学知识与生动活泼的游戏紧密结合起来，能够使幼儿自发地应用数学知识，获得有益的数学经验。幼儿园许多游戏活动，蕴含着各种数学信息，幼儿参加游戏，不仅愉快地进行着各种活动，学习着各种游戏技能，同时也感受着其中的数学信息，积累了丰富的数学感性经验。例如：积木游戏包括空间关系、几何形体、测量等数学知识，同时又与分类、排序、数量的比较等相联系。幼儿在搭建的过程中，在游戏体验中能获得数、形的经验和知识；娃娃家游戏让幼儿学习按顺序、有条理地做各种事情；玩水、玩沙游戏使幼儿对量和量的守恒有所感知和体验；而超市游戏（或商店游戏）使幼儿学习了将各种物品分类摆放，学习记数、认识钱币和数的运算等；其他如抢椅子游戏、扑克牌游戏等，可使幼儿比较10以内数的多少、大小，学习数的组成、加减和序数等知识；各种体育、音乐、语言和民间游戏中，也都蕴含着对幼儿进行数学教育的因素。重视游戏中的数学教育，这是幼儿数学教育中一个重要的环节，因为在教师的引导下，它可以让幼儿在轻松、愉快、自然的气氛中感受数学、学习数学，积累丰富多样的数学经验。

活动名称：上下前后拍手歌

【活动类型】

民间游戏。

儿歌：《拼板，拼板》

拼拼板板。上上，下下，左左，右右，前前，后后。轱辘轱辘一，轱辘轱辘二，轱辘轱辘三，轱辘轱辘四，轱辘轱辘五，轱辘轱辘六，轱辘轱辘七，轱辘轱辘八，轱辘轱辘九，轱辘轱辘十。

活动名称：边玩边数边比

【活动类型】

手指游戏。

一二三四五，六七八九十，十个好朋友，花样变不完。伸出大拇指，我俩一样粗；伸出小拇指，你俩一样小；伸出一只手，中指最高；伸出两只手，十指排排队。

3. 主题及其他各科教育活动中的数学教育渗透

课程的整合化已成为当前幼儿园课程改革的一个重要趋势。从幼儿园课程改革实践中看，采取主题形式整合教育内容是整合性教学的形式之一，主题活动基本上是教师预设的活动。主题活动是指在一段时间内围绕一个中心内容（即主题）来组织教育、教学的活动。主题一般来源于幼儿的生活，如围绕幼儿自身的生活事件、社会生活事件、文学作品中提炼一些现象、过程原理等形成主题，设计教育、教学活动。由于主题来源于幼儿的生活，因而反映的是一个整体的、具体的世界，一个鲜活的现实世界。在每一个主题中不仅包含着多个领域的内容，而且能让幼儿对事物获得一个较为整体、较为全面、较为生活化的认识。数学是研究现实世界的空间形式和数量关系的科学，因此主题活动所表现的整体、具体的世界中，必然会包含着数学方面的内容。幼儿在获得对事物的较为整体、较为全面、较为生活化的认识过程中，同时也会感受到事物的数量、形状、空间位置等特征，体验到事物之间的数量关系。

除了数学之外的其他幼儿教育活动（如语言、社会、艺术等）也都与数学教育有关。其他各领域教育活动与数学教育结合，既是该教育内容本身的要求，也是完成数学教育任务不可分割的一部分。它能够巩固、加深、补充和促进幼儿数学概念的发展，能使幼儿数学学习更为主动和有效，因此，也成为向幼儿进行数学教育的一个辅助手段和必要途径。例如：数学的学习也需要借助语言的表达，数学与语言的结合，能够使幼儿获得的数学经验更清晰，知识掌握得更加巩固。另外，运用文学、音乐等教育形式能使数学的学习充满趣味性。把儿歌、歌曲与数、形知识结合在一起是常用的方法之一。尤其值得一提的是，以故事的形式来潜移默化地渗透初浅数概念的"数学故事"。

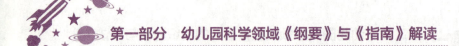

> **数学故事：摘果子**
>
> 从前有一座仙山，山顶有一块宝地。因得雨露日夜灌溉，便长出七根小苗，这七根小苗吸天地之精华，渐渐长成大树。它们长啊长啊，长得可高可高，终于每一棵树上都结了一个又大又红的果子。
>
> 森林里的小动物听说了，纷纷准备上仙山摘果子。其中长颈鹿和小兔子是好朋友，小猪和小乌龟是好朋友，小猫和小狗是邻居，它们都听说了这件事，于是约定一起上山摘果子。它们走哇走哇，遇见了一条大河。小兔说："怎么办呢？我们过不去。""哇，看这里有两块三角形的石头！""这里也有两块正方形的石头。""我知道了，我们可以把它们放进河里，这样就可以搭成一座桥啦！"最聪明的小兔子说："两个三角形可以拼成一个正方形，两个正方形就可以组成一个长方形，我们就按照顺序把它们排好，依次丢过去，这座桥就搭成了。"大家都觉得这个方法不错，于是七手八脚地把石头丢在了河里，搭成了一座石头桥。
>
> 它们过了河，走哇走哇，终于找到了仙山。"好大的果子呀！"大家说道。"你们看，这里有七个果子，我们有六个人该怎么分呢？""我们就比比身高吧，谁最高就吃两个果子，剩下的就平均分。"大家觉得这个提议很好，可是怎么比身高呢！长颈鹿说："我们就躺下来看谁的身体长，谁就最高。"小猫说："这不公平。小狗的尾巴和我的尾巴摆放在地上，也可以很长。"大家七嘴八舌地讨论开了。最后小乌龟慢吞吞地说："我们都站在这棵树下，看谁站在地上能够到最高的那片叶子谁就最高。"大家觉得这个方法很好，于是就纷纷地站在地上。最后，长颈鹿摘到了最高的叶子，因此它得到了两个果子，其他的小动物每人都分得了一个果子。于是，它们就开开心心地回家啦！

在科学、美术和其他教育活动中也可以渗透数学教育。例如：在绘画、泥工活动中，幼儿可以获得有关空间、形状、对称意识以及体积、质量等感性经验；在体育活动中，幼儿可以有更多的机会形成空间方位意识；在科学教育中，幼儿可以自然地运用测量、数数等方法发现物体之间的数量关系和空间关系，提高数学应用意识，发展分析问题、解决问题的能力；在艺术欣赏活动中，教师可以让孩子欣赏自然界中蕴含数学美的物体，如花朵、蝴蝶、贝壳、蜂房、各类植物的叶子、向日葵花盘等，使幼儿感受排列形式上的秩序美与和谐美，感受数学的魅力；在体育活动中，幼儿可以通过走、跑、跳等动作练习和体育游戏进一步认识空间方位和向上、向下、向左、向右等运动方向。总之，在教育的过程中，有机地整合各个不同发展领域的教育内容，向幼儿进行数学教育是极其重要而有效的。

二、幼儿园数学教育的方法

教育方法是教育过程中教师和学生为实现教育目标和教育任务所采取的行为方式的总和，是教育目标转化为幼儿发展的中介途径和重要媒介。在幼儿数学教育活动中，教育方法运用得是否恰当,将直接关系到幼儿数学教育任务的完成和教学的效果。幼儿数学教育方法的选择要根据数学教育的目标内容、幼儿学习数学的特点和数学的学科特点。

（一）操作法

1. 操作法的含义及作用

操作法是教师为幼儿提供合适的材料、教具、环境,让幼儿在自己摆弄的实践过程中进行探索,获得数学感性经验和逻辑知识的一种方法。操作法是幼儿学习数学的基本方法,也是幼儿园数学教育的主要方法。当代心理学研究证明:幼儿对数学知识的获得方式始于幼儿对物体的行动,也就是说,幼儿学习数学首先依靠的是作用于物体的动作。比如幼儿在点数4个皮球时,"4"这一数理知识不存在于任何一个皮球上,而是由幼儿把连续点数的每个动作加在一起,在头脑中建立了4个皮球之间的整体关系以及手点物体动作与口念数词动作的一一对应关系,这样才得出了这几个皮球数目为4的结论。由此可见,数的知识存在于物体之间的关系上,而这种关系是幼儿通过各种作用于物体的动作在大脑中建立的。所以,从数理知识的抽象特点来看,幼儿是通过动作即操作活动学习数学的。在幼儿园的数学教育中应以幼儿的操作活动为主要的教育方法,因为这种方法既符合数学知识的抽象特征、幼儿学习数学的认知特点,又适于幼儿好动的天性,能诱发幼儿的学习兴趣,有效地利用数学教育促进幼儿思维逻辑性的发展。

2. 运用操作法的注意要点

（1）明确操作目的

首先让幼儿在操作材料的过程中发现问题,初步体验到某概念的内涵或运算规律;然后让幼儿用语言表达操作的结果,在他们头脑中形成形象;最后由教师引导幼儿讨论操作结果,帮助幼儿概括出数学语言,使感知到的知识经验系统化、符号化。

（2）创设操作条件

教师应为幼儿的操作活动创设合适的环境,提供必要的条件。例如:提供给幼儿充足的操作材料,以保证每个幼儿有足够的活动材料;给予幼儿充分的操作空间和时间,才能充分发挥操作及其材料在学习数学及发展幼儿初步数学概念中的作用;允许幼儿与同伴进行交流和讨论,有助于幼儿通过思考而不是通过接受来理解知识。

（3）交代操作规则

在正式的数学教育活动中运用操作法,教师可以在幼儿动手之前,先向幼儿说明操作的目的、要求及具体的操作方法,然后再让幼儿通过操作来体验,这有巩固和加深体验的作用,能保证幼儿的操作具有一定的方向性,减少盲目性、随意性。操作规则应反映出有关数学概念的属性或规律,如"把相同颜色的图片放在一起"。

（4）评价操作结果

在教学中,不能为了操作而操作,操作学习是为了帮助幼儿建构数学经验。幼儿通过操作所获得的知识是粗浅的、零碎的,需要教师的归纳和评价。教师可以组织幼儿围绕操作目的进行讨论,帮助他们将感性的操作经验整理总结,从而形成初步的数学概念。

（5）体现年龄差异

各个年龄班在运用操作法的过程中应根据幼儿的实际水平和年龄特点有所区别。例

第一部分 幼儿园科学领域《纲要》与《指南》解读

如：小班幼儿不仅应该提供人手一份的操作活动材料，而且要求他们多动手、多摆弄；而大班幼儿则可提供书面类的操作材料，粘贴、涂色、记录一类的操作材料可以多一些，而且可以安排幼儿多进行小组类活动，培养幼儿的合作能力。

（二）讨论法

1. 讨论法的含义及作用

在幼儿园的数学教育中，讨论是一种常用的学习方法。在数学教育中，讨论是引导幼儿有目的、探讨性地主动学习数学的一种方法，它是一种多边的活动过程，可以是教师与幼儿，也可以是幼儿与幼儿之间的讨论。讨论的时机选择在操作的不同阶段，就会对幼儿的具体操作及思维活动起不同的作用。操作前进行的讨论，目的是了解操作内容、操作材料及操作规则。这种讨论主要伴随着对范例和演示活动的分析进行。如"看看珠子是怎么排列的？"通过这一讨论，幼儿懂得了要先找出珠子的排列规律，才能按排列规律接着穿。这样既有利于幼儿掌握操作要求，又有助于提高幼儿的分析能力。

操作中随机进行的讨论，则是根据操作的进展随机进行的。例如：在图形块分类的操作中，大多数幼儿是按颜色、形状的标准给图形块分类的，当发现有人按厚薄标准分类时，便可趁机让幼儿讨论："你们看，这个小朋友和你们分的有什么不同？"这样就能扩展幼儿的思路。虽然这种讨论不是列入计划的，但它针对性强，是有目的、有计划教育的一种完善和必要的补充。

操作后进行的讨论，目的是帮助幼儿将他们在操作中获得的感性经验予以整理、归纳，从而获得正确的数学概念。例如：在有关形体的操作后，讨论形体的特征；在有关数组成的操作后，讨论数组成的关系等。这些讨论的着眼点都在于帮助幼儿进行抽象概括，使他们把自己对事物外部特征的认识转向内在的、有规律的思考。

2. 运用讨论法的注意要点

（1）以操作体验为基础

对幼儿来说，没有一定的知识经验，讨论是无法开展的。因此，讨论往往是伴随着操作活动而展开的，操作体验是讨论的基础。幼儿有了一定的感性认识，才能对要讨论的内容做出积极的反应，才能接受讨论的最终结果。如教师出示8个贴绒圆球（其中3个是红色的，5个是绿色的），当讨论"是圆球多还是绿球多？为什么？"时，多数幼儿都认为绿色的圆球多。幼儿得出这个错误结论的原因是幼儿还不具备认识"类包含关系"的心理基础，他们对整体与部分的关系还不理解。于是，教师有意识地安排幼儿在以后的一段时间内进行了类似的操作活动。当后来再次进行讨论时，就有越来越多的幼儿反映出认识的进展，得出了"是圆球多，因为红球、绿球都是圆球"的结论。

（2）重视讨论的过程

幼儿数学教育的重点不在于传授知识，而在于促进幼儿思维的发展，因此讨论的过程比结论更重要。在讨论过程中，教师要注意倾听幼儿的操作体验，观察分析幼儿在讨论中的反应，了解幼儿的思维形式和思维活动的过程，在这基础上再进行有的放矢的教育，效果就会比告诉幼儿结论好得多。

（3）注重差异，因人施教

幼儿的发展水平和能力各有不同，有些能力较弱的幼儿往往很少参与讨论活动，这对树立他们的自信心、发展思维都是不利的。所以，在讨论中常常从简单问题引入，采取多肯定、多鼓励的方法，树立幼儿的自信心。当他们有了一定的基础之后，再渐渐地提高问题的难度，使他们在原有的水平上得到发展。对胆小的幼儿，则引导他们参加新颖有趣的数学游戏，帮助他们消除紧张感，大胆地说出自己的意见。此外，教师平时多参与他们的数学活动，多组织随机讨论，也是激发他们对讨论产生兴趣的一种好办法。

（三）游戏法

1. 游戏法的含义

游戏法是根据幼儿好动的天性，具体形象的思维特点，将抽象的数学知识寓于幼儿感兴趣的游戏中，让幼儿在各种自由自在、无拘无束的游戏活动中学习数学的一种方法。采用游戏进行数学教育，让幼儿在玩中学，在学中玩，效果很好，有利于调动幼儿的学习积极性，激发幼儿的学习兴趣。

2. 数学游戏的种类

（1）操作性数学游戏

操作性数学游戏是指通过操作玩具或实物材料，获得数学知识的一种游戏，具有一定的规则。例如：操作游戏"小动物在哪里"，这个游戏的目的是让幼儿感知上下、前后等空间方位，把四只小动物分别藏在"桌子娃娃"（是用冰淇淋盒子剪制成的，有四条腿，一侧有眼睛、嘴巴）的上、下、前、后四个方位，并说一说"小动物在'桌子娃娃'的 X 面"。另外一个操作游戏"我和圆圈做游戏"，要求幼儿听到"小朋友真能干，一起站到圆圈的 X 面"的指令后，迅速调整自己和圆圈的位置关系。"折盒子"要求幼儿把拆开的盒子还原成正方体纸盒，初步感知正方体的6个面与正方体的关系。

（2）情节性数学游戏

情节性数学游戏是指具有一定的游戏情节、内容和角色，特别适合于年龄小的幼儿。组织这类游戏的时候，情节的安排必须有助于幼儿更熟悉地掌握初步的数学知识，游戏的过程不宜太新奇、规则不宜太复杂。例如：为小班幼儿学习"1"和"许多"设计的"小猫钓鱼"游戏，教师、幼儿分别扮1个"猫妈妈"和许多"小猫"，"猫妈妈"以游戏的口吻要求"小猫"们去钓鱼，要求每只"小猫"钓1条鱼，1条、1条鱼合并成"许多"鱼。在这一系列情节中渗透"1和许多"的数学概念。

（3）竞赛性数学游戏

竞赛性数学游戏是指带有竞赛性质的数学游戏。竞赛性数学游戏适合中、大班的小朋友。可以满足幼儿竞赛、好胜的心理，有助于对知识的巩固，更有助于发展幼儿思维的敏捷性和灵活性。例如：大班"数物接龙"游戏，每张卡片的两端分别是数和物，且数和物的量不等，把一卡片上的数和另一卡片与此数相等的物体相接，依次续接，以谁在规定时间内接完为胜。又例如：大班幼儿学习单、双数的时候，教师把几个幼儿排成一列，幼儿的身后放有椅子。教师迅速地说出："单数。"站立位置是单数的小朋友就马上坐到椅子上。出错的小朋友要给予快乐惩罚，对了的小朋友要给予奖励。然后变换队形，再进行游戏。

（4）运动性数学游戏

运动性数学游戏是指寓数学概念或知识于体育活动之中的游戏，如幼儿园常见的"老鹰抓小鸡""占圈""掷飞镖"等；又如，大班幼儿在学习区分球体、正方体、长方体和圆柱体。教师根据班里的实际情况把幼儿分组，每个小组的人数相等；再把每个组的幼儿排成纵队，距幼儿正前方50米处摆放着许多球体、正方体、长方体和圆柱体，要求幼儿按接力赛的形式到对面取物体，并且返回到出发地把取回的物体正确地放到相应的位置，用时最短的就算胜利。在竞赛过程中，如果幼儿摆放错误了，要求幼儿直到摆放正确为止，这样不仅会耗费时间，也会大大泯灭幼儿参加游戏的热情。

（5）多种感官参与的数学游戏

运用各种感官的数学游戏主要强调通过不同的感官进行数学学习，强调幼儿对数、形知识的充分感知。例如："看数卡做动作"，幼儿看到教师出示的数卡是几，马上拍几下手或踩几下脚，可以请个别幼儿做，也可以集体做。又例如："看动物卡学动物叫（或跳）"，幼儿看到教师出示的某种动物群卡，先目测说出数量，然后学该动物叫几声（或跳几下）。如果教师出示画有4只小狗的卡片，幼儿说出"4"并学小狗叫4声，老师再出示数字"4"让幼儿读。总之，在幼儿学习认数的过程中，可以让幼儿通过看看、听听、摸摸等活动多方面理解数的实际意义。

（6）数学智力游戏

数学智力游戏是一种运用数学知识以促进儿童智力发展为主的游戏。这种游戏能极大地调动儿童思维的积极性，培养其思维的灵活性、敏捷性、独创性以及综合运用数学知识解决问题的能力。例如："找动物"游戏，它是让幼儿通过观察画面，在美丽的森林里找出动物伙伴，并数一数不同的动物各有几只。通过观察、点数，幼儿认真观察事物的能力得到大大提升。"我是小小电报员"游戏，将幼儿分成若干小组，每组站成一排或者一个圆圈。教师小声地将电报数字号码告诉每组的第一个幼儿，不能让其他的幼儿知道，然后听信号拍电报。第一个小朋友用右手在第二个小朋友左手心按老师说的数目点几下（如电报数字是5就用手指轻轻地点5下），依次往下进行，由最后一个小朋友报出电报的号码，看看哪组的电报传得快、传得准确。这可以培养幼儿灵敏和做事认真的习惯，发展幼儿的触觉、注意力和记忆力。

（四）比较法

比较法是幼儿数学教育中被普遍采用的一种教育方法。比较是思维的一个过程，是通过对两个或两个以上物体的比较，让幼儿找出它们在数、量、形等方面的相同和不同。例如：比较两只铅笔的长短，相邻数大小的比较等。

1. 按性质划分

比较法按性质划分，可以分为简单的比较和复杂的比较。简单的比较是指对两个（组）物体的数和量的比较，如比较两根线的粗细，如图2-1所示；复杂的比较是指两个（组）以上物体的数或量的比较，如图2-2所示。

第二章 幼儿园科学领域教育活动的组织途径与方法

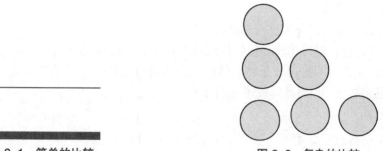

图 2-1　简单的比较　　　　　　　　图 2-2　复杂的比较

2. 按排列形式划分

按排列形式划分，可以分为对应比较（重叠式、并放式、连线式）和非对应比较（单排比较、双排比较、不同排列形式的比较）。

（1）对应比较

对应比较是把两个（组）物体一一对应加以比较。

1）重叠式。重叠式是把一个（组）物体重叠在另一个（组）物体上，形成两个（组）物体元素之间一一对应的关系，从而进行数或量的比较，如图 2-3 所示。

2）并放式。并放式是把一个（组）物体并放在另一个（组）物体的下面，形成两个（组）物体元素之间一一对应的关系，从而进行数或量的比较，如图 2-4 所示。

图 2-3　重叠式　　　　　　　　　图 2-4　并放式

3）连线式。连线式是将图片上画的物体和有关的物体、形状或数字等用线联系起来进行比较，如图 2-5 所示。对两个集合间元素数量的比较也可以通过连线的方式加以一一对应，如图 2-6 所示。

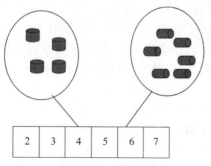 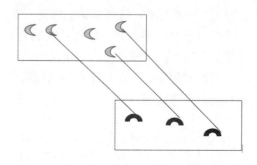

图 2-5　连线式（图片上画的物体）　　图 2-6　连线式（集合间元素的数量）

（2）非对应比较

非对应比较也可以分为三种形式：

1）单排比较。单排比较是将物体摆成一排或一行进行比较。

2）双排比较。双排比较是将物体摆成双排进行比较，包括异数等长（见图2-7）、异数异长（见图2-8）和同数异长（见图2-9）。

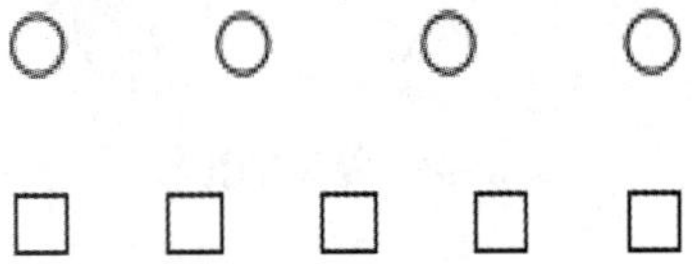

图2-7　异数等长 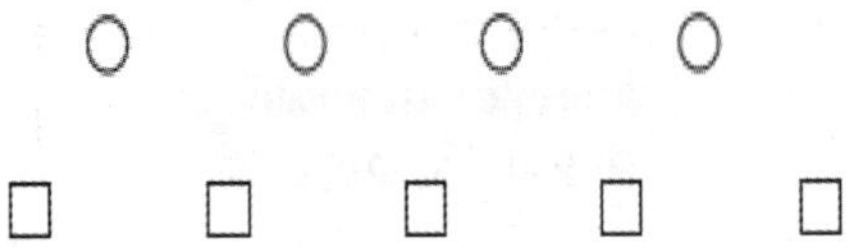　　　　　　　图2-8　异数异长

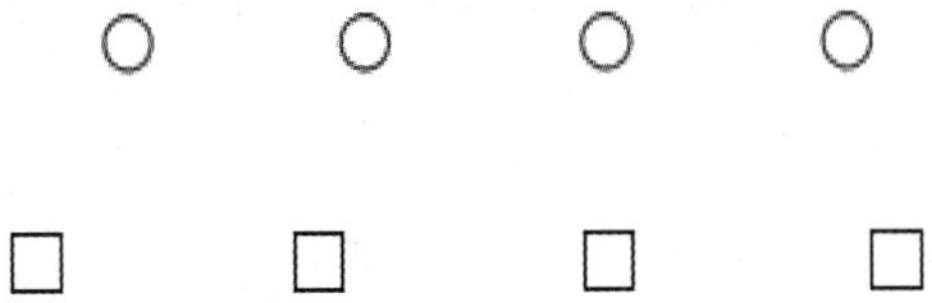

图2-9　同数异长

3）不同排列形式的比较。不同排列形式的比较是将一组物体做不同形式的排列，进行数量比较。

（五）发现法

发现法是在教师引导儿童依靠已有的数学知识和经验去发现和探索并获得初步数学知识的一种方法。运用此方法的前提是教师必须为儿童的主动探索和发现创设一个合适的环境。运用发现法教学可以分为五个阶段：准备阶段、初探阶段、交流与再探阶段、总结阶段和运用阶段。准备阶段主要是让儿童明确探索的目标、意义、途径、方法，并做好物质和精神的准备；初探阶段是根据教师提出的目标和途径，儿童通过操作或观察，主动概括出原理、概念的定义，探求问题的答案；交流与再探阶段，主要是引导儿童通过讨论，再次操作探讨；总结阶段是将探索中获得的知识、结论加以归纳整理，使知识系统化；运用阶段是通过一系列的口头或书面练习，使儿童初步获得知识迁移的能力。在运用发现法的过程中，教师要为幼儿创设一个合适的环境，要充分相信幼儿，放手让他们去发现、探索、思考、克服困难；教师要学会等待、观察，适当地启发。

除了以上几个基本方法以外，在幼儿园数学教育中还可以采用一些其他的教学方法，如寻找法、欣赏法、演示法、归纳法、演绎法等。"教学有法而无定法"，教学方法具有很大的灵活性和创造性。在具体运用的过程中，教学目标、教学内容和教学对象的不同，实施过程也会有所区别。

第二章 幼儿园科学领域教育活动的组织途径与方法

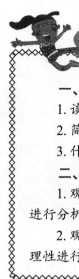

一、思考题

1. 谈谈你对幼儿园科学教育活动组织途径的理解。
2. 简述你对渗透的数学教育活动的理解。
3. 什么是操作法？在具体的运用中应注意哪些问题？

二、实践性学习活动

1. 观察某年龄班的科学区域活动，对其中教师所用的科学教育方法的合理性进行分析。
2. 观察某年龄班的数学集体教学活动，对其中教师所用的数学教育方法的合理性进行分析。

第三章 幼儿园科学领域活动的设计与实施

案例导入

科学集体活动《溶解的秘密》中，教师用洗衣粉、糖、奶粉、黄沙、菜籽油等物品进行各种溶解实验，孩子们看到这些材料后立刻活跃起来，忙说："老师，这种东西我家也有的。"活动结束后，教师针对教学活动中有些孩子观察不仔细的情况对孩子们说："老师知道这些东西小朋友家里都有，那今天回家后和你们的爸爸妈妈一起玩，好吗？"第二天来园时，一幼儿的爸爸告诉我说："昨天孩子一回家就和我闹着玩溶解的游戏，他还发现咖啡也能在水里溶解呢！"由此可见，生活化科学教育还有利于幼儿回家后的继续探索，使科学活动得以很好地延伸。

生活是丰富多彩的、真实生动的，而生活中处处都蕴含着科学。新《纲要》提到了"利用身边常见的事物和现象""从生活和媒体中、幼儿熟悉的科技成果入手"，等等。孩子们的科学探究，可以从身边的事物开始，引导他们关注周围生活环境中常见的事物，发现其中的奥妙，使他们感到科学并不遥远，科学就在身边。从幼儿的生活实际出发，着眼于幼儿身边有趣的科学现象，能激发幼儿对科学的探究欲望，从而培养幼儿热爱生活、热爱科学的情感。那么，该如何实施科学教育呢？幼儿园科学领域的集体教学活动可以怎样设计？教师应如何实施幼儿园科学领域的活动？带着这些问题，一起进入本章的学习。

学习目标

通过本章学习，你应该具备以下知识：
1. 理解幼儿园科学领域集体教学活动设计与实施的要求。
2. 熟悉区域活动中的科学教育、游戏中的科学教育、生活中的科学教育和其他教育活动中的科学教育的设计与实施要求。

第三章　幼儿园科学领域活动的设计与实施

知识结构

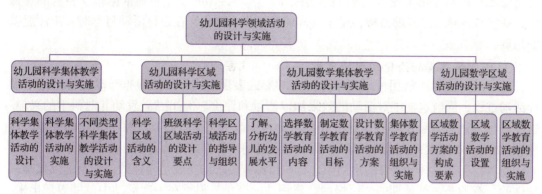

第一节　幼儿园科学集体教学活动的设计与实施

一、科学集体教学活动的设计

科学集体教学活动的设计包括：活动课题的选定、活动目标的设计、活动材料的准备、活动过程的设计等几个方面。

（一）活动课题的选定

活动课题的选定，是从科学教育的内容范围中选择出适合幼儿探索学习和教师组织开展的活动课题。科学教育的内容很广泛，而且并不是所有的内容都适合开展集体教学活动。因此，在设计集体教学活动的课题时，应考虑以下几点：

第一，要选择最基本的科学经验。集体教学活动是要求所有幼儿都必须参与的活动，其内容必须是最基本的、最具代表性的学科知识内容。而对于那些以拓展幼儿的知识面、激发幼儿更广泛的探索为主旨的内容，则可以放在区域活动中，或通过其他形式（如阅读科学图书）来进行。

第二，要贴近幼儿的实际生活。在进行科学教育时，要从幼儿的生活实际出发，把科学教育渗透到幼儿的生活中去，让幼儿在生活中接触科学。平时，在教室里布置一些科学区域，如"种植角"，让幼儿观察种子的成长过程；为了让幼儿认识"天气的变化"，在活动室里的娃娃家，准备各种娃娃的衣服帽子，让幼儿根据自己对气候变化的认识给娃娃更换衣物。

第三，要选择适合开展集体学习活动的内容。要选择那些需要幼儿集中探索、共同学习、相互启发的内容，以及需要通过教师的引导和总结让幼儿获得某个具体结论的内容。相反，有的内容虽然很重要或者很有趣，但不便于组织集体教学活动，如观察月亮的变化，就是一个更适合在家庭中进行的活动。

（二）活动目标的设计

在选定了集体教学活动的课题之后，教师就要考虑设计活动的目标。所谓活动目标，是指幼儿通过科学活动所应达到的学习结果。活动目标的设计必须依据科学教育的总目标，并参考各年龄阶段的目标，是总目标的进一步具体化。在设计活动目标时，应注意以下几点：

1. 要尽量体现行为化和可操作性

学习结果应尽可能用可以观察的行为的形式表现出来，以便根据活动目标的要求设计活动过程，同时也便于对活动的效果加以衡量和评价。例如："激发幼儿对科学的兴趣"这一目标表述方式就不够行为化，如果将此目标改为"激发幼儿观察小动物的兴趣"或"激发幼儿喜欢探索有关冰的现象"，就可以通过幼儿外在的行为表现加以衡量。

当然，在幼儿科学教育的活动中，有些目标或要求的实现是隐性的，如有的仅仅是一种体验，有的是一种长期的、缓慢的、累积性的变化，很难在一次活动中就能表现出来。因此，也不能绝对要求所有的目标、要求都是一种行为目标。

2. 要结合活动的具体内容，提出有针对性的目标

科学教育的总目标包括三大方面和若干具体内容。一次教学活动，只是实现目标漫长过程中的一步，教师在设计活动目标时，不必也不可能把总目标的所有内容全部纳入其中，而应在全面贯彻总目标的前提下，设计针对活动内容特点的目标。例如，观察动植物的活动，更适合培养幼儿观察事物特征的能力，以及对自然界积极的情感和态度、爱护小生命的行为等；而观察科学现象的活动，则更适合培养幼儿观察现象和变化的能力，以及对科学现象的好奇心和探索欲望等；在科技制作活动中，则是重点培养幼儿的操作技能。

3. 要结合幼儿的发展水平和具体特点，提出有层次性的目标

活动目标应具有层次性，因为幼儿的发展在不同年龄层次上呈现出明显的年龄特点，即使在同一年龄层次，同一班级的不同幼儿也会因其文化背景、教育基础、个人发展水平等因素的影响，呈现出较大的差异。这就要求教师在设计活动目标时要考虑幼儿所能达到的行为层次，并对不同的幼儿提出不同层次的要求，如"发展幼儿的观察能力"是对每个年龄阶段都适用的目标，但这样的目标就不够具体，缺乏层次性。例如："能够在教师的指导下运用多种感官进行观察"和"能够主动运用多种感官进行观察"就体现了不同层次的要求，而如果是"能够系统、完整地观察事物的特征"或"能够注意到观察对象的细微特征"，就是更高层次的要求了。

4. 要有一定的灵活性，以适应活动过程中可能出现的变化

教育对象是千差万别的，教育过程是千变万化的，所以教师预先设计的目标不可能是一个固定的要求，也不可能为每个幼儿设计一个目标；但在设计目标时，教师也要充分考虑到幼儿的差异，使目标的表述更加灵活。例如："要求幼儿能够用自己的方法给叶子分类"，就具有较大的包容性，无论对于能力强的幼儿，还是能力弱的幼儿都可以适用。这就体现了活动目标设计的灵活性。

（三）活动材料的准备

活动材料的准备，既可以选择成品，也可以通过收集或制作的方式。那么，在准备材

料时应该注意下列问题。

1. 材料和活动目标的关系

准备活动材料首先考虑的是活动目标的要求。根据目标准备相应的材料，以帮助幼儿更好地达成目标。如观察的活动就要准备有典型性和代表性的观察对象，必要时还需要提供观察工具，如放大镜。分类的活动，应为幼儿准备分类盒、分类对象，而且分类对象的数量和特征要便于幼儿分类。测量的活动，应准备测量对象和必要的测量工具。

2. 材料的结构性

所谓材料的结构性，就是一个或一组材料所具有的特征，不同材料之间的联系和关系，材料中所蕴含的可探索性、可利用性等。例如：教师让小班幼儿观察冰，如果只是让幼儿观察冰箱里冷冻的冰块，幼儿虽然也能感知冰的各种特征，但幼儿所获得的经验并不丰富。而如果教师不仅给幼儿观察冰箱里的冰，还让他们观察冬天室外结的冰，观察厚厚的一块冰、薄薄的一层冰、长长的冰凌……幼儿对冰的经验就很丰富，而这就是因为教师提供了有结构的材料——各种各样的冰。

3. 材料的数量

一般而言，只有提供充足的材料，才能保证每个幼儿在活动中的操作需要。但是，不同的活动对材料数量的要求也不一样。如果是桌面操作材料，则一般需要为每个幼儿准备人手一份。而一些需要合作的实验或解决问题的活动可以每个小组一份材料。对于感知观察活动，可视情况而定，有的要求每人一份材料，有的可以每组一份材料，还有的比较大的观察对象甚至可以全班观察同一个对象。

（四）活动过程的设计

在活动过程设计中，教师需要思考教学组织形式的灵活性、主要环节的架构、教学方法的选用、关键提问的巧设、环境材料的支持、细节设计的思路等问题。活动过程的设计应在紧紧围绕目标的前提下，突出重点难点；各个环节衔接自然流畅，过渡无痕；教学方法适宜，关注细节。教学活动设计有法而无定法，在遵循基本规律的基础上，教师可以进行创新和发展。下面具体分析导入环节的设计、教师提问的设计、活动结束的设计。

1. 导入环节的设计

教师可以通过各种各样的方法将幼儿导入到活动中。

第一，通过幼儿直接操作材料导入活动。这一方法适合于以操作、探索物质材料，获得科学发现为主的活动。教师可以直接让幼儿自由地探索这些材料，发现材料的特征，进而引导他们深入地探索。如在"电动玩具"的活动中，教师可以先让幼儿自由地玩各种电动玩具，再谈谈自己的感受和发现，然后教师引导他们进一步探索。

第二，通过简短的指令导入活动。在有的科学活动中，需要教师在操作前做简短的指令或提示，然后让幼儿自己操作。如"什么物体容易倒"的活动，教师首先提出了明确的问题，幼儿就可以进行有目的的尝试和探索。

第三，利用幼儿已有的经验，通过提出问题导入活动。有的活动是由教师和幼儿一起事先准备活动材料的，如教师可和幼儿一起回忆在外采集材料的过程中各自获得的经验，从而自然地导入活动。有的可以从幼儿的生活经验出发，提出相应的问题，引发幼儿对该内容的兴趣。

第四，通过演示现象导入活动。有的探索科学现象的活动，可以先由教师演示有趣的科学现象，特别是那些通过幼儿自己的操作不易发现其中奥妙的材料，教师的演示更为重要。如教师通过向幼儿演示一个奇妙的"变色魔术"，从而激起了幼儿亲自探索的愿望。一些科技小制作的活动，也可以从演示导入。教师先演示一个制作的成品，如小小的降落伞，幼儿观看了降落伞的降落以后，不仅会感到新奇、有趣，还会激起自己制作的愿望。

第五，通过谜语、儿歌、故事导入活动。利用谜语、儿歌、故事导入活动，可以把幼儿的兴趣都集中到将要学习和探索的事物中来。如有一个"小熊请客"的故事，讲的是小熊请客时由于不懂得各种动物朋友的食性，给小猴吃竹子、给小羊吃肉、给熊猫吃桃子……而闹出了笑话。教师可以先向幼儿介绍这个故事，再引入"动物吃什么"的活动。

总之，导入活动的方法很多，没有固定的模式。其目的是引起幼儿对将要学习的内容的注意，激发幼儿对有关内容的学习兴趣。教师可以根据活动的内容灵活地加以选择。

2. 教师提问的设计

在集体教学活动的过程中，教师主要依靠提出问题来引导幼儿探索。一般来说，教师设计的问题应以开放性问题为主。所谓开放性问题，是指问题的答案应不是固定的、唯一的。例如：

1）"请你试一试、玩一玩，等一会儿告诉大家，你发现了什么。""你也来试试，看看会有什么发现。"这样的问题可以引发幼儿客观地、真实地、自由地表达他们在操作过程中的发现，每个幼儿的回答都可以不一样。

2）"它是什么样的？""它像什么？""它们一样吗？有什么不一样？"这样的问题能够引起幼儿对探索对象特征的描述，以及对不同对象特征的比较。每个幼儿都可以从自己的角度来描述、比较对象，并且可以展开创造性的联想，因而是完全开放的。

3）"还有什么……""你还见过什么……"这样的问题意在扩展幼儿的经验，把活动的内容和幼儿日常生活中已有的经验联系起来，引发幼儿回忆并交流各自的经验。

4）"你有什么办法……"这样的问题意在激发幼儿的思考，并尝试解决问题。幼儿可以想出各种方法，并且可以大胆地去尝试、验证。

以上的问题都属于开放性问题，在集体教学活动中，它们具有重要的意义。当然，有些问题虽不属于开放性问题，但在特定的场合下也是必需的。例如：

1）"它是什么？""它叫什么？""它们有一个共同的名字叫什么？"这样的问题属于封闭式问题。但在必要的时候，教师可以提出这样的问题。

2）"它们有什么相同的地方？"这也属于集中性的问题。它的目的在于帮助幼儿发现、认识事物的共同特征。这有利于发展幼儿的集中思维、概括思维能力。

3）"为什么……"，教师在设计"为什么"的问题时，一定要慎重考虑幼儿是否有能力回答。对于小班幼儿，教师可以提出"为什么"的问题，但不一定要幼儿正确地回答，而是激起他们的想象和猜测，如"天上的云为什么会动呢？""糖在水里为什么会化掉呢？"等。对于中、大班幼儿，如果是事物之间简单的、明显的、外在的联系，教师可以通过"为什么"的问题来引导幼儿认识事物之间的关系。这对于发展幼儿的逻辑思维是有帮助的。对于幼儿可能会感到困难的问题，教师可以将直接设问改为反问或假设性问题，如"如果没有……，会怎样？"

3. 活动结束的设计

集体教学活动通常有时间的限制。教师需要精心地设计活动的结束方式，引导幼儿产生新的探索。具体方式有：

1）和幼儿一起总结并评价这次活动。这是很多活动常用的结束方式。

2）提出要求或建议，让幼儿在活动结束以后继续探索，这样的结束可以使活动继续延伸。

3）制作活动可以以幼儿相互展示自己的制作成品结束。这样没有完成的幼儿也可以在轻松的气氛中继续完成自己的活动。

4）以艺术的方式（如绘画、唱歌、跳舞）结束，这样可以让幼儿充分地表现自己在活动中的发现或感受。

5）迁移幼儿的学习经验，可由教师提出一个类似的问题情境，让幼儿用已有的经验去解决，以检验幼儿对知识的掌握情况。

需要指出的是，这里所介绍的集体教学活动过程的设计方法，仅仅是就一般的情况而言。教师在进行活动过程设计时，应根据不同的内容、不同的对象进行灵活处理。如当幼儿都满足于探索和操作的过程而爱不释手时，教师如果硬要幼儿停下手中的活动，来听教师的总结、评价，显然是不合适的。

二、科学集体教学活动的实施

（一）科学集体教学活动实施前的准备

活动准备工作是在完成活动设计以后，开始转向具体实施的过渡环节，包括知识的准备、情感的准备、材料的准备和空间环境的准备。

1. 知识的准备

对于某一个具体的活动，教师除了平时积累科学知识外，在开展某个活动之前，应查阅相关的工具书以广泛地了解有关科学知识是非常必要的。只有这样，才能深入浅出地指导幼儿探索。

2. 情感的准备

幼儿的科学活动需要情感的支持，而幼儿的情感又容易受到成人的影响和感染。教师自身能否以积极的情感投入到活动的指导中去，会直接关系到幼儿在活动中的情感体验，并影响活动的效果。

3. 材料的准备

活动材料可以由教师准备，也可以是教师带领幼儿事先收集，还可以让幼儿从家中带，教师再根据幼儿带来的材料有目的地加以补充。这样不仅减轻了教师的工作负担，还

第一部分 幼儿园科学领域《纲要》与《指南》解读

把材料的准备巧妙地变成一种活动的前奏和家园联系的途径。

4. 空间环境的准备

空间环境会直接影响幼儿的探索和操作行为。一般来说，集体教学活动的人数较多，而且活动的形式多样。教师不仅要准备宽敞的空间，还应进行更多的考虑，如提供什么样的活动场地？是在室内还是室外？如果在室外，是在室外的空地还是自然环境中？如果在室内，是需要桌面的空间还是地面的空间？甚至连活动室内桌椅的摆放，也要考虑到活动的需要，怎样有利于幼儿的独立操作、怎样有利于幼儿之间的讨论交流等。

（二）科学集体教学活动过程的实施

1. 教师要观察、分析幼儿的行为

在集体教学活动实施的过程中，教师可以通过各种方法对幼儿进行指导。而在一切指导之前，最重要的是仔细观察幼儿的行为，理解和分析幼儿的行为。包括幼儿学到了什么？幼儿的学习有没有遇到困难？幼儿是怎样得到答案的？幼儿在学习过程中的情绪表现如何？教师通过观察这些外部行为，可以得知幼儿的内部心理过程（思维、情感等），从而采取针对性的教育措施。

2. 教师要适当参与幼儿的活动

教师在观察的基础上，还可以适当地参与幼儿的活动。教师的参与能够使幼儿获得亲切感，形成共同学习的气氛。但是，教师的参与不是代替幼儿自身的学习，而是在幼儿的水平上参与活动。

3. 教师要保证幼儿的活动机会

一般来说，按照不同年龄，一次集体教学活动的时间一般在15~30分钟。在这有限的时间中，教师要给予幼儿充分的活动机会，足够的操作时间和操作次数。当然，在教师提出问题时，给予幼儿足够的思考时间，充分的表达时间，充分讨论、交流的时间。

4. 教师要合理运用评价手段

教师的评价方式是多种多样的，有语言的评价，也有非语言的评价（如眼神、动作及语气等）。教师应充分利用这些评价方式，多开展积极的评价，让幼儿体验到发现和成功的快乐。而不是简单地以幼儿答对了没有、是否遵守纪律等作为评价的标准。

5. 教师将集体、小组和个别指导相结合

集体教学活动是面向全体幼儿的教育活动，在组织和安排活动进程时，教师可以通过提问等方式实现对全体幼儿的指导，也可以在幼儿进行个别的操作和探索活动时对其进行个别指导，从而实现兼顾集体和个别幼儿的需要。

三、不同类型科学集体教学活动的设计与实施

（一）观察认识型活动

1. 活动目标的设计

观察认识型活动设计的目标有：观察兴趣、观察技能、表达技能、关于观察对象的科

学认识。针对不同的内容和不同阶段的幼儿，可以提出更具体的活动目标，见表3-1。

表 3-1　观察认识活动的目标设计

教学目标		适用年龄段	举　例
观察兴趣	喜欢观察，积极参与观察活动	小班或以上	通过亲身体验，培养幼儿观察的兴趣（中班科学活动"观察大蒜的生长"）
观察技能	观察事物的变化和现象的发生	小班或以上	观察糖放入水里的变化（中班科学活动"糖怎么不见了"）
	有顺序地观察事物的特征	中班或以上	观察牵牛花的各个部分及其特征（中班科学活动"牵牛花"）
	对事物进行系统长期的观察	大班	观察并记录种子的变化（大班科学活动"观察种子的生长"）
表达技能	运用语言大胆讲述自己在观察中的发现	小班	观察、比较兔子和老鼠的外形特征和生活习性（小班科学活动"兔子和老鼠"）
	用图画、数字等多种方式记录自己的观察结果	中班或以上	用在纸条上画表格和线段的方式来测量和记录大蒜的生长情况（中班科学活动"蒜苗有多高"）
关于观察对象的科学认识	认识观察对象的明显特征	小班	观察石榴花的颜色、花瓣、枝条等明显特征（小班科学活动"观察石榴花"）
	认识到各个观察对象的不同之处和相同之处	中班或以上	观察各种水生动物，知道它们都是生活在水里的（大班科学活动"海底世界"）
	探寻观察对象的变化规律	大班	在观察的基础上探寻植物生长和水分的关系（大班科学活动"仙人掌生长的条件"）

2．活动过程的设计

根据观察对象不同，观察认识活动的组织可以遵循不同的设计思路。这里列举物体观察活动、展示观察活动、现象观察活动和户外观察活动的四种设计思路，在具体的教学设计中，可以根据实际情况灵活处理，选择适宜的设计思路。

（1）物体观察活动

物体观察活动包括单个物体观察、同类物体观察以及比较物体观察。教师可引导幼儿在观察的基础上进行表达和交流，并通过指向性问题引导其认识物体的显著特征，或比较两个物体间的差异，或总结同类物体的共同特征。设计的思路：出示观察对象——幼儿自由观察——表达交流——教师引导观察——表达交流——教师总结。

活动名称：镜子用处多①（中班）

【活动类型】

集体活动。

【活动目标】

1. 认识并了解镜子的基本特征及用途。
2. 知道每个人的体形是不同的，每个人都是独特的。
3. 细心观察，体验探索带来的快乐。

【活动准备】

各种镜子、大口袋、万花筒、音乐磁带。

【活动过程】

一、认识镜子

1. 游戏：摸口袋。

教师：①今天老师的口袋里藏了一个有趣的东西，我请一个小朋友来摸摸它是什么？②摸上去感觉怎样？你觉得它是什么？

2. 自由探索。

看看摸摸，镜子是用什么材料做的？它有什么特点？

3. 教师小结。

刚才我们见到的镜子都是用玻璃做的，是平滑的、凉凉的、可以反光的，背面涂了层特殊的材料，叫金属漆，这样就可以清楚地照出物体了。（幼儿学说金属漆）

二、探索发现镜子的用途

1. 回忆经验。

教师：你还在哪里见过镜子？它可以用来干什么？

2. 讨论：镜子除了帮助人们整理仪容，还有什么用途？说说汽车、商店等生活环境及自然环境中安装镜子的原因。

3. 通过照镜子使幼儿明白每个人的体形是不同的，每个人都是独特的，要尊重别人。

4. 请幼儿说出还见过什么样的镜子。（幼儿说出各种镜子，教师出示如凹透镜、凸透镜、平面镜、凸面镜、凹面镜、望远镜、放大镜、显微镜、眼镜）

5. 鼓励幼儿将两面镜子摆放在不同的位置，说说有趣的发现。

6. 教师小结。

三、游戏：照镜子

1. 介绍规则。

教师：现在请小朋友和老师一起玩照镜子的游戏，老师做照镜子的人，小朋友做我的镜子，我做什么动作，你们镜子也做什么动作，好吗？

2. 游戏：随音乐做照镜子的游戏。

---

① 活动设计来自博兴县实验幼儿园，盖鹏.

第三章 幼儿园科学领域活动的设计与实施

【活动延伸】

请幼儿玩万花筒,进一步了解镜子的特点。

【活动评析】

该活动属于观察类活动。活动注重让幼儿在充分感性认识的基础上认识镜子、理解镜子的用途。首先在幼儿观察和触摸普通平面镜的基础上,让幼儿进一步了解各种各样的镜子,通过回忆和操作镜子来认识镜子的用途,最后在快乐的游戏中深刻体会镜子的用途。其中对镜子的观察既有个别物体的观察,又有多个物体的比较观察。基本体现了设计的思路:出示观察对象——幼儿自由观察——表达交流——教师引导观察——表达交流——教师总结。

(2)展示观察活动

展示观察活动一般用于观察认识物体的多样性。展示活动中的观察分别渗透于收集展品、布置展览和参观展览的环节中,其中收集展品和布置展览是渗透性的自由观察,参观展览是教师引导下对各类物品的几种观察。设计的思路:收集物体——布置展览——共同参观——表达交流——教师总结(或开放性结束)。

活动名称:多种多样的水果[①](小班)

【活动类型】

集体活动。

【活动目标】

1. 能正确说出几种常见水果的名称,了解其外形特征,感受水果的多样性。
2. 通过活动,能够知道水果营养丰富,对人体有益。
3. 喜欢参与活动,在活动中感到快乐。

【活动准备】

1. 多媒体,照相机一部。
2. 幼儿分成4~6人一组围坐,中间桌上摆放果盘一个,牙签一盒,塑料方篮一个(内装各种水果图(照)片)。
3. 幼儿已经认识苹果、梨、西瓜、香蕉等常见水果。
4. 把苹果、梨、西瓜、香蕉几种常见水果及水果刀装在果篮里遮上布。

【活动过程】

一、导入活动

1. 分别出示水果篮,小朋友想知道这里面是什么吗?揭开遮布,小朋友看看是些什么呢?(举手回答)
2. 正确说出几种常见水果的名称,了解其外形特征,感知其口味,完善水果的概念并喜欢水果。

---

① 活动设计来自小精灵幼儿网站,许剑.

第一部分　幼儿园科学领域《纲要》与《指南》解读

——篮子里有苹果、梨、西瓜、香蕉，这些都是我们经常看到的、吃到的、最熟悉的果子，今天这些果娃娃来和我们做朋友呢，下面我们就一个个来认识它们吧！

播放课件——苹果

——幼儿观看课件。教师提问：这是什么水果？苹果娃娃是什么颜色，长什么形状？用手摸摸什么感觉？市场上经常会看到吗？你经常吃吗？苹果剥皮后是什么颜色？（将苹果切成丁分到各组的果盘中，让幼儿品尝）好吃吗？告诉大家什么味道？

——依次观看课件，品尝果子，运用幼儿的视觉、触觉，感知苹果、梨、西瓜、香蕉的外形、颜色等特征，通过味觉感知味道；通过日常生活经验，幼儿知道苹果、梨、西瓜、香蕉等是一年四季常见的、人们熟悉的、直接食用的新鲜果实，把它们叫常见的水果。

3.认识几种不常见的水果，让幼儿感受水果的多样性，知道水果营养丰富，对人体有益。

——有些水果并不是一年四季经常见到的，有时想吃的时候却买不到，现在来认识这样的水果朋友。

播放课件——火龙果

——幼儿观看课件。小朋友认识这种水果吗？叫什么名字？形状是什么？颜色呢？长得特别吗？你吃过吗？什么味？说说看。

——依次观看课件，通过教师的讲解和介绍知道柠檬、樱桃、木瓜几种不常见水果的名称，了解其外形特征及口味。市场上的水果多种多样，有些水果因为生长的地域和季节不同，有时在市场上或日常想买（吃）而买（吃）不到，像火龙果、柠檬、木瓜、樱桃等，但它们和常见的水果一样，营养丰富，鲜香味美，吃了可以美白肌肤，预防疾病，健康身体，深受人们的喜爱，我们把这种水果叫不常见的水果。常见的水果和不常见的水果都对人体有益，可以多吃！

——现在市场上的水果多种多样，有些名称都叫不出来，老师把他们装在果盘里，拍成图片，可好看了，一起看看。

——播放课件，幼儿通过观看色彩鲜艳、造型优美的水果拼盘，感受水果的多样性。

二、幼儿观看课件，与同伴小声讨论

扮演水果娃娃，表达对水果的喜爱。

——幼儿从塑料篮中选择自己最喜欢的水果图片，贴在胸前，表达自己对水果的喜爱，并在愉悦的氛围中表演歌曲《光宝宝和果娃娃》。

——最后全体幼儿摆Pose拍照结束活动。

【活动评析】

该活动属于展示观察类活动。活动立足于让幼儿通过观察学习，能正确说出几种常见水果的名称，了解其外形特征，感受其口味的不同，以及水果的多样性。活动的目标、内容和过程的组织符合幼儿的年龄特点。在活动中，教师引导幼儿观察各种不同的水果，运用幼儿的多感觉通道，包括视觉、触觉，感知水果的外形、颜色等特征，并允许他们与同伴交流讨论，有利于幼儿进一步了解水果的基本特征。活动过程基本体现了展示观察类活动的设计思路。

第三章 幼儿园科学领域活动的设计与实施

（3）现象观察活动

现象观察活动重点在于观察变化的发生。教师可将观察、指导和交流结合起来。根据实际情况，可在观察之后引导幼儿对观察到的现象加以讨论。设计的思路：引出对象或问题——观察现象——观察中的交流与个别指导——教师组织讨论与交流——教师总结。

（4）户外观察活动

户外观察活动既有物体观察也有现象观察。其特点在于户外活动人员分散、难于组织，可以采用分组进行的方式以提高师幼比例，在活动设计中应尽量减少集中指导，注重个别指导和个人体验。设计的思路：激发兴趣——提出问题——个别观察（个别指导）——分享和表达交流。

3. 观察认识型活动的指导要点

1）做好观察前的准备。确定观察内容，选择观察对象；熟悉观察对象，确定观察地点；制订观察计划。

2）利用观察对象的显著特征激发幼儿的观察兴趣，也可通过启发性问题引导幼儿观察。

3）引导幼儿运用多种感官全面感知事物的特征。通过对观察对象的操作、摆弄，将观察与操作相结合，以全面地观察事物。

4）教给幼儿观察的方法。观察的方法有顺序观察法、特征观察法、分解观察法、追踪观察法等。针对不同的观察对象，灵活地选择不同的观察方法。

5）鼓励幼儿用语言表达观察中的发现和观察后的感受。指导幼儿学习用各种方法记录观察结果。

（二）**实验探究型活动**

实验探究型活动是指幼儿在教师的指导下通过自己动手操作仪器和材料，来探究客观事物的变化规律及其因果联系的科学活动。实验探究型活动可以培养幼儿的科学兴趣，有助于幼儿理解科学现象，让幼儿体验到科学探究的本质，同时也培养了幼儿的动手操作能力、观察能力。

1. 实验探究活动的设计

幼儿园实验探究活动涉及的核心目标包括科学好奇心（探究新异事物和现象）和科学探究能力（通过自己的观察操作获得发现、验证假设或解释推断）。幼儿的实验探究活动是幼儿和物质材料相互作用的过程，主要有三种设计思路，分别是自由—引导式、猜想—验证式和演示—操作式。

> **活动名称：有趣的电动玩具**[①]（小班）
>
> 【活动类型】
> 集体活动。
> 【活动目标】
> 1. 知道要爱惜玩具，懂得好玩具要大家一起玩。
> 2. 了解电动玩具的特点，初步学会电动玩具的正确玩法。

---

① 活动设计来自济南市天桥区实验幼儿园，周文菊.

【活动准备】

活动前请每位幼儿从家里带一样电动玩具来园。

【活动进程】

一、对比观察，引出课题

教师出示两只小狗玩具，一只是电动小狗，一只是用布做的小狗。请幼儿来玩玩具小狗，教师引导幼儿让玩具小狗动起来，并让幼儿说一说两只玩具小狗有什么不同。

二、幼儿自由探索活动

1. 请幼儿自由玩自己带的汽车、小火车、小鸡、小鸭等电动玩具，互相介绍自己的玩具是怎样玩的。

2. 请个别幼儿向全班演示电动玩具的玩法，并让幼儿说说这些电动玩具有什么特点。

1）启发引导：

A 如果没有电池，电动玩具还能动吗？

B 如果开关没打开，电动玩具还能动吗？

2）小结：电动火车、电动手枪等许多玩具必须装上电池、打开开关才能动起来，所以它们叫电动玩具。

3. 教师与幼儿一起找一找各个电动玩具放电池的位置和开关，并讲解正确的操作方法。

4. 幼儿互换玩具玩，使幼儿懂得大家一起分享好玩的玩具。

三、组织幼儿欣赏儿歌《爱惜玩具》

玩具坏了会怎么样？大家可以怎样爱护自己的玩具？请幼儿回到家后，用自己想到的方法去爱护玩具。

【活动评析】

该活动主体部分属于"自由—引导式"的实验操作，即让幼儿自由探索两种玩具（一只是电动小狗，一只是用布做的小狗），发现两只小狗的不同，探索电动玩具的不同玩法。其中，老师的问题设计具有针对性，幼儿容易理解。

活动名称：水娃娃变魔术（中班）

【活动类型】

集体活动。

【活动目标】

1. 尝试运用多种感官初步感知：糖、奶粉、果珍粉能溶化在水里，感受水的"变化"现象。

2. 能将自己在活动中的发现大胆地表述出来。

3. 愿意参与实验活动，对科学实验有兴趣。

【活动准备】

1. 一杯白糖水、标记指示图、磁铁板一块。

2. 装有温开水的水壶每组两把，奶粉、果珍、白糖若干盘，小勺、水杯人手一个，盖布4块。

【活动过程】

一、观察活动，引入课题

教师出示一杯白糖水，让幼儿猜猜是什么水？请个别幼儿品尝，说说是什么味道的。猜测活动：水怎么会是甜的？

二、实验活动：水娃娃的魔术

1. 观察桌上的材料，说说都有些什么。

2. 你们猜猜看，如果把这些料放在水里会怎样呢？（幼儿自由表达）

3. 提出操作要求：

1）只能选择一种饮料粉进行冲调。

2）水壶倒水时，一手拿好把子，一手扶助壶身，不能倒得太满。

3）使用过的物品（小勺、水壶）要放回原处。

4. 幼儿操作，教师观察。

5. 比较、探讨"饮料粉"到哪儿去了。（帮助幼儿理解"溶化"，并引导幼儿发现：怎样才能使饮料粉溶化）

三、品尝活动

说说调配好的水是什么味道。

四、表述结果，教师记录

请个别幼儿说说自己的冲调方法、步骤。

教师利用标记指示图进行记录。

1. 再次冲调饮料。

2. 提出要求：

1）选择另一种材料进行冲调。

2）鼓励幼儿尝试用不同的方法来冲调。

【活动延伸】

你还喝过哪些味道的水？水除了能使糖、奶粉、果珍粉溶化，还能使什么溶化？

【活动评析】

该活动属于"猜想—验证式"的设计。幼儿对于溶解现象有一定的经验和认识，但是知之不多。这一活动就是利用幼儿对溶解现象有一定的经验，鼓励幼儿大胆猜想，并让幼儿通过实验拓展他们的认识，验证他们的猜想。

活动名称：除水垢[①]（大班）

【活动类型】
集体活动。

【活动目标】
1. 初步了解除垢知识。
2. 对科学小实验感兴趣，并能学习正确的操作方法。
3. 提高观察能力及对实验现象的正确表达能力。

【活动准备】
白醋，水垢清除剂，玻璃杯，药匙，有水垢的热水瓶和新热水瓶各一个，用醋、除垢剂分别除垢一半的热水瓶各一个。

【活动过程】
一、引导幼儿观察水垢
1. 幼儿观察瓶内的水垢，认识水垢。
教师手持有水垢的热水瓶和新热水瓶，请幼儿轮流观察两个瓶内的情况，说一说两瓶的不同，知道水瓶内附着的物体就是水垢。
2. 请幼儿想一想、说一说，还在哪里、什么容器里见到过水垢。
3. 教师小结，讲述水垢的危害。
教师：这些黏在水壶和水瓶里的东西叫水垢，它是水中的杂质和矿物质，在水中被加热、烧开以后变成的。水壶、锅炉烧水多了或者热水瓶、饮水机用时间长了会结成一层水垢。水壶里有了水垢，水就不容易烧开，浪费燃料；水垢的碎块如果被我们喝进身体里，会损害健康，容易生病；工厂里的大锅炉如果不除水垢，还会有爆炸的危险。

二、幼儿操作实验，观察除垢的过程
1. 幼儿观察玻璃杯中的液体：无色、透明，闻一闻气味，知道杯中的液体是白醋。
教给幼儿闻液体的方法：一只手扶住杯子，另一只手在杯口轻轻煽动，再用鼻子闻煽动的空气。
2. 幼儿观察盘中的水垢：黄色的，粉状或块状。
3. 让幼儿用药匙往水垢放入白醋，观察发生的变化。
4. 幼儿讲述自己观察到的情况。
5. 教师小结：白醋和水垢放在一起，水垢会产生气泡，渐渐变小，这种变化叫化学反应。

【活动延伸】
观察用醋、除垢剂分别除垢一半的热水瓶各一个，知道除了用醋，还可以用专门的除垢剂来除垢，而且效果更好。
请幼儿说说，还知道哪种除水垢的方法，哪一种最好用。

[①] 活动设计来自济南市天桥区实验幼儿园，朱兴霞.

【活动评析】

该活动属于"演示—操作式"的设计。教师通过引导幼儿观察、回忆、讨论来帮助幼儿认识水垢，幼儿通过自己的操作获得发现。活动的重点在于幼儿发现有关的现象，而不在于给幼儿正确的答案。其中，列举两种除垢方法，启发幼儿进一步探讨除垢方法的设计不错。

2. 实验操作型活动指导要点

1）提供充足、多样的实验材料，保证幼儿能反复操作，在实验过程中去探索、发现、判断，自己找出问题的答案。同时积极引导幼儿主动参与活动，使实验活动成为幼儿主动的探索活动。

2）引导幼儿在实验中仔细观察，注意实验材料在操作过程中的变化，同时也要引导幼儿学习记录实验中的发现。

3）组织幼儿就实验的现象和结果展开讨论与交流，引导幼儿分析实验中观察到的现象，鼓励幼儿解释实验的结果。同时也鼓励幼儿提出问题，但不要急于告诉幼儿问题的答案。

（三）科学讨论型活动

科学讨论型活动是指在收集资料、整理资料的基础上，通过集体的讨论交流等手段获取科学知识的活动。这种类型的活动可以充分满足幼儿的科学求知欲，培养幼儿获取间接经验的能力以及表达交流的能力。

1. 活动目标的设计

在科学讨论活动中，主要通过幼儿围绕某一主题的表达交流，达到分享知识经验的目的。通常科学讨论活动涉及的核心教学目标有表达交流技能、科学知识和经验等，具体见表3-2。

表3-2 科学讨论活动的目标类型

教学目标		年龄	举例
表达交流技能	运用语言大胆讲述自己的观点	中班或以上	大胆讲述自己所知道的鸟的不同生活环境和生活方式（中班科学活动"鸟的家园"）
	倾听、理解和评价他人的观点	中班或以上	大胆讲述自己所知道的科学知识，同时养成良好的倾听习惯，学会从别人的讲述中积累有关鸟的经验（大班科学活动"鸟的家园"）
	在表达交流的过程中能借助图画、表格、动作、形象等方式	中班或以上	学习用绘画的方式记录鸟的生活情况（大班科学活动"鸟的家园"）
科学知识和经验	丰富有关讨论主题的科学经验	中班或以上	通过收集资料和讨论，了解鸟的生活环境和生活方式（大班科学活动"鸟的家园"）
	学习在采集和鉴别信息的基础上建构自己的科学知识体系	大班	根据所获得的信息对"茶叶是不是树叶"做出判断（大班科学活动"茶叶是树叶吗"）

第一部分 幼儿园科学领域《纲要》与《指南》解读

2. 活动过程的设计

科学讨论型活动是建立在幼儿获取直接、间接经验基础上的科学交流学习活动，因此既可以把获取经验和交流学习两个环节分开设计成系列活动，也可以在一次活动中包含两个环节。按照幼儿活动经验的途径不同，可以分成三种方式：收集资料—共同分享式、个别研究—集中研讨式和参观调查—汇报交流式。

3. 科学讨论型活动的指导要点

1）建立"民主"教学氛围，充分体现平等对话的精神。避免把科学讨论型活动变成灌输科学知识的学习过程，应该把充足的时间留给孩子，让幼儿自由地表达和交流。

2）帮助幼儿利用多种手段特别是艺术的手段表达他们的认识，如开展艺术表演、图画作品展览等。也可利用视听媒体进一步丰富幼儿的知识经验，扩大幼儿的眼界。

活动名称：伤心的鲤鱼①（中班）

【活动类型】

集体活动。

【活动目标】

1. 懂得受污染的水将会对人类、动植物造成危害。
2. 能够评价故事中的角色行为。
3. 具有保护水资源的意识。

【活动准备】

故事课件、各种水污染现象的课件、河流的背景图、各种污染水及保护水资源的小卡片。

【活动过程】

一、故事导入，提出悬念，引起幼儿兴趣

教师讲故事的前半部分，提问："河里的小鲤鱼突然中毒了，谁是凶手呢？"请幼儿当法官找出毒害小鲤鱼的凶手。

二、利用故事及课件，了解水污染的情况

1. 请幼儿观看故事课件，听完整的故事，找出答案。

问题：谁是凶手？黑熊这样做对不对？为什么？

2. 请幼儿联系身边生活，说一说水污染的危害。

问题：小朋友想一想，水被污染了，对我们会有什么危害？

3. 播放水污染的课件，请幼儿仔细观察，进一步感知水污染对动植物及人类的危害。

图一：漂满油污的水面；图二：工厂排出的废水；图三：填埋的水库；图四：水面上漂着的死鱼。（图略）

小结：如果水被污染了，那么水里的小鱼、小虾等就会死掉；人们喝了污染的水，也会生病。

---

① 活动设计来自山东大学第一幼儿园，宗媛．

三、引导幼儿讨论,怎样保护水资源

1.如果水被污染了,对我们危害很大,那我们应该怎么做呢?

2.引导幼儿讨论如何保护水资源(如节约用水;多在河边种植树木;不要在河边大小便;不要往河里扔垃圾)。

四、利用游戏,复习巩固

发给每一位小朋友一张卡片(有污染水资源的,有保护水资源的),请幼儿贴在相应的河流背景上。

【活动评析】

该活动属于"收集资料—共同分享式"的设计。教师将事先了解准备的有关水污染的知识及图片,在集体活动中进行分享与交流。同时,教师还结合带悬念的、侦探式的故事,引起幼儿的兴趣,激发幼儿帮助伤心的鲤鱼找到罪魁祸首的欲望,符合幼儿形象思维的特征。当然,若活动前能让幼儿一起参与或各自回家准备相关资料,那分享的效果会更好。

活动名称:认识人民币①(大班)

【活动类型】

集体活动。

【活动目标】

1.认识1元内的人民币,能说出它们的名称,知道它们的面值是不同的。

2.初步掌握用货币购物的基本常识。

3.学会爱护人民币,养成不乱花钱的好习惯。

【活动准备】

每人一个学具盒,内有元、角、分的人民币若干;实物投影仪;在游戏区布置银行、商店。

【活动过程】

一、以谈话方式导入课题,激发幼儿的兴趣

教师出示一些学习用品:小朋友你们用的这些东西是谁给你买的?你们想不想自己学着到商店里去买呢?想自己去买,就必须认识钱,现在我们来一起认识钱。

二、幼儿分类操作,区分硬币和纸币

1.请小朋友摸摸、捏捏、看看这些钱有什么不一样。

2.幼儿操作回答,教师总结:圆圆的、硬硬的叫硬币;长方形的,像纸一样的叫纸币。

3.请幼儿把纸币和硬币分开。

三、认识钱币的面值

1.观察硬币的不同。

请幼儿观察1元、5角……的硬币,说说它们有什么不同。

---

① 活动设计来自利津县第一实验幼儿园,刘树红.

教师小结：这些硬币的大小不一样、颜色不一样、图案不一样、数字不一样。

2. 认识硬币的面值。

幼儿认识硬币的面值，每个硬币上都有一个数字，数字后面有个汉字。教师取一枚硬币放在投影仪上，请幼儿观察。这里有数字"1"，后面有一汉字"元"，这枚硬币是1元，用同样的方法认识其他面值硬币。

3. 认识纸币的面值。

通过玩"纸币找朋友"的游戏来认识纸币的面值。

玩游戏"看谁拿得对"：教师说出1元内的某种人民币的名称，幼儿迅速从学具盒中取出相应的硬币和纸币。

四、玩购物游戏，学习基本的购物常识

玩法：一名教师扮银行工作人员，一名教师扮商店营业员，幼儿扮顾客；幼儿去银行取钱（不超过1元），再去商店买物品，想好买什么。游戏可变换角色进行，可请能力强的幼儿扮演银行工作人员和商店营业员。

五、教师讲评

1. 请幼儿讨论：你用多少钱买了什么东西？
2. 买东西剩的钱该怎么办？
3. 教育幼儿要爱护人民币，不要乱花钱。

【活动延伸】

1. 教师带幼儿到超市购物。
2. 家长为幼儿提供购买物品的机会，教育幼儿要爱护人民币。

【活动评析】

该活动属于"个别探究—集中研讨式"的设计。在本次活动中，通过让幼儿摸摸、看看、分分、说说，发现了硬币和纸币的不同和相同之处，充分体现了幼儿在自我操作中获得了知识。本次活动以游戏为主，激发了幼儿的学习兴趣，初步掌握了购物的基本常识，引导幼儿养成不乱花钱的好习惯。

（四）技术操作型活动

幼儿的技术操作型活动是指学习制作简单的技术产品，使用科学技术产品，或掌握某些工具的操作方法和技能的科学活动。这种类型的活动可以让幼儿在亲历中获得对技术的直接体验，学习一些具体的制作技巧和操作方法，并且可以让幼儿在操作中形成客观求真的科学精神。

1. 活动目标和过程的设计

幼儿技术操作型活动的教学目标主要包含技术操作能力和技术设计能力等，具体见表3-3。技术操作型活动有两种类型，分别是学习使用科技产品或工具活动和科技小制作活动。学习使用科技产品或工具活动的设计流程：观察——尝试操作——交流讨论——正确操作；科技小制作活动的设计流程：演示——操作——交流讨论——展示分享。

第三章 幼儿园科学领域活动的设计与实施

表3-3 技术操作型活动的目标设计

教学目标		适用年龄	举 例
技术操作能力	掌握简单工具的使用方法	小班或以上	通过操纵电视遥控器认识开关机、待机、调台等基本按钮及其使用方法（小班科学活动"电视遥控器"）
	按程序进行操作或制作	中班或以上	通过操作了解手工香皂的制作程序（中班科学活动"DIY香皂"）
技术设计能力	设计与制作简单的物品	中班或以上	学习用合适的材料制作陀螺（中班科学活动"旋转的陀螺"）
	设计并改良简单的物品	大班或以上	在操作中发现材料与声音的关系，并能根据需要改良传声筒的音效（大班科学活动"好玩的传声筒"）

2. 技术操作型活动指导要点

1）为幼儿提供适当的制作材料，如制作的原料应尽量是半成品。
2）使幼儿明确科技制作的目标、方法和标准。
3）鼓励幼儿自己探索制作的方法和技巧。

第二节 幼儿园科学区域活动的设计与实施

科学区域活动是指在每个班级活动室里设置的供幼儿开展科学活动的专门性区域内进行的活动，它既是幼儿园的一个重要组成部分，也是开展幼儿科学教育的一种重要组织形式。在科学区域活动中，教师的主要任务是进行间接指导，而幼儿则自主选择材料，自由结伴，进行个别化的、操作性的学习。幼儿园科学区域活动将学习目标和内容隐含在活动的材料中，体现了幼儿个别化的学习过程及以幼儿自主学习为主的师幼互动过程，教师的指导具有隐蔽性和灵活机动性。

（一）内容的选择

班级科学区域活动内容的选择，首先应围绕核心概念展开，联系幼儿已有经验，符合幼儿所处的年龄特点。班级科学区域活动的内容应在适宜的区域中进行。这是教师在选择科学区域活动内容时，必须遵循且最为重要的一条原则。幼儿园区域活动独特而又重要，但这并不意味着所有的科学教育内容都应该放在区域活动中,也并不代表所有的科学教育内容都适宜以区域活动的形式来组织。

首先,有些科学活动的操作材料结构复杂、操作方式困难,抑或是所包含的科学现象需要通过一定的操作过程才能显现出来,这样的科学活动就不宜放到区域活动中,而应该在集体教学活动中,并在教师更多的引导下进行。例如:在斜面上滚球的活动,孩子难以将两个球同时放开,结果看到的现象不准确,从而也会影响其探索和发现。

其次,有些科学活动所蕴含的科学概念与孩子的已有经验存在巨大的认知冲突,需要通过结构化的探索和集体的研讨以促进孩子概念的转变,这样的活动也不宜放到区域活动之中。例如:大班"沉浮"系列活动中,教师有目的地设计了"什么是沉,什么是浮""重的沉,轻的浮""重的一定沉吗""让沉的浮起来""让浮的沉下去"五个集体活动,通过这五个活动促使孩子的概念发生转变,从认为"重的沉,轻的浮"到认为"重的不一定沉",乃至逐渐形成了有关沉浮的朴素理论。然而,并不是说涉及这类科学概念的活动都不适宜放入区域活动中,如"沉浮"活动也可以放入区域活动之中,只不过活动目标不同——教师可以为孩子提供各类不同的材料,让孩子初步体验"沉"和"浮",为系列活动积累足够的"沉""浮"经验。

(二)材料的投放要求

区域活动的活动设计一般不需要具体的活动过程,看似简单,实则不易。教师在投放材料时应预料到不同发展水平的孩子将会如何操作这些材料以及这些材料可以使幼儿获取哪些学习经验。具体来说,班级科学区域活动材料的投放应满足以下要求。

1. 多样性

教师应为孩子提供多样性的材料,以体现活动内容的可选择性。在班级科学区域活动中,多样性的材料是孩子自主学习的前提,也是幼儿获取丰富科学经验的基础。在这里所说的多样性,一方面指的是活动材料要涉及多方面的学习内容,另一方面指的是同一学习内容中,教师也应该投放多样性的材料,以丰富孩子的相关经验。例如:有关"磁铁"的活动,就能够设计不同的活动内容,如让孩子探索用磁铁可以吸哪些物体,也可以让孩子尝试用磁铁吸磁铁、探索磁铁的两极,还可以让孩子玩"小猫钓鱼"的磁铁游戏等等。

2. 层次性

教师设计的材料及其操作方式要有层次性,也蕴含活动目标的个别差异性。一方面,教师可以提供不同难度的操作材料,以体现材料的层次性。例如:在拼图活动中,教师提供从12片、18片到24片等难度逐渐提高的拼图材料,孩子可以根据自身的实际能力,选择适合自己的拼图材料。另一方面,对于同样的材料,教师也可以设计出不同难度的操作方式,以体现材料的层次性。例如"不倒翁"材料,孩子既可以停留在"玩"和发现现象的水平,也可以进一步将其拆开、探索其中的秘密,甚至还可以自己尝试用其他材料替换"不倒翁"里面的橡皮泥,来研究不倒翁的秘密。教师虽然只是提供了一种材料,却可以让孩子获得不同层次的发展。

3. 结构性

结构性就是要为孩子提供"有结构"的材料，以保证活动过程的可探索性。所谓"有结构"的材料，指的是活动材料应该能蕴含着探索和发现的可能性，或者说，要把科学的原理蕴含在材料和对材料的探索之中。以上文"不倒翁"为例，有的教师为孩子提供的是买来的、不可拆卸的"不倒翁"，而有的教师提供的是用"套蛋"玩具自制的"不倒翁"。评判一个科学操作材料好坏的标准，是看它能否让孩子通过自己的探索、操作活动获得丰富的科学发现。因而，"套蛋"玩具自制的"不倒翁"更为合适，前者虽然更加精致，却无法让孩子进一步探索其中的秘密。

（三）区域活动环境和材料的设置

创造和提供环境及物质材料是幼儿开展选择性科学教育活动的关键因素。

首先，幼儿园可以建构科学发现室（科技活动室、科学宫、科学探索室等）。对环境和材料（设备）的特点要求具有新奇和趣味性、可探索性和可操作性、教育性和安全性、可观赏性和配合性（如将磁性材料和能磁化与不能磁化的材料放在一起，以供幼儿操作）。具体提供的材料包括以下几个方面。

1）探索生物和无生物的材料。

①动植物的标本，如种子、树叶、花卉、果实、昆虫、鸟兽等等；实物，如各种岩石、矿物、贝壳、纵横切面的树段等等。

②生物和无生物有关的科技产品。

2）探索光的材料。

①放大镜、平面镜、凹透镜、凸透镜、三棱镜、万花筒、调色板、调色盘、颜料、望远镜、显微镜等；以及能在放大镜下观察的各种标本和实物，如昆虫标本、化石、羽毛等。

②有关光学的科技产品。

3）探索磁和电现象的材料。

①磁性材料：各种磁铁（马蹄形、棒状、条状、环状等）。

②能磁化的材料：螺丝钉、指南针、铁夹、金属丝、别针、图钉、铁砂、铁片等。

③不能磁化的材料：果壳、纽扣（非铁的）、塑料制品、玻璃弹球、纸、棉花等。

④其他材料：电池、铜丝、电珠、玻璃棒或塑料棒、毛皮以及电筒、小电扇、纸片等可观察产电现象的物品。

⑤有关电和磁的科技产品。

4）探索声的材料。

①乐器：三角铁、小铃、木鱼、锣、金属片琴、二胡等。

②发声器和竹声器：音叉、发声盘、发声板（竹板）、传声筒。

③敲击用的鼓棒：木棍、金属棒、竹条等。

④有关声学的科技产品。

5）探索力的材料。

①定滑轮、动滑轮、斜面板、天平、机械手、不倒翁、小推车、小降落伞、陀螺以及

沙袋砝码、小球、木块、金属片等。

②在水中沉浮的材料：各类石头、玻璃弹球、小钢球、金属制品、砂、软木塞、棉花、积木、竹片、乒乓球、羽毛、泡沫塑料等。

③盛水容器：水盆、水箱、小水池。

④幼儿常见的小机械和玩具。

⑤各种玩具：电话机、电动或惯性汽车、电动火车、机器人、电动小汽艇等。

⑥各种生活用小机器：蔬菜喷洗机、仪器、磨碎机、水果榨汁机、铅笔刨削机等。

⑦有关力学的各种科技产品。

6）探索物质形态及其变化的材料。

①水、油、牛奶、醋等液体材料。

②蜡烛、冰块、奶粉、糖、盐等固体材料。

③不同质地的纸、杯子、吸管、加热器等材料和器皿。

④有关物质及其变化的科技产品。

7）感觉训练的材料和实物。

①各种质地的纺织品和纸张，各种尺寸的无缝钉、螺丝钉，各种形状的物品，以及奇妙的箱子等，以练习幼儿的触觉。

②各种气味瓶：装有醋、水、牛奶、香水、芝麻、花生、药水等能散发出浓郁气味的小瓶子，以训练幼儿的嗅觉。

③各种发声罐：装有砂子、豆子、玻璃球、石块、纸屑等能发出不同音响的罐子，以训练幼儿的听觉。

8）测量工具。

①各种标准测量工具：尺、温度计、钟表、磅秤、天平、量杯等。

②非正式测量工具：绳子、木条、杯子、盒子、短棍等。

9）制作工具和材料。

①制作工具：锤子、剪刀、刀子、小刨子、凿子、磨子、订书机。

②各种制作材料：纸片、纸板、纸盒、木块、木条、竹片、竹条、绒线、绳子、布、草编、泡沫塑料块、糨糊、胶水、针等。

10）各种图书、画片和匹配小图片，供幼儿阅读、观看和做游戏用。

11）其他材料、实物和设备。地球仪、草本植物、花卉、水箱、沙箱、吹泡盒、磁铁盘、标本柜、书架等。

其次，可以设置科学桌、科学角。在幼儿平时的活动室一角，教师为幼儿安放一张桌子，提供同类或不同类的可探索材料，让幼儿自主操作。具体材料可参照科学发现室设置清单，根据需要，数量可少可多。

此外，还可以在幼儿园设置自然角。教师在幼儿活动室内或活动室门口附近的向阳处设置一个分层架（或桌子，或在窗前柜子上），放上易养的植物和金鱼、乌龟等小动物，也可放置一些贝壳、稻穗等，以体现大自然，使幼儿随时可接触自然，探索自然。

三、科学区域活动的指导与组织

科学区域活动的关键在于幼儿的自主游戏和自主探究，这是区域活动的中心环节。区域活动的教育价值来源于幼儿的操作与探索，教师的参与与支持。教师在必要的时候也要恰当地介入到活动中给予指导，这种指导的目的是帮助幼儿获得一定的经验，了解游戏规则，解决当前出现的问题，通过及时指导，推进游戏的开展。

（一）科学区域活动与教学活动、生活活动密切联系

科学区域活动可以在教学活动开展之前开展，为教学活动积累经验；也可以作为教学活动之后的延伸活动。无论是家庭生活还是幼儿园生活都有很多教育契机，教师和家长都应该支持和鼓励幼儿在日常生活中进行科学探索活动，并使之和科学区的活动行程进行有效的互动，保证科学区的活动不断有新意，趣味盎然。

（二）科学区域活动的指导应该以观察为前提

教师在进行科学区域活动的指导之前，一定要对幼儿的活动进行细致的观察，了解幼儿选择的材料、探索的过程、同伴的互动等，在此基础上进行细致的分析，才能对活动进行有效的指导。

（三）科学区域活动的指导具有隐蔽性和灵活机动性

幼儿园科学区域活动是以幼儿自主学习为主的师幼互动过程，在这个过程中，教师的指导是一种隐性的和灵活机动的指导方式。这就要求教师首先不要急于去干预幼儿的行为，而是要积极地观察、发现。其次，教师要多支持幼儿、引导幼儿，给充足的时间让幼儿进行自主探索、发现的空间与机会。此外，在科学区域活动中，教师还需要注意有效的评价，让幼儿获得继续学习的动力。总之，在科学区域活动中，教师的教学是一种间接的指导，是一种有策略的指导。教师要考虑幼儿的个别差异，适宜地投放材料，还要学会耐心地等待幼儿，给予幼儿更多解决问题的时间并顺应幼儿的发现及时调整目标。

（四）组织幼儿讨论和交流

在科学区域活动结束后，教师可以组织参与科学探索活动的幼儿进行讨论和交流。在幼儿进行区域活动时，更多的时间是让幼儿自主活动和做游戏，在必要时教师可以选择适当的时机，以适当的方式介入，巧妙地引导和促进幼儿的发展。一般来说，在幼儿遇到无法解决的问题时，教师才需要介入和引导。但引导的方式最好是间接的、隐蔽的。例如：以某一角色的身份介入，通过询问、建议等方式对幼儿进行指导。

第三节 幼儿园数学集体教学活动的设计与实施

幼儿园数学集体教育活动设计的基本程序包括对活动目标的设定，对学习对象、学习需要的分析，对学习情境的发展，对活动资源的开发和利用，对学习过程的安排和调整以

及对学习对象行为的预测和评估等等。在数学教育活动设计的进程中，一般可以分为以下几个过程。

一、了解、分析幼儿的发展水平

在设计活动之前，教师需要了解、掌握每个幼儿的发展水平（即幼儿表现在数学方面的发展水平）。教师需要与幼儿保持密切联系，从生活和游戏中观察幼儿，真正掌握大多数幼儿知识和技能方面的一般发展水平以及发展水平较高或者学习数学需要帮助的幼儿。教师把对幼儿已有水平的了解和评估作为设计活动的起点。这样才能在考虑活动设计的目标和内容、方法的时候做到有的放矢，体现适宜发展性原则。例如：大班数学游戏"分糖果"（游戏材料为雪花片），根据幼儿的不同发展水平和游戏经验，游戏设计可以逐层递进。第一个层次的游戏，教师可以提供2个同色盒子、同色雪花片、点数骰子，其要求是"凑4"。游戏玩法为：两名幼儿轮流掷骰子，掷到几就取几个糖果放在盒子中，凑满4个可收走，规定次数后糖果多者获胜。第二个层次的游戏，教师可以投放更多的材料，增加游戏难度。游戏时提供4个盒子，各种颜色的雪花片若干、点数骰子，数字骰子任选，游戏的要求是"凑5"。游戏玩法为：只有同种颜色的5个糖果在一起才可以收走。第三个层次的游戏，可以继续增加游戏难度，教师可以提供红、黄、蓝、白4种颜色的盒子，对应的4色雪花片若干，数字骰子，游戏要求是"凑6"。游戏玩法为：只有在同色盒子的同色雪花片凑到6个才可以收走。

二、选择数学教育活动的内容

幼儿园数学教育活动的内容是指为促进幼儿数概念和数学认知能力的发展，为实现数学教育的目标任务而设定的要求幼儿通过学习去获得的有关数的知识、技能和经验等。从数学的学科特性来看，数学知识本身具有严密的逻辑性和系统性，有关数、量、形的各个知识点是一个系统的结构，彼此之间存在着内容上的联系和层级／递进关系，因此，数学活动内容虽然涉及纷繁多样的五个方面，但内在的逻辑关系和序列也是存在的。此外，幼儿园数学教育活动的目标和价值取向并不仅在于促进幼儿的认知发展，还包括对幼儿身体、情感、个性、社会性等方面发展的作用，为此，教师在选择和确定数学教育活动的内容中，就需要兼顾幼儿发展、学科知识结构以及幼儿认知特点和环境条件等多方面的因素，合理编排与设置，使幼儿在获得相关数经验和概念建构的过程中，促进其身心的和谐发展。

三、制定数学教育活动的目标

制定教育活动的目标，是教育活动设计最重要的一环。在幼儿园数学教育活动的实践操作中，也曾存在着只有内容没有目标的盲目性数学教育现象。因此，要使幼儿园的数学教育活动能够达到预期的目的，产生良好的效果，就必须在活动设计前先制定好教育活动的目标。教育活动的目标是教育活动的起始环节，是开展教育活动的出发点和归宿，它规定着教育活动预期获得的某种效果。确切的教学目标是教学内容选择、方法运用、效果评价的原则和依据。

（一）目标的发展性

对于数学活动目标的制定，教师首先应当着眼于幼儿的发展，既包括数认知方面的发展要求，也包括在情感、学习态度、个性和社会性方面的发展要求。教师只有在观念上牢牢把握从幼儿的年龄特点和已有发展水平出发，才能在活动设计中体现从简单到复杂、从具体到抽象的循序渐进过程。在目标制定中从发展性出发还意味着教师必须清楚地了解幼儿的发展基础及本班幼儿的发展水平，由此才能确定所设计的活动目标对幼儿是否有发展价值，是不是真正体现了发展性。

（二）目标的全面性

目标的全面性是指在设计和制定目标时，一般应尽量从幼儿发展的多个方面去考虑，从认知、情感与态度、操作技能等三个维度去思考能够在本活动内容和情境条件下帮助幼儿达成与实现的目标。这三个方面的目标建立能促使教师去思考"幼儿学会了什么？"（知识目标）、"幼儿能学吗？"（能力目标）、"幼儿学得有趣吗？"（情感目标）。教师应当综合地从三个方面去分析和思考该教育活动可能帮助幼儿达成的目标有哪些。一般来说，活动目标应包括学习内容的要求及幼儿行为的养成要求，它主要包括知识概念的学习，认知能力的学习，操作技能的学习，兴趣、态度和行为习惯的养成，而行为的养成应与学习和运用某种内容相联系。当然，从这三个方面出发是一个活动目标思考和制定的前提，但并不意味着每一个数学活动的目标都必须包含三个维度，如果绝对地或者简单地以这三个方面作为数学活动目标制定的模式和"套路"的话，就有可能导致活动目标中的某一条或两条成为一种"点缀"或装饰，从而也就失去了目标应该具有和达到的功能与价值。

（三）目标的针对性

教育活动的目标可以作为教育活动效果检验的依据之一，因此，作为具有检验和指导作用的目标应当是具体的、可观察的、可操作的、可评价的。也就是说，目标的制定必须是有针对性的，而不是空泛的、笼统的。数学活动目标的表述应具体、可操作，并尽量用行为化的语言加以描述，既能使教师在活动中观察到幼儿掌握目标的情况，观察、判断幼儿的发展状况，同时又使教师能依据对这一活动的评价设计后面的教育活动，提出相应的、更上一层的教育目标。

如数学活动"家里的数字"（中班）目标设定为：
1）感受数字与人类生活之间的关系。
2）培养幼儿对家庭的美好情感。

这样的目标显得比较空洞而没有针对性，无法作为评价活动效果可观察的依据。因此，这一活动的目标就可以调整为：
1）通过寻找和搜集自己家里有数字的照片或图片，在交流与分享活动中感受数字与人们生活的密切关系，理解数字的应用。
2）愿意与同伴交流，尝试大胆表述。

3）在集体参与的观察和交流活动中，进一步萌发对自己家庭的美好情感。

这样的三条目标就相对比较具体且富有针对性。

（四）目标主体的统一性

在目标的制定和表述中必须是统一的，即或以幼儿为主体表述或以教师为主体表述。在表述数学教育活动目标时，可以从教师角度出发提教育目标（如培养幼儿的数数能力），也可以从幼儿角度出发提发展目标（如在"造花坛"的游戏情景中学习10以内的点数和目测数），还可以从评价的需要出发提评价目标（如能手口一致点数5以内的实物）。为了让教师在教育活动中将注意的焦点集中在关心幼儿变化、研究幼儿发展上，在教育活动目标的制定中较多提倡的是从幼儿主体的角度进行表述（即发展目标），因为这种表述可使教师从幼儿行为变化中观察到他们的发展状况。例如："我和影子捉迷藏"（大班）的目标为：

1）通过活动使幼儿知道比较与测量影子的一般方法。

2）在观察和比较中初步学会思考和探究问题，尝试大胆地提出问题。

以上目标的表述上缺乏统一性，而且目标定位比较空泛，不够具体，过分突出了认知领域的目标，缺乏目标的整合性和针对性。教师可以将这一活动的目标调整为：

1）尝试用同一种材料首尾相接测量的方法比较影子的长短，解决在影子比较与测量过程中产生的问题。

2）在画影子与比较测量影子的活动中，产生对探究活动的兴趣，学会提出问题。

这样调整后的目标就比较统一，都是从幼儿的角度出发进行的表述。

（五）目标的适宜性

目标的适宜性是指教师在活动目标的设定中必须从三个方面着手考虑目标是否适宜。首先，从幼儿的年龄特点和本班幼儿的实际情况出发，判定所规划的活动目标是否适合幼儿的水平和基础，是否能体现在幼儿"最近发展区"之上的教育教学。其次，从该活动目标是否能与上一层级目标（年龄阶段目标及数学教育总目标）保持联系与统一，能体现出对上级目标的具体化和系列化的角度进行审视，使总的教育目标、年龄段目标和具体的教育活动目标能够在一个互相贯通和联系的基础上充分发挥目标导向的作用。因为目标只有相互衔接，才能使幼儿在系统而有序的数学学习活动中由简到繁、由易到难、由具体到抽象、由低级到高级地获得数认知的渐进发展，在融合于生活和情景问题之中的数学学习与交流互动中获得其他相关领域的综合发展。再次，数学教育活动目标的提出还应与活动的知识内容紧密联系，也就是说，教师在引导幼儿学习某一知识内容时，应充分调动幼儿学习的主动性和积极性，让幼儿在活动中，通过自己的探索与发现，获得有关数学的经验。

四、设计数学教育活动的方案

（一）集体的数学教育活动

1. 活动名称

活动名称是对活动目标、活动内容的概括性反映。一般有两种取法：一种是按教学活动的要求，用数学术语定名称，如学习6的加减法、认识序数，虽然这样定名称可以使幼儿从名称上了解活动的内容和要求，但名称不够幼儿化，缺乏生活气息。一种是按活动内容或选用的材料，用生活的语言定名称，如给数字口袋送礼物。为了引起幼儿的活动兴趣，活动名称应简单明了且生动形象，如"踩图形""小猫捉鱼""水果娃娃"等等。因此，活动名称的取向多是按活动内容和选用的材料或游戏，用生活的语言加以定名。

2. 活动目标

集体的数学教育活动目标是数学教育活动预期达到和将要实现的目标，反映幼儿在数学概念及思维能力、兴趣习惯等方面所应获得的发展。因此，数学教育活动目标的表述应具体化、行为化、体现可操作性。

3. 活动准备

首先，要考虑幼儿的经验准备，即幼儿对将要进行的学习活动必须先掌握哪些知识技能和能力。分析在进行这一学习活动时，幼儿思考、解决问题的步骤和环节有多少；接着要分析幼儿在进行这一学习活动时，已具有哪些知识技能，具有哪些能力，还缺什么，教师要为幼儿创设什么条件。其次，要考虑数学教育活动所需的教具、学具和环境的创设等方面的准备，主要有以下几种：

（1）实物教具、学具

玩具和一些生活用品、收集到的各种自然物、废旧物品、专门用于数学活动的教具与学具。

（2）形象直观教具、学具

画有各种物体的图片、实物卡片、几何图形卡片。

4. 活动过程

数学教育活动的过程是指活动进程的顺序和步骤，是活动设计的中心环节。活动过程的设计应从幼儿的年龄特点和思维发展水平出发，从幼儿感知、理解数概念的特点出发，从数学学科本身的规律出发，循序渐进、层层递进地考虑活动进程，同时更多地体现幼儿对抽象数学知识的感性操作，在反复体验中感知内化，促进幼儿数概念的形成与发展。活动过程的设计一般应包括活动的基本流程，构成活动进程的主要教学事件和环节，活动采用的主要形式和方法以及每个活动环节具体如何展开等。因此，在表述活动的过程中，教师应当以清晰的条理、概括的文字来加以体现。在每个环节的表述中，要注意突出重点，即内容重点、形式重点和实施重点。同时，应当特别注意各活动环节之间的衔接和过渡，使各活动之间体现层次性、递进性。

5. 活动建议和活动延伸

活动建议是针对数学教育活动过程中需注意的问题提出的几点建议。例如：小班幼儿对物体的量词不易掌握，因此在开始教幼儿学习讲述量词时，教师选择的教具、学具尽可能是常用的量词，如个、只；如果有几种实物，其量词最好能统一，以后再逐渐增加新的量词，如条、头、辆等。又如让幼儿比较两根木棍，两根木棍应放在（站在）同一水平线上，这样才好比较。

活动延伸是指这一活动与下一个教学活动之间的联系。在数学教育中，活动之间的联系是十分紧密的，教师应注意到这一问题，才能使幼儿把已获得的数学经验在后面的活动

第一部分 幼儿园科学领域《纲要》与《指南》解读

中得到巩固，同时前一活动所获得的经验，也将成为进行后一个活动的基础和准备。此外，数学教育与其他教育活动的关系也是密切的，例如：一些数学内容的学习，将成为幼儿科学学习的方法和工具，如分类、测量、统计等。又如：幼儿学习了10以内的计数后，教师可以在日常生活中，引导幼儿去数一数今天班上有几位小朋友没有来；找一找四条腿的动物有哪些；比一比谁拍的球次数多；结合几何图形的学习，可引导幼儿找一找什么东西像圆形、什么东西像正方形，等等。这样可使幼儿将获得的数学经验能在其他教育活动中得到运用，从而使幼儿在同一段时间内，从不同的活动中将获得的经验能融合在一体，构成一个整合的经验。

活动名称：图形等分[①]（大班）

【活动类型】
集体活动。

【活动目标】
1. 学习运用对边折、对角折、过中心折的方法，把图形进行二等分、四等分……了解部分与整体的关系。
2. 尝试运用各种等分的方法解决生活中的实际问题。

【活动准备】
各种图形纸片（圆形、正方形、长方形等）、剪刀等。

【活动过程】

一、活动导入：两只笨狗熊
教师：小朋友都听过"两只笨狗熊"的故事（见附录），为什么称它们是"笨狗熊"？它俩究竟笨在哪里呢？（幼儿各自说说自己的理由）
教师小结：两只笨狗熊笨就笨在不会把干面包分成一样大的两份，所以上了狡猾的狐狸的当。
教师：那么，我们小朋友会不会分呢？
如果给你一块圆圆的面包，你会把它分成一样大的两份吗？

二、幼儿尝试进行二等分
幼儿尝试将圆纸片进行二等分。
幼儿操作后，教师帮助展示等分后的纸片。
验证：等分后的纸片是否一样大。
分出来的每一份和原来的比哪个大？哪个小？
幼儿分别尝试正方形、长方形的二等分。

三、幼儿继续探索四等分
教师：如果把一个圆形分成一样大的四份，用什么办法？（鼓励幼儿尝试）
提供正方形、长方形纸片供幼儿进行四等分练习。
教师帮助幼儿展示，鼓励幼儿说说自己的方法。

[①] 黄瑾. 学前儿童数学教育与活动指导[M]. 上海：华东师范大学出版社，2014.

第三章 幼儿园科学领域活动的设计与实施

【活动延伸】

添加一些不规则的图形纸片,引导幼儿发现并不是任何的图形都能分成二等分或四等分。

附录:故事《两只笨狗熊》

狗熊妈妈有两个孩子——大黑和小黑。它们长得挺胖,可是都很笨,是两只笨狗熊。

有一天,天气真好,哥儿俩手拉手一起出去玩。它们看见路边有片干面包,闻一闻,香喷喷。干面包只有一片,哥儿俩都怕自己吃少了,大黑说:"咱们分开吃,可要分得公平,我的不能少。"小黑说:"对,要分得公平,你的不能大。"哥儿俩正闹着呢,狐狸大婶来了,看见干面包,眼珠子一转:"怕分不公平吧,我来帮你们分。"

狐狸大婶接过干面包,恨不得一口吞下去,可它没有这样做,只是把干面包分成了两片。哥儿俩一看,连忙叫起来:"不行,不行!一块大,一块小。""别着急,你们瞧,这块大一点儿吧,我咬它一口。"狐狸啊呜咬了一口,哥儿俩又叫了起来:"不行不行!这块大的被你咬了一口,变成小的了。""你们急什么呀,那块大了,我再咬它一口吧。"狐狸大婶又咬了一口,哥儿俩又急得叫了起来:"那块大的被你咬了一口,又变成小的了。"狐狸大婶这块咬一口,那块咬一口,干面包只剩下小手指头那么一点儿了。它把干面包分给兄弟俩:"现在两块面包一样大了,吃吧,吃吧,吃得饱饱的。"

大黑和小黑你看看我,我看看你,一句话也说不出来。

【活动评析】

该活动是一个集体教学活动,其中的目标"学习运用对边折、对角折、过中心折的方法,把图形进行二等分、四等分……了解部分与整体的关系""尝试运用各种等分的方法解决生活中的实际问题"表述比较具体、针对性强、具有可操作性,并且目标的表述也比较统一,是以幼儿为主体。此外,活动过程衔接合理,先是引导幼儿进行二等分的练习,然后是四等分的练习,体现了层次性和递进性。而最后一环节的活动延伸,"发现并不是任何的图形都能分成二等分或四等分",是对幼儿新经验的再一次提升,也是接下来将要开展的活动。总之,整个活动设计比较合理,流程也清晰完整。

五、集体数学教育活动的组织与实施

(一)创设恰当的问题情境,促进幼儿主动探究

幼儿的生活中蕴含着大量的数学问题,把数学的问题镶嵌在一定的情境之中,通过解决情境中一系列问题的过程引导幼儿主动探究数的相关知识,可以加深并丰富幼儿对数学概念的深层理解。在幼儿园的数学教育活动中,教师应当充分地利用日常生活场景中的数学问题,敏锐地捕捉幼儿在实际生活中产生的、对蕴含数学问题情境的兴趣点,凭借着教师对活动目标的准确判断,去积极地为幼儿营造一个基于真实或模拟生活情境的数学学习活动。例如:测量的概念和技能对于5~6岁的幼儿来说,往往是离他们的生活经验

甚远，同时也是幼儿很难通过自我学习、自我探究而习得的；教师在相关内容活动的组织中，如何更好地将这一新的知识点给幼儿，比直接的传递和讲解更科学更有效的方法是适时地抓住一个融于幼儿生活背景之中的真实情境问题——量教室/量身高/量桌子等，将幼儿引入到一个积极探索、讨论交流、迁移经验并共同建构的学习氛围中，通过同伴之间的相互学习、交流与沟通、分享与有效反馈使幼儿获得对测量工具和测量单位的初步认知。

（二）积极关注幼儿的活动，及时地加以解读和回应

幼儿的数认知发展是深受成人、同伴以及其他环境因素所提供的导向和中介影响的，它既依赖于教师的支持，也依赖于有能力的同伴的帮助。教师在幼儿意义建构过程中的及时介入和互动回应是十分有必要的。教师首先应当对幼儿的学习活动给予积极的关注和倾听。通过观察幼儿在不同问题情境中的行为表现、倾听并记录幼儿的具体反响，依据幼儿的认知水平和表现方式，对幼儿的数概念建构进行积极而有立场的解读，并给予及时的回应。如在"分饮料"（帮助幼儿初步感知量的守恒）的数学集体活动中，教师在观察各个小组幼儿用不同形状、大小的杯子给不同的小动物倒饮料的操作活动中发现，有一部分孩子始终无法很好地去确定两个不同外形杯子中"饮料"的等量，教师及时地与幼儿展开对话和讨论，并取出和其中一个杯子形状相同的杯子让幼儿进行分步骤、分层次的比较……从教师作出的这一调整和回应策略中可以看出：教师作为一个绎解者，伴随着关注和观察的过程，及时地捕捉到推进幼儿概念建构的一个关键性教育契机，通过及时的绎解，教师寻找到了一个了解和分析幼儿思维水平和概念建构特点的突破口，并以此去解析幼儿建构活动的大致脉络、透视幼儿的概念立场。同时，通过及时而有效的绎解，教师也进一步地理解和揭示了幼儿的思维过程，并以此为据去证实和修正自己的观念和看法，进而及时地给幼儿以"回应"。

第四节 幼儿园数学区域活动的设计与实施

幼儿在区域活动中的选择上有较大的自主性，可以根据自己的兴趣、需要，感受生活中的数学现象，并决定进入活动区的时间，以及独立选择活动的材料和开展活动，这充分发挥了其主动性和积极性。教师的作用是为创设良好的数学活动环境提供充足的活动材料，让幼儿有充分的活动时间和空间，与材料进行交互作用，从而获得大量的数学感性经验。

教师是幼儿学习活动的支持者和鼓励者，教师的任务是促进幼儿主动积极地学习。为此，教师应很好地观察、了解幼儿的活动情况，再针对情况给予必要的指导。如通过微笑、点头或语言，肯定幼儿活动中的努力和进步；通过提问和建议使活动能继续进行下去或得到更好的发展。

一、区域数学活动方案的构成要素

区域数学活动方案的构成，一般包括以下几个要素：

（一）活动名称

活动名称（内容）指用概括性的、反映活动内容和活动材料的文字命名，如"穿彩链"（按一种特征顺序）、"小猫钓鱼"（复习10以内的加减运算）等。活动名称要求语言简练，形象概括，突出重点。

（二）活动材料

活动材料指幼儿操作中所需的实物、图片或其他学具，一般应注明材料的名称和制作方法。在材料的选择和提供中，不仅要求能够满足不同发展水平幼儿的学习需要，同时更要体现材料的丰富性、多功能性，有助于幼儿思维的抽象和概括。

（三）活动规则

活动规则指活动材料如何使用和操作的要求与实施步骤。活动规则的制定和表述一方面应当体现出规则所蕴含的数学概念属性、关系、规律等，另一方面应当注意能够使幼儿明了活动的目的和怎样使用材料。

（四）活动指导

活动指导指在幼儿活动过程中教师所给予的支持、启发和回应。活动指导既可以是向幼儿介绍活动材料、玩法与规则等的直接性指导，也可以是通过观察、提示、交流中的间接性指导。

（五）活动评价

活动评价指教师对幼儿操作、摆弄材料活动效果的评价，可以包括对目标达成情况、材料操作情况、互动交流情况、参与态度情况等效果的评价。

活动名称：量一量①（大班）

【活动类型】
区域活动。

【活动目标】
1. 用生活中常见的物体作为工具进行简单测量。
2. 选择合适的工具，掌握正确的测量方法。

【活动准备】
底板若干块（上面绘有三色弯曲线条）、夹子若干、皮尺一把、等长的绳子3根、等长的扭扭棒3根。

---

① 陈杰琦，黄瑾．思考幼儿核心经验数学游戏资源包［M］．南京：南京师范大学出版社，2012．

第一部分 幼儿园科学领域《纲要》与《指南》解读

【活动过程】

选择工具对三种颜色的线条进行测量，判断哪种颜色的线条最长，哪种最短。

【活动建议】

教师可以请孩子就同一根线条用不同工具进行测量，体验测量工具的长短和测量结果之间的反向关系。

【活动评析】

该活动是一个数学区域活动，通过活动名称"量一量"大家可以清楚地知道该活动所涉及的核心概念：对物体的测量。活动准备所选择的材料也都是一些低结构的材料，比较符合大班幼儿的发展特点。活动过程虽然没有明确阐述教师是如何指导幼儿的，但可以感受到教师的指导已贯穿在整个活动中，既有通过材料的提供所进行的间接指导，如"根据教师提供的工具对三种颜色的线条进行测量，判断哪种颜色的线条最长，哪种最短"，也有教师的直接指导，如"请幼儿就同一根线条用不同工具进行测量，体验测量工具的长短和测量结果之间的反向关系。"

二、区域数学活动的设置

（一）活动空间的设置和准备

教师应为幼儿活动区、角提供一定的空间，在这里既可摆放各种活动材料，同时又有安排幼儿进行操作活动的桌椅。摆放材料的橱柜要便于幼儿拿取和摆放。室内如果是地板地，有些数学活动也可在地面上进行。活动空间应相对固定，这有利于幼儿活动的开展。例如：在活动室的一角，摆放数学活动材料，作为数学区。一些条件较好的幼儿园，可以安排数学活动专用室，让幼儿在专用室中进行区域数学活动。

（二）区域数学活动材料的提供和摆放

数学活动与数学教学活动两者是密切相关、紧密联系的。教师可以根据幼儿在数学活动中的表现，提供有关材料让幼儿再次学习，也可以根据教学内容，将有些活动材料直接安排在活动区中，让幼儿主动探索，自行学习。活动区域中的活动材料还应根据幼儿活动情况及时地进行调整与补充。

（三）区域数学活动的组织

教师要向幼儿提出在活动区活动的要求和规则，如向幼儿交代各种材料摆放的位置，使用中要爱护玩具、材料，用后要放回原处等。

摆放新材料、增添新内容后，教师应向幼儿介绍新材料的使用方法，新活动的要求和规则，使幼儿知道怎样做、怎样玩。

区域数学活动，一般都是由幼儿自由选择，自己进行学习的。但由于每个幼儿存在着个体差异，存在着学习速率的不同，教师对个别幼儿还需进行引导，如使每个幼儿在一周中都有进活动区、角活动的机会；帮助幼儿学习玩某种活动或材料。

三、区域数学教育活动的组织与实施

区域数学教育活动通常是指教师为幼儿提供和创设特别的数学学习材料，让幼儿在自由选择的操作性活动中建构相应数概念的活动。教师对活动的组织指导主要体现在对幼儿活动的观察、记录以及对幼儿的个别化指导和教师的自我反思方面。

（一）观察与记录

观察与记录是教师在幼儿的非正式数活动中首先要做到的一项基本工作。通过观察与记录，能够及时地了解幼儿在操作中对操作材料的适应状况、幼儿的操作态度、数学思维的发展水平、与同伴的合作交往能力等多方面的信息，从而为制定针对个别幼儿的指导方案提供有价值的依据。

（二）个别化指导方案

由于非正式数活动主要是以幼儿的个别活动和个体操作为主的一种活动形式，而幼儿的数概念发展水平是有着明显的个体差异的，因此，教师对于非正式数学活动的指导主要体现在为个别幼儿制定有针对性的、促进其数概念发展的个别化指导方案上。

（三）评价与反思

评价与反思是教师在非正式数活动实施过程中，针对个别化指导方案的施行情况所做的自我鉴定和评价。这一工作的价值在于通过教师自身参与的自主性评价，寻找和发现在个别化指导过程中存在的问题，尤其是对于方案制定的可行性、有效性的分析，以此更好地提高教师工作的有效性，真正促进幼儿发展。

以下提供的观察记录表3-4和表3-5分别为教师对幼儿在数学区域活动中的观察记录、指导方案和反思。①

表3-4 幼儿在数学区域活动中的观察记录表1

观察对象1	甜甜	年龄	6岁
所在区角	益智区	观察时间	2月
观察与记录	今天在进行区域活动的时候，一些幼儿选择了益智区的拼图，这个玩具拼板较多需要集体合作拼搭。幼儿们对拼图很有兴趣也很有耐心。一开始，幼儿们都在安静地拼插着自己手中的拼板，过了一会儿，甜甜开始烦躁起来，她面对自己手中较为复杂的拼板有些失去耐心。		
评价与分析	甜甜小朋友性格内向，做事情缺乏耐心和自信，对一件事情的专注力总是不能很持久地保持，遇到困难时会习惯求助于别人。所以当她在完成一件事情的时候教师应耐心指导并给予鼓励，坚持要她自己完成，体验成功的喜悦，并在游戏中锻炼了幼儿的合作意识，学会互相帮助。		
改进措施	当幼儿在完成一件事情的时候，我将耐心指导并给予鼓励，对于幼儿能完成的事情坚持要幼儿自己完成，让其在过程中体验成功的喜悦。		

---

① 选材来自苏州市公园路幼儿园教研室.

表 3-5　幼儿在数学区域活动中的观察记录表 2

观察对象 2	生活区中的幼儿	年龄	6~7 岁
所在区角	生活区	观察时间	5 月
观察与记录	在今天的游戏中,我在人民银行里增添了新的游戏材料:每人一张银行卡。游戏一开始,我发给了今天做顾客的幼儿们每人一张银行卡,做顾客的幼儿们拿到银行卡后,就在银行游戏区排起了队。由于一开始都是"取钱"的顾客,"取钱"的柜台就非常忙,而"存钱"的营业员乐乐没事做		
教师介入与指导	由于人民银行里增添了新的游戏材料,在活动前我就向幼儿们介绍了材料的使用方法,和幼儿们一起讨论了怎样去银行领钱、银行里的工作人员该如何操作。当售货员手中的钱多了,该怎么去银行存钱,银行工作人员怎样进行记录。通过游戏前的引导,幼儿们基本了解了这一游戏的玩法。在游戏前,考虑到今天是第一次玩新材料,我请了能力比较强的孩子做银行里"存钱"和"取钱"的人员。这样的安排保证了游戏能够顺利地开展。当游戏过程中出现了幼儿无法解决的问题后,我适时参与到游戏中,引导幼儿解决游戏中出现的问题。对于"存钱"时比较拥挤的问题,在游戏后引导幼儿进行了讨论。通过讨论,幼儿们说营业员有了一些钱以后可以马上去存		
评价与反思	当新的游戏材料投放在游戏区后,一些能力较强的孩子能马上投入到游戏中,并按要求操作,但一些能力一般的孩子需要教师在游戏中进行指导和帮助。因此对于一些有困难的孩子,我进行了个别指导。此外,在今天的游戏材料中,钱的"存"和"取"都涉及计算,对幼儿们来说难度较大		
改进措施	在区域中,我将引导孩子进行这方面的练习,先巩固对钱币面值的认识,再引导进行简单的换算,这样孩子在游戏的过程中就能运用自如了		

思考与实训

一、思考题

1. 简述幼儿园科学集体教学活动的设计流程。
2. 在幼儿园科学区域环境的创设中,应如何设置环境以及投放材料?
3. 什么是区域数学教育活动?教师应如何对区域数学教育活动进行指导?

二、实践性学习活动

1. 观察某个班的数学活动,试从活动目标、材料准备和过程实施等方面加以评析。
2. 以"影子"为主题,设计一个集体的科学教育活动方案,并简要说明设计思路。

第二部分 幼儿园科学探究教育活动的设计与指导

第四章 幼儿园生命科学活动的设计与指导

案例导入

一天，女儿忽闪着眼睛问爸爸："人是怎么来的呢？"爸爸想了想，就尽量用通俗明了的语言说道："青青，是这样的，人的爷爷的爷爷的爷爷，就是人的祖先，就是猴子……"女儿咯咯笑着说："爸爸说话好啰唆呀！"爸爸笑着继续说："猴子很聪明，又特别喜欢干活，过了很久很久，猴子学会了站着走路，也学会了说话，然后就变成了我们现在的人，懂了吗？"半天，女儿点点头说："噢，怪不得猴子越来越少了，原来都变成人了。""啊？"爸爸吃惊得张大了嘴巴。她扫了爸爸一眼，继续补充说："爸爸，我明白了，动物园里的猴子都是懒猴子，我们和妈妈都是聪明的猴子。"

问题：案例中幼儿的行为是属于"科学"还是"幻想"？幼儿对科学概念的理解和成人一样吗？学前期的幼儿能理解生命科学领域中的哪些核心概念？带着这些问题，一起进入本章的学习。

学习目标

通过本章学习，你应该具备以下知识：
1. 充分了解生命科学的核心概念以及关键经验。
2. 知道生命科学教育活动的设计流程与评价方式。

第四章　幼儿园生命科学活动的设计与指导

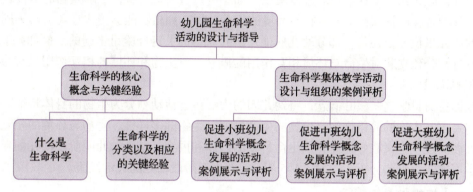

||||||||||| 第一节　生命科学的核心概念与关键经验 |||||||||||

一、什么是生命科学

对于什么是生命科学，很多学者从不同角度提出自己的看法，主要集中在以下几种观点。
黄诗笺在著作《现代生命科学概论》（2001）中提出生命科学既研究生命体的生命活动现象及其本质，又研究生命与环境之间的关系。[①]张惟杰在著作《生命科学导论》（2008）中认为生命科学以研究生命的共同特征和生物的共同发展规律为目标的领域。生命科学研究可以采用观察和描述、生物学实验等研究方法。[②]刘广发在著作《现代生命科学概论（第3版）》（2014）中认为生命科学是自然科学的重要分支，生命科学涉及生命的起源和演化，各类型生物的结构、功能，各种生命现象的本质和规律，以及生物同环境复杂而密切的相互关系等。[③]幼儿园生命科学是幼儿园科学领域的重要内容之一，遵循生命科学的核心概念以及幼儿园科学教育的科学性原则。

二、生命科学的分类以及相应的关键经验[④]

直接感知、亲身体验以及实物操作是幼儿获取经验的主要方式与途径。幼儿对生命概

---

① 黄诗笺. 现代生命科学概论[M]. 北京：高等教育出版社，2001.
② 张惟杰. 生命科学导论[M]. 北京：高等教育出版社，2008.
③ 刘广发. 现代生命科学概论[M].（第3版）北京：科学出版社，2014.
④ 张俊，等. 幼儿园科学领域教育精要——关键经验与活动指导[M]. 北京：教育科学出版社，2015.

念的理解是通过在生活中与动植物的接触而逐步建立的。他们能够了解生物的基本特征，如小猫、小狗的外形；了解生物的基本需求，如要给绿色植物浇水；了解生物的简单行为，如动物都要吃东西；了解生物的生命周期，如小蝌蚪会变成青蛙；了解生物的多样性，如树叶有各种各样的形状；了解生物与环境的相互作用，如植物能够美化环境。对不同年龄阶段的幼儿来说，上述每一部分幼儿所能理解和获得的关键经验是不同的。例如：小班幼儿还没有充分建立起对生命与环境相互作用的概念，对生物和环境的相互作用只有最浅表和模糊的认识。

根据生命科学这一核心概念，将幼儿园的生命科学活动划分为生物的身体特征、生物的基本要求、生物的简单行为、生物的生命周期、生物的多样性、生物与环境的相互作用六个方面。这一定义较好地诠释了生命科学的内涵和内容。结合幼儿园阶段幼儿的年龄特点与学习方式，主要分析3~4岁、4~5岁、5~6岁年龄段幼儿的关键经验。

（一）生物的身体特征

很小的孩子就会被一些动植物的外部特征所吸引，包括颜色、形状、大小等。例如，小兔子的眼睛是红红的，尾巴是小小的。随着年龄的增长，幼儿不仅关注生物的外部特征，还会关注到生物的内部特征、生物的组织结构，逐渐能够理解生物形态和功能之间的联系，思考生物的不同组成部分在满足其自身需要中的作用。例如，小鸟有翅膀，能够在天空里飞翔；蚯蚓有细长柔软的身躯，能够在泥土里钻来钻去；丝瓜长了许多弯曲的藤蔓，能够顺着竹竿向上爬。

对生物自然特性的观察是幼儿建立对生物最初认识的基础。通过对真实生物的观察，幼儿能够了解到常见生物的典型特征，从最开始集中在一两个典型、突出的特征上，过渡到对不同生物的基本特征进行比较，描述更为丰富的多种特征。

1. 3~4岁幼儿适宜的关键经验

1）辨别各种动植物的基本、外显特征（如颜色、大小和形状）。

2）知道生物是由不同的部分组成的（如植物有根、茎、叶子）。

3）认识人体的外部特征及各部位的作用（例如：嘴巴吃东西、耳朵听声音）。

2. 4~5岁幼儿适宜的关键经验

1）辨别和比较动物和植物的特征（除了颜色、大小和形状之外的特征）。

2）知道生物的不同组成部分对生物有不同的作用（例如：兔子的长腿有助于其跳跃）。

3）开始理解植物也是生物，而一些会动的东西不是生物（例如：玩具小汽车是没有生命的）。

3. 5~6岁幼儿适宜的关键经验

1）能够理解生物的结构和功能之间的关系（植物根的作用）。

2）开始理解人体内部（例如：跑动的时候心脏跳动得更快，大脑是用来思考的，肌肉帮助自己扔球）。

3）比较两种或者更多种生物的相似性与不同点。

4）能区分生物与非生物。

（二）生物的基本要求

生物为了满足自身生长发展的需要，具有基本的需求。大多数植物的生长离不开水分、空气和阳光。动物需要食物、水、空气以及拥有一个安全的住所，人也不例外。生物的需求和需要被满足才能维持生命，否则就会死亡。例如：动物需要吃各种食物来补充自身的体力。有些需求是生物共同的基本需求，如空气和水分的需求；有些需求是有差异性的，这种差异性的需求不仅体现在动植物之间，还体现在不同种类的动物以及植物之间，如动物分为肉食性动物、草食性动物以及杂食性动物；植物也有喜阳与喜阴之分。

幼儿园的植物区与动物饲养区都能够为幼儿提供有关生物基本需求的相关经验。通过日常的观察和对动植物的照料可以帮助幼儿了解生物的基本需求及其具体需求上的不同。

1. 3~4 岁幼儿适宜的关键经验

知道生物有各种需要。

2. 4~5 岁幼儿适宜的关键经验

1) 开始理解所有动物需要食物、水和居所。

2) 知道植物需要水、光线和土壤。

3) 了解动物和植物的需求和需要得到满足，否则就会死去。

3. 5~6 岁幼儿适宜的关键经验

1) 知道有些需求对所有动植物都是基本的。

2) 理解各种植物和动物满足其基本需要的不同方法。

3) 初步了解人对环境的需要（如食物、空气和水）。

（三）生物的简单行为

生物具有各自特定的行为方式，生物的行为是其适应生存环境的手段，能够帮助生物适应复杂多变的环境。生物的行为是多种多样的，各种行为的目的是获取基本的需求以促进自身的生长和发展。生物的每种行为都有不同于其他行为的特点，具有不同的目的和作用。以动物行为来看，动物行为的主要类型有觅食行为、迁徙行为、防御行为、繁殖行为、社群行为等。觅食行为可以帮助动物获取生存所需的食物，防御行为和繁殖行为有利于种群生存和繁衍。植物虽然不会运动，但是它们也呈现出一定的行为模式，如大多数的植物会呈现向阳性，即向有光的方向生长。

在日常生活中，幼儿可以通过观察了解生物的多种行为。例如：在饲养角观察小兔子吃萝卜；发现小乌龟会在被触碰时把头和四肢缩进壳里。除了直接的观察，阅读和讨论也可以为幼儿提供有关生物简单行为的相关经验。教师可以引导幼儿进行讨论交流，表达自己的想法，加深对生物行为的理解。

1. 3~4 岁幼儿适宜的关键经验

知道生物有各种各样的行为（如觅食行为、自我保护行为等）。

2. 4~5 岁幼儿适宜的关键经验

1) 知道生物的行为具有差异性。

2) 知道生物依赖自己的行为去获取基本的需求。

3）了解植物不能像动物那样到处移动,但是能对周围环境做出反应（如植物生长的向光性）。

3.5~6岁幼儿适宜的关键经验

1）知道动物的运动与其所处的环境和自身的特征相关（例如：蚯蚓能够在泥土中钻来钻去）。

2）初步了解生命体个体的行为会受到内部提示（如饥饿）和外部提示的影响。

（四）生物的生命周期

生物的一生都要经历出生、生长发育、繁殖、死亡等时期,这些时期构成了生物的生命周期。生命正是在这种周而复始的周期中不断得以延续。虽然所有的生物都会随着时间的推移而发生变化,但是在漫长的进化过程中,生物生长变化的速率不一,生命周期长短是各不相同的。例如：蜉蝣的寿命一般不超过一天,而海龟则可以生存上百年。生物生命周期的变化方式也是不同的,不仅植物和动物的生命周期有很大的差异,动物之间的差异也较大。例如：作为被子植物的小麦,其生命周期包括种子的萌发、植株的生长发育、开花、结果、衰老和死亡；哺乳类动物一般要经历胚胎期、哺乳期、生长发育期等各个阶段；而两栖动物青蛙的生长则需先从受精卵慢慢变成黑色的小蝌蚪,小蝌蚪逐渐长出两条后腿,再长出两条前腿,尾巴慢慢地变短并消失,最终才能够变成小青蛙。

在日常生活中,幼儿会有一些培育植物、饲养动物的经验,这些经验可以让幼儿感受到生命的历程以及不同生物其生命周期的长短与细节的不同,进而丰富幼儿关于生命的理解与思考。例如：幼儿会发现蚕宝宝慢慢长大结茧,黄豆种子可以发芽并长成一株植物,甚至他们也能发现自己身体的变化,从小班到大班身体长高了,要开始换牙了。

1.3~4岁幼儿适宜的关键经验

1）知道动物和植物都会不断变化（例如：小兔子会长大）。

2）能将生物的特征与年龄建立联系（例如：老爷爷的头发是花白的）。

2.4~5岁幼儿适宜的关键经验

1）感知并描述部分生命周期。

2）发现动物和植物都经历了出生、生长和发育、繁殖、死亡的过程。

3）体会他们自己曾经是婴儿,将会长大。

3.5~6岁幼儿适宜的关键经验

1）感知不同生命体的周期长短和细节是不同的。

2）根据观察,感知和描述植物与动物的生命周期。

3）通过观察和比较,发现动物、植物和它们的亲代是非常相像的。

4）初步了解自己家庭成员涉及的关于人的生命周期的现象。

（五）生物的多样性

自然界的生物种类繁多,千差万别。根据生物的相似性和不同可以将生物进行区分和分类,各种生物具有不同的自然属性、基本需求、行为方式及生命周期。幼儿会发现我们的周围既有高高低低的树、也有矮矮的灌木；同样是树叶,既有圆圆大大的,也有长长细细的；有的植物能够开花,而有的植物不会。动物也是各不相同的,有的小动物有四条腿,而有的只有两条腿；有的小动物长得小小的，而有的长得又高又大；有的动物会飞，有的动物可以在水里游。

不同年龄的幼儿可以观察了解不同的生物。小班幼儿可以选择他们熟悉的、比较典型的动物、植物，如果是动物必须是比较温顺的。中班幼儿可以选择一种以上的对象观察，让其在观察的基础上进行比较。对于大班幼儿，则可不限于观察真实的对象，可利用图片、录像等形式，让幼儿初步了解生物的多样性。对于幼儿来说，他们能够区分常见的生物。例如：幼儿会知道一种鸟和另一种鸟是相似的，一种鱼和另一种鱼是相似的，而鸟和鱼是不同的。教师可以鼓励幼儿根据一些明显的特征对常见的生物做粗略的归类，比较它们的相似与不同，更好地体会生物多样性的特点。

1. 3~4岁幼儿适宜的关键经验

1）感知周围动植物是多种多样的。

2）开始理解在相似的环境中，可以找到相似的生物（例如：根据已有的经验或观察，期望在池塘里找到青蛙、鱼或者水草）。

3）对生物进行基本的比较（如哪个更高、更快等）。

2. 4~5岁幼儿适宜的关键经验

1）感知和体会自然界中的生物是多种多样、千差万别的。

2）观察生物之间的相同点、不同点。

3）尝试对不同物种或同一物种进行概括（例如：大多数植物有绿叶，燕子、海鸥和鹦鹉都是鸟）。

3. 5~6岁幼儿适宜的关键经验

1）根据生物的相似性和差异性将其分类。

2）感受不同植物和动物的多样性与变化（例如：不同植物的叶子有不同的形状）。

3）观察和了解同一种生物也具有细微的差别（例如：同一棵树的两片叶子不是完全相同的）。

（六）生物与环境的相互作用

地球是一个生态圈，生物和环境是相互作用和影响的。生物与环境的相互关系表现在两个方面，一方面各种生态因素会对生物产生影响，这些生态因素包括非生物因素和生物因素（水、空气、温度等都是非生物因素，如季节的变化会导致部分动物迁徙或者冬眠；动物、植物、人类的活动都是生物因素，如动植物之间的共生关系，人类对动植物资源的利用与保护）；另一方面，生物与环境的相互关系还表现在生物对于环境的适应和影响（生物对环境的适应有利于自身的生存和发展，如仙人掌对沙漠缺水环境的适应，北极熊有厚厚的脂肪来抵御极地的严寒；生物对环境的影响是双向的，既可以促进环境向良性发展，如植树造林改善环境，也会因破坏环境使其恶化，如虫害、外来物种的入侵以及人类的不合理行为等）。

基于对生物的观察和不断地学习，教师要逐渐引导幼儿关注到生物与生物之间、生物与环境之间是相互依存的，并逐渐理解人类需要保护动植物、保护生态环境，培养幼儿从小懂得人和自然环境中的事物是朋友的关系，从小关注周围的环境，保护周围的环境。

1. 3~4岁幼儿适宜的关键经验
1）发现动物与植物需要环境中的水、空气和阳光才能得以生存。
2）感受动植物与人们的生活是相关的。

2. 4~5岁幼儿适宜的关键经验
1）体会生物要依赖其他生物和非生物来满足自身的需求。
2）开始思考生物、生物的需要及其生活环境之间的关系。

3. 5~6岁幼儿适宜的关键经验
1）感知和体会生物会引起它们所生存环境的变化（例如：植树改善沙尘环境）。
2）体会环境的性质对生物行为模式的影响。
3）初步感知动物的生存离不开植物。
4）运用个人对生命需要的理解，为动植物设计生存环境（如种植植物）。
5）初步感知和理解动植物的外形特征、习性与生存环境是相互适应的。
6）感知和体验人类的生存依赖于自然环境和人为环境。

第二节 生命科学集体教学活动设计与组织的案例评析

 一、促进小班幼儿生命科学概念发展的活动案例展示与评析

活动名称：动物宝宝找妈妈（小班）

【活动目标】
1. 对动物的外形特征感兴趣，乐于帮助动物宝宝找妈妈。
2. 在观察、比较中，发现并大胆讲述动物宝宝和妈妈的相同与不同。
3. 初步感知同种动物初生期与成年期的不同。

【活动准备】
1. 幼儿已认识常见的小动物。
2. 资源包材料：《它是谁的宝宝》；操作卡《动物宝宝找妈妈》。
3. 小鸡、小蝌蚪、毛毛虫、小猫、蝴蝶、母鸡、青蛙、猫妈妈等图片。

【活动过程】
一、找找动物宝宝，巩固认识小动物的外形特征
1. 创设情景《小动物迷路了》：小动物迷路了，找不到妈妈，是哪些小动物呢？
2. 分别出示小鸡、小蝌蚪、毛毛虫、小猫4种小动物图片，引导幼儿逐一认识。

二、自主操作，尝试帮助动物宝宝找妈妈
1. 出示动物妈妈的图片，请幼儿帮小动物找妈妈。（幼儿每人取小动物的图片，张贴到相应妈妈的图片旁边）

第四章 幼儿园生命科学活动的设计与指导

2. 展示操作结果,请幼儿说说自己是怎样判断的。

3. 观看教学课件,了解小蝌蚪的妈妈是青蛙,毛毛虫的妈妈是蝴蝶。

三、观察图片,比较动物宝宝与妈妈的异同

1. 观察比较动物宝宝与妈妈的异同。

教师:动物宝宝和它的妈妈长得一样吗?哪些宝宝和它的妈妈长得有点像?(请幼儿说一说,并指一指)

教师:它们还有些什么地方是和妈妈不一样的?(引导幼儿从动物的体态、身形、颜色等方面区别)

教师:哪些宝宝和它的妈妈长得一点都不像?有什么不一样?

2. 引导幼儿小结:有的宝宝刚出生时就和妈妈长得很像很像;有的宝宝出生时有些地方和妈妈长得很像很像,有些地方不一样;有的宝宝刚出生时和妈妈一点也不像,等长大了才变得很像很像。

四、游戏:动物宝宝变变变

师幼一起随音乐分别模仿毛毛虫、青蛙慢慢长大的过程。

【活动延伸】

小朋友们还知道有哪些小动物小时候也和妈妈不一样吗?请大家在爸爸妈妈的帮助下找一找,明天可以和小伙伴一起交流自己的发现。

【活动评析】

首先,从科学的概念来看,此活动蕴含了生命科学的核心概念:生物的身体特征以及生物的周期。小鸡、小蝌蚪、小猫以及毛毛虫是幼儿生活中较常见的动物,很多时候幼儿会为其停留脚步,认真观察。通过本次活动能够让幼儿初步了解小鸡、小蝌蚪、毛毛虫以及小猫的初生期以及成年期的关键经验。

其次,从年龄阶段来看,对小动物的外形感兴趣、知道动物是不断变化的,目标适宜小班层次的幼儿。

最后,从活动设计来看,本次活动的重点是通过观察、比较,发现动物宝宝和妈妈的相同与不同;难点是能大胆讲述自己的发现,初步感知动物初生期与成年期的不同。教师通过由易到难、层层递进的环节设计,让幼儿大胆地表达、仔细地观察,充分感知四种小动物的外形特征以及初生期与成年期的对比。最后通过自己亲身体验表演小动物的变化过程,进一步提高感受。

活动名称:找蚂蚁(小班)

【活动目标】

1. 乐意寻找、观察蚂蚁,和蚂蚁做朋友。
2. 尝试用多种方法在园内寻找蚂蚁,并大胆讲述自己的发现。
3. 初步了解蚂蚁的外形特征。

第二部分　幼儿园科学探究教育活动的设计与指导

【活动准备】

找好两处能经常看到蚂蚁的地方，预先扔一点甜食引出蚂蚁；备好饭粒、肉末、苹果核、小沙粒、树叶等。

【活动过程】

一、谈话讨论，根据已有经验猜测蚂蚁出没地

教师：你们看到过蚂蚁吗？猜猜幼儿园的什么地方会有蚂蚁？

二、寻找、观察蚂蚁

1. 师幼一起寻找蚂蚁。提问：你找到蚂蚁了吗？蚂蚁是什么样子的？它的头上有什么？

2. 幼儿自由地看一看、说一说，交流发现。

三、喂蚂蚁，观察蚂蚁的举动

1. 教师将准备好的小饭粒、小肉末、苹果核、小沙粒、树叶等给幼儿，请幼儿试着喂蚂蚁。

2. 交流讨论蚂蚁喜欢吃什么食物。提问："蚂蚁喜欢吃什么？"

四、设法"引"蚂蚁

1. 幼儿每人选一样自己认为蚂蚁最喜欢吃的东西，放在一个暂时没看见蚂蚁的地方，过段时间再来看看：引来蚂蚁没有？

2. 留下悬念回活动室，洗手并讨论。

【活动评析】

首先，从科学的概念来看，本次活动蕴含了生命科学的核心概念：生物的身体特征以及生物的简单行为。小蚂蚁是幼儿经常可以观察到的动物，有的时候幼儿会停下脚步，仔细观察一阵子。通过本次活动能够让幼儿了解小蚂蚁的基本外形特征，比如颜色、身体结构等，也能够让幼儿知道蚂蚁的食物偏好。

其次，从年龄阶段和活动设计来看，本次活动的重点是尝试用多种方法在园内寻找、观察蚂蚁，初步了解蚂蚁的外形特征；难点是能大胆讲述自己的发现，持续观察是否引来了蚂蚁。教师通过引发幼儿猜测，积极思考，让幼儿亲自观察实体蚂蚁，了解蚂蚁的外形特征，以及通过投放不同的食物来了解蚂蚁的觅食行为。各环节层次鲜明，符合小班幼儿的年龄特点，让幼儿在充分的体验中感知蚂蚁的外形特征以及觅食行为。

二、促进中班幼儿生命科学概念发展的活动案例展示与评析

活动名称：捉迷藏的昆虫（中班）

【活动目标】

1. 乐于探索昆虫保护色和拟态的秘密，感知大自然的奇妙，乐于分享自己的发现。
2. 能仔细观察昆虫的外形特征及其生活的环境，发现昆虫保护自己的本领。

3.初步了解有些昆虫是利用"保护色"来保护自己的,初步感知人类仿生术。

【活动准备】

1.幼儿已认识竹节虫、枯叶蝶、花螳螂等昆虫。

2.资源包材料:教学课件《昆虫的保护色、拟态及仿生》。

3.昆虫的保护色和拟态的小图片若干(根据教学课件制作)。

【活动过程】

一、猜一猜,画面上藏着谁

演示教学课件,请幼儿观察,说说自己的发现。(幼儿和朋友一起找找、说说,画面上藏着谁)

教师:我们一起找一找,看看和你的发现是不是一样。

提问:想一想,为什么刚才有的昆虫你们没有发现?

幼儿自主表达后,教师讲述故事《捉迷藏的昆虫》,并提问:为什么小鸟找不到花螳螂、枯叶虫、木枝虫?

小结:因为小鸟看不到它们,花螳螂——花像螳螂、螳螂像花;枯叶蝶——停在树上休息的时候,两个翅膀竖立着,非常像一片枯叶;木枝虫——停在树枝上的时候,身体斜立,很像一根枯枝。

二、找一找,昆虫在哪里

出示图片:小昆虫爱与我们捉迷藏,我们一起来找找他们躲在哪里了。

幼儿分组操作(每组提供6~8张小图片),自由观察,找一找昆虫藏在哪里并进行标记。

三、说一说,昆虫为什么藏起来

提问:你们找到了哪些爱捉迷藏的昆虫?(将幼儿找出的昆虫用记号笔圈出,引导幼儿观察,说说它们的特点)

引导幼儿交流讨论:为什么这些昆虫要把自己藏起来呢?

师幼共同小结:这些昆虫真聪明,它们躲在和自己颜色、样子(外形)差不多的地方,让它们的敌人不容易发现。

四、看一看,还有谁会捉迷藏

播放教学课件中的昆虫保护色和拟态的PPT及视频,感受大自然的奇妙。

小结:昆虫是地球上种类最为繁多的动物群体,但在自然界中,无论它们的形态是大还是小,大多数都始终处于弱者的地位。小小的昆虫能长期生存下来,除了它的繁殖力强和食物来源广以外,还有其他保护自己的绝招,其中一项就是具有保护色,这种特性是昆虫天生就具有的。如生活在青草地上的蚂蚱是绿色的,而当草叶枯黄后,蚂蚱的颜色也随着改变成与枯草一样的枯黄色;再如枯叶蝶两面的色彩不同,正面鲜艳,背面褐色,间有深色条纹,落在树枝上时两翅合拢,翅的背面向外,模样很像一片枯叶,深色条纹好似叶脉。

五、迁移经验,我们躲一躲

教师:小小的昆虫都能用如此聪明的方法来保护自己,以便更好地生存下去,我

们人类，当然不能落后。科学家们从昆虫的身上得到了启示，获得了许多伟大的发明。（播放课件中的仿生学图片）

小结：坦克、士兵在丛林等地执行任务时，为了保护自己，迷惑敌人，都是迷彩着装，士兵还会在脸上涂油彩，这种伪装自己的行为就是人类通过学习昆虫保护色的知识而得来的。

【活动延伸】

我们也来玩玩捉迷藏的游戏吧！你有什么好办法不让别人发现你呢？

幼儿到户外，想象自己是某种昆虫，找到一种与自己衣服颜色相近的东西，使自己不被轻易发现。衣服相似的幼儿可以拥到一起"躲藏"起来，也可以躲在与该昆虫的外形相近的地方。如幼儿扮演瓢虫，蹲在红花旁边；幼儿扮演尺蠖，靠在树枝旁；等等。

附录：故事《捉迷藏的昆虫》

昆虫有自己的敌人，许多小鸟都非常喜欢昆虫。小鸟飞得快，一下子就会捉住昆虫。昆虫常常会想办法躲起来，让小鸟找不到自己。

你看，花螳螂刚生下来的时候，还是幼虫。它躲在花朵的中间，就像花蕊，小鸟怎么也找不到它。

枯叶蝶就像一片破叶子，它停在树上，与叶子非常像。小鸟飞过来，看不见它，就又飞走了。

你再看看木枝虫的幼虫，它爬到树枝上，停在那里，就像小枝干。要是不仔细看，谁也找不到它。如果没有这样的本领，昆虫就很容易被它的敌人吃掉。

【活动评析】

首先，从科学的概念来看，本次活动蕴含了生命科学的核心概念：生物的身体特征、生物的简单行为以及生物与环境的相互作用。依靠外部环境对自身进行保护，是很多动物的本能行为。通过本次活动除了能够让幼儿了解动物的基本外形特征，还能够了解到一些生物能够利用外在的环境对自身进行保护，生物与环节的相互作用。

其次，从活动的重难点来看，本次活动的重点是尝试乐于探索、发现昆虫保护色和拟态的秘密，感知大自然的奇妙；难点是能仔细观察昆虫的外形特征及其生活的环境，发现昆虫保护自己的本领，初步感知人类仿生术。

最后，从活动设计来看，教师通过出示图片找动物的形式引发幼儿的兴趣，从集体观察到分组操作多种途径让幼儿感知和探索动物对自己的保护行为，让幼儿充分讨论，总结动物这一行为的意义，最后，通过播放动物保护色和拟态的教学课件和视频，加深幼儿对动物自身保护行为的感知与经验。整个设计从易到难，层次分明。

活动名称：动物睡姿知多少（中班）

【活动目标】

1. 对探究动物睡姿感兴趣，乐于交流自己的发现。
2. 尝试了解一些动物的睡眠习性和睡姿，初步了解资料收集的途径。

3. 能按睡眠姿势对动物进行分类，并大胆表述分类理由。

【活动准备】
1. 幼儿收集有关动物睡觉的图片、资料，并带到幼儿园。
2. 资源包材料：操作卡《动物睡姿知多少》。
3. 展示板1块，标有分类标志的分类版4~5块（上面标有站着、躺着、趴着等其他分类标志）；欢快和静谧的背景音乐。

【活动过程】
一、介绍自己收集的资料
请幼儿结合自己收集的资料，将动物图片张贴在展板上（不出现分类标志），并向同伴介绍动物睡觉的姿势。
提问：你找的动物叫什么名字？它是怎样睡觉的？
根据幼儿的介绍梳理、小结：动物们的睡姿是千奇百怪的，有的是站着睡觉的，有的是躺着睡觉的，有的是趴着睡觉的，有的是一只脚站着睡觉的，有的是倒挂着睡觉的……
通过互相介绍，共同感知资料收集途径的广泛。
提问：请告诉大家，你是从哪里知道这些的？
教师根据幼儿的表述梳理、小结：原来，我们可以从网络、图书、报刊、电视中收集了解有关动物睡眠姿势的不同信息和资料，收集资料的方法真多！

二、讨论话题
教师：动物们的睡觉姿势有的是一样的，有的又不一样。你能按照睡眠姿势的不同对动物进行分类吗？要怎么分呢？理由是什么？
幼儿自主讨论后，请幼儿在集体中表述分类方法及理由。

三、分组操作
教师出示分类板，引导幼儿观察并认识分类标志：分类板上有什么？每个标志代表什么意思？可以把什么动物和它放在一起？
幼儿取下展板上的动物，进行分类操作，教师播放欢快的背景音乐，巡回观察、指导。
共同验证操作结果，请幼儿表述分类理由，在宁静的背景音乐声中共同模仿各类动物的睡姿。

四、完成操作卡《动物睡姿知多少》中的内容
自取操作卡，猜测操作要求，教师集中讲解。
幼儿自主操作，教师巡回观察、指导。
集体验证操作情况，收拾材料，结束活动。

附录：资料《动物的睡姿》
马——站着睡觉。
鹤——缩起一只脚，另一只脚站立，并把头埋在翅膀里睡觉。
刺猬——蜷着身体睡觉。

金丝猴——坐着睡觉。

猫头鹰——站在树枝上睡觉。

蝙蝠——身体倒挂在树上或岩洞里，睁着双眼睡觉。

【活动评析】

首先，从科学的概念来看，本次活动蕴含了生命科学的核心概念：生物的多样性。大千世界，无奇不有。幼儿对新鲜的事物总是满怀着好奇心。了解动物的睡姿能够增强幼儿对动物多样性的认识。

其次，从活动的重难点来看，本次活动的重点是积极探究动物睡姿，了解一些动物的睡眠习性和姿势，初步了解资料收集的途径；难点是能按睡眠姿势对动物进行分类，并表述分类理由。

最后，从活动设计来看，教师通过提前布置任务，收集资料；师幼共同讨论、相互介绍了解不同睡姿的动物类型并进行分类；最后通过自主操作进一步加深对动物睡姿的了解。活动准备充分，环节紧凑。让幼儿在讨论和操作中完成对动物睡姿的了解，符合幼儿学习的方式与学习特点。

三、促进大班幼儿生命科学概念发展的活动案例展示与评析

活动名称：动物与天气（大班）

【活动目标】

1. 有探究动物和天气之间关系奥秘的兴趣。
2. 能主动将自己了解到的有关动物和天气变化关系的奥秘与同伴交流，并尝试合作制作展板。
3. 了解一些气象变化与动物习性变化之间的关系。

【活动准备】

经验准备：幼儿做过动物习性与天气预报变化的观察，收集过相关资料。

物质准备：关于天气变化与动物习性变化的录像、展板5块、纸笔若干。

【活动过程】

一、讨论，引起对动物能预报天气的兴趣

提问：明天会不会下雨，我们怎样才能知道呢？除了看天气预报，我们还可以怎样知道？

二、自由交流收集来的信息

1. 自由交流关于天气变化与动物习性的情况。提问：小动物知道天气要变化了，会怎么样呢？

2. 观看录像，了解更多有关天气变化与动物习性的情况。提示语：除了你们说的，

还有哪些小动物也会预报天气呢？让我们一起来看看吧！

3. 幼儿交流讨论：他们是谁？在干什么？为什么会这样呢？

三、尝试用展板的形式，介绍动物预报天气的情况

1. 讨论怎样布置展板，引导幼儿将自己所知道的用绘画的形式表现出来。
2. 五人一组，分组制作展板，并用分类或画分类图标的方式让展板的内容一目了然。

四、参加展板展示会，进行交流讨论

1. 说一说展板上的内容。
2. 评一评哪一组的展示看上去既清楚又美观。

【活动评析】

首先，从科学的概念来看，本次活动蕴含了生命科学的核心概念：生物与环境的相互作用。动植物与大自然的现象总有着不可分割的联系。天气变化前总能在某些动物身上找到一些征兆。

其次，从活动的重难点来看，本次活动的重点是了解有关动物和天气变化关系的奥秘；难点是在鼓励幼儿充分交流自己所收集的资料的同时，使幼儿初步了解动物与天气的关系。

最后，从活动设计来看，幼儿通过活动前收集资料、活动中分享交流、整理信息的过程，充分了解有关天气变化与动物习性的情况。活动紧紧围绕动物习性与天气变化这一主题进行，教师的提问非常具有针对性。

活动名称：益虫保安大队（大班）

【活动目标】

1. 了解昆虫与人类的关系，萌发爱益虫、爱自然的情感。
2. 尝试运用已有的经验进行判断和推理，进一步积累有关昆虫的知识。
3. 将昆虫进行分类，并能表述自己的分类方法及理由。

【活动准备】

经验准备：幼儿初步了解一些常见昆虫的名称及其特征。

物质准备：昆虫分类框架图、图夹文的招聘启事、昆虫及其他动物卡若干。

【活动过程】

一、破译招聘启事

1. 教师出示自制的图夹文招聘启事，幼儿讨论猜测：招聘启事上说了些什么？
2. 出示"报名者"的图片，幼儿回忆昆虫及其他动物的名称。

二、区分昆虫与非昆虫

1. 揭开昆虫分类框架图的第一个条件，幼儿将动物图片放到相应的分类图中。
2. 各组介绍分类方法。
3. 教师小结昆虫的主要特点：昆虫有三对足、一对触角、两对翅膀。

三、区分益虫与害虫
1. 揭开昆虫分类框架图的第二个条件，幼儿再次给昆虫分类。
2. 幼儿介绍分类方法，并一起检查、纠错。

四、判断昆虫能否除害
1. 揭开昆虫分类框架图的第三个条件，能除害、不能除害。
2. 幼儿给昆虫分类并介绍分类方法。

五、成立益虫保安大队
宣布益虫保安大队的名单，并以开庆祝会的形式结束活动。

【活动延伸】
教师：现在我们知道了有的动物可以保护益虫，那么小朋友们可以通过哪些方式去保护它们呢？请小朋友回到家和爸爸妈妈一起，将自己想到的方式写下来或画下来。

【活动评析】
首先，从科学的概念来看，本次活动蕴含了生命科学的核心概念：生物的多样性以及生物与环境的相互作用。大自然的物种丰富，但就昆虫来说，人类现阶段已知的数量就达到100多万种，其中有些昆虫能除害，而有些昆虫本身就是害虫。本次活动能够让幼儿感受生物物种的多样性以及初步了解昆虫的主要特征。

其次，从活动的重难点来看，本次活动的重点是运用已有的经验进行判断和推理，将昆虫进行分类；难点是要准确区分益虫与害虫。

最后，从活动设计来看，首先通过招募游戏的方式导入活动，引起幼儿参与活动的积极性。其次通过揭开框架图的形式逐步击破昆虫的特点以及昆虫的类别。层层递进，击破重难点。

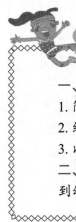

思考与实训

一、思考题
1. 简述幼儿园生命科学的界定。
2. 结合实践，谈谈你对生命科学各年龄阶段关键经验的解读。
3. 以"蔬菜品种多"为主题，书写一份大班生命科学活动教案。

二、实训性学习活动
到幼儿园观摩教师如何组织幼儿参观"自然角"，并记录幼儿的发现。

第五章 幼儿园物质科学活动的设计与指导

案例导入

科学区中，两位小朋友在玩磁铁，他们一会儿吸吸这个，一会儿吸吸那个，玩得很高兴。这时，幼儿A发现旁边有一辆小汽车，就拿着玩起来，然后把它放到一块薄木板上，他想让小汽车在木板上跑起来，就用磁铁在前面吸、后面吸、各个方向吸，想让小汽车跟着磁铁走，可是小汽车被吸到磁铁上，并没有跑起来。幼儿A去找幼儿B帮忙，两个人一起忙活起来，可是忙了半天也没有找到合适的办法。两人有点泄气了，他们放下磁铁和小汽车，不想玩了。这时，教师走过去，拿起磁铁和小汽车说："这辆小汽车真漂亮！我们想办法让小汽车在路上跑起来吧！"两位小朋友听见了，都围拢过来，教师把磁铁放到木板的下面，在小汽车的正下方，然后把磁铁贴着薄木板向前移动，小汽车跟着磁铁动起来了！"小汽车开了！小汽车开了！"两位小朋友欢呼起来，后来他们玩小汽车玩了很久。

问题： 两位小朋友在科学区的活动，蕴含了与科学有关的哪些核心概念？学前期的幼儿又能获得与物质科学领域相关的哪些核心概念以及关键经验？带着这些问题，我们开始学习本章的内容。

学习目标

通过本章学习，你应该具备以下知识：
1. 充分了解物质科学的核心概念以及关键经验。
2. 知道物质科学教育活动的设计流程与评价方式。

第二部分 幼儿园科学探究教育活动的设计与指导

知识结构

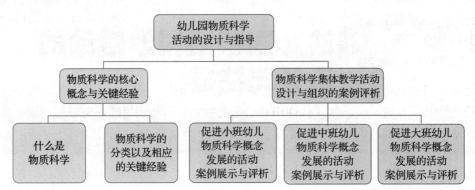

第一节 物质科学的核心概念与关键经验

一、什么是物质科学

在我们生活的物质世界中，周围的物质和材料具有丰富的种类，不同的物质具有各自的特殊性质。例如：不同的材料在软硬、光滑和粗糙等方面的特性是有所差别的；有的物体的形态或位置会发生变化等等。此外，生活中还充满了声音、光影、电磁等常见的物理现象，例如：不同的物体会发出不同的声音，有的物体发出的声音很悦耳，而有的物体发出的声音很嘈杂；影子的大小和形状与物体和光源的位置有关；雷雨天气一般都会出现闪电；水在加热的情况下会变热，当停止加热时，它又会慢慢变凉等。

物质科学所蕴含的这些基本原理和物理定律，看似幼儿无法理解，但在学前期，关于物质科学的探究并不是让幼儿了解其中的科学原理，而是通过各种探究活动，帮助幼儿积累关于物质科学的丰富经验，为其日后的学习打下基础。其实，当幼儿将沙一勺一勺地舀进瓶子里，幼儿在水池边不断地拍打着水面时，他们已经在感知物质与材料的特性了；当幼儿把小火车推来推去、幼儿在滑滑梯上玩耍时，物体的位置与运动已引起了他们的关注；当幼儿敲打着不同的物体、幼儿在阳光下追逐同伴的影子、幼儿用磁铁去吸各种材料时，他们已经与声、光、电、磁、热产生了交集。

二、物质科学的分类以及相应的关键经验

幼儿对有关物质科学的理解是通过在生活中与不同物质的接触而逐步建立的。他们能够了解物体与材料的特性，如有的物体软软的，有的物体硬硬的；了解物体的位置与运动，

如苹果能够浮在水面上，皮球在斜面上要比平面上滚得快；了解声光电磁热等物理现象，如磁铁能吸住一些物品，但有的物品却吸不住。对于不同年龄阶段的幼儿来说，物质科学中关键经验的获得是会有所差别的，以下将从物体与材料的特性、物体的位置和运动、声光电磁热等物理现象这三个方面展开，具体介绍3~4岁、4~5岁、5~6岁年龄阶段幼儿适宜的关键经验。

（一）物体与材料的特性

物体与材料具有不同的特性，包括形状、大小、颜色、轻重、软硬等等。了解物体与材料的特性是幼儿进一步感知物体性质和变化的基础。幼儿天生的好奇心促使他们通过感知、观察和操作周围环境的物体和材料来不断探究周围的世界。幼儿通过用手摸来感知不同物体的软硬，通过观察和操作发现有的物体能够浮在水面上，如苹果、塑料玩具小鸭等，而有的物体只能沉在水里，如铁块、石头、沙子等。幼儿在与物体和材料相互作用的过程中积累丰富的经验，形成科学探究的能力，从而建立起自己关于物质世界的理解。教师要为幼儿提供大量感知物体和材料性质的机会，为他们以后的学习奠定丰富的感性基础。

1. 3~4岁幼儿适宜的关键经验

1）感知物体和材料具有软硬、光滑和粗糙等特性。
2）在操作中发现液体会流动。
3）感知液体的颜色、味道不同。
4）尝试将不同的液体进行混合。

2. 4~5岁幼儿适宜的关键经验

1）根据物体的特性区分物体。
2）发现物体的性质会影响其运动（如圆的球会滚动）。
3）发现材料的性质会发生改变（如将红色和黄色颜料混合后变成了橘黄色）。
4）了解物体的特性是可以测量的。
5）认识到液体总是向下流淌。
6）感知和体验材料具有溶解、传热等性质或用途。

3. 5~6岁幼儿适宜的关键经验

1）感知物体的结构与功能之间存在的关系。
2）发现材料的特性可以通过某种途径进行改变（如加热、冷冻、混合、折弯）。
3）发现不同材料的特性通过不同的方式可以进行改变。
4）发现材料有不同的存在状态：固态、液态和气态（如水的三态变化）。
5）使用简单的工具对物体的性质（如大小、质量、温度等）进行测量和比较。

（二）物体的位置和运动

运动是物质存在的基本形式。在幼儿很小的时候，幼儿喜欢一遍又一遍地推动一个无生命的物体，如重复地将物体扔到地上，或是将某个玩具向前扔。这是幼儿对物体位置和运动的最早感知和尝试。随着年龄的增长，他们能逐渐意识到，有的物体运动得快，如滚动一个皮球；有的物体运动得很慢，如推动一个很重的箱子。

力是我们日常生活中常见的自然现象。力和运动之间有着密切的关系，力可以改变物体的位置和运动状况。重力、摩擦力、浮力等都是常见的力的类型。对于幼儿来说，我们并不是让幼儿理解各种力的性质，而是启发幼儿探索和思考日常生活中的这些经验，从周围熟悉的事物中发现其规律性。例如：幼儿在光滑平面上推动一辆小车，与在粗糙平面上推动一辆小车，所获得的体验是不同的，这些体验有助于幼儿归纳出，在光滑的平面上推动一个物体比在粗糙平面上推动一个物体所用的劲小。

1. 3~4 岁幼儿适宜的关键经验

1）感知没有生命的物体自己不会动，需要被推、拉、扔或其他作用于它的动作才会动。

2）初步感知和体会推或者拉可以改变物体的位置和运动状况。

3）感知不同的物体放在水里，会产生不同的结果。

2. 4~5 岁幼儿适宜的关键经验

1）发现物体的形态或位置会发生变化。

2）尝试采用不同的方式让物体运动。

3）感知和体会物体的运动可以被阻止。

4）发现物体在不同光滑程度的平面上，运动的快慢会不同。

3. 5~6 岁幼儿适宜的关键经验

1）感知物体有多种运动方式（如直线运动、圆周运动）。

2）发现物体的运动方式是可以被改变的。

3）发现影响物体运动的因素有多种。

4）感知物体的运动状态会随着外界条件的改变而发生变化（例如：改变斜坡，让球滚得更远）。

5）探索各种机械，发现机械的作用。

6）进一步探索各种力的现象（如浮力、摩擦力、弹力等）。

（三）声光电磁热等物理现象

声光电磁热都是能量的表现形式，与幼儿的生活有着密切的联系。声音是由物体振动产生的，生活中充满了各种声音，如婴儿的哭声、马路上的汽笛声、风吹树叶的声音等。幼儿自出生起就能够对外界的声音做出反应，声音是幼儿最初了解世界的重要信息源。

光既是自然界中普遍存在的现象，也和人类的生活密切联系。幼儿可以探索各种光源（自然的、人造的）以及它们的不同，了解光对于人类的重要性等，这些关于光的探究活动能够为幼儿日后学习光的产生和传播原理奠定基础。

电在人类生活中的作用越来越大，现在的幼儿也接触到很多和电相关的物品，如家用电器、电动玩具等。不能因为电有危险就禁止幼儿接触和探索电的现象，相反要进行适当的有关电的知识教育，使其了解电的作用和危险。这样既满足了幼儿的好奇，又预防了事故的发生。

尽管幼儿并不理解磁究竟是什么，但是磁的现象由于其带有神秘和魔幻般的色彩，自古以来就吸引着幼儿。让幼儿探索磁的现象，这对于幼儿的好奇心和探索科学的愿望是很有好处的。

幼儿对于热的生活经验比较多,但对于热的现象却很少探索。教师可以结合幼儿的日常经验,让幼儿学习一些有关热的内容,如感受有的物体热,有的物体冷。探索并发现热的物体会变冷,冷的物体会变热。讨论可以用什么办法使物体变冷或变热等。

1. 3~4岁幼儿适宜的关键经验

1)感知自然界各种不同的声音。
2)体验不同的声音代表不同的意义。
3)感知不同的物体会发出不同的声音。
4)感知光有明暗(亮度)。
5)发现光有不同的来源。
6)发现光能够产生影子。
7)感知磁铁能够吸铁。
8)感知有的物体热,有的物体冷。

2. 4~5岁幼儿适宜的关键经验

1)感知声音的不同特性,可以是高的或者轻柔的(音量),可以是尖锐的或者是低沉的(音调)。
2)尝试改变声音的特征(如让鼓更响)。
3)探索各种能让物体产生声音的方法。
4)感知声音可以通过物体传播。
5)探索光和影子的关系。
6)尝试改变影子的特征(如让影子变长)。
7)感知静电现象。
8)体验热的物体会变冷,冷的物体会变热。
9)感知磁铁之间具有相互作用。
10)感知热可以通过多种方式产生(如燃烧、摩擦)。

3. 5~6岁幼儿适宜的关键经验

1)发现声音的特征(如音量、音调)与声音的来源有关。
2)感知噪声的产生及危害。
3)感知光的亮度取决于物体和光源的距离。
4)发现影子的大小和形状与物体和光源的位置有关。
5)体验光对生活的重要性。
6)感知简单的电路。
7)感知电器在日常生活中的用途。
8)尝试使用常见的电子产品。
9)感知磁铁可以互相吸引或者相互排斥,也可以吸引或排斥某些其他材料。
10)体验磁铁在生活中有广泛的应用。
11)知道热可以在物体之间相互传递。

第二节 物质科学集体教学活动设计与组织的案例评析

一、促进小班幼儿物质科学概念发展的活动案例展示与评析

活动名称：电池宝宝①（小班）

【活动类型】
集体活动。

【活动目标】
1. 愿意动手操作，喜欢摆弄玩具内的电池。
2. 在观察讨论中感知圆柱形电池的基本特征，能根据电池的大小进行匹配。
3. 知道装在玩具里的电池要头尾相接。

【活动准备】
1. 经验准备：幼儿有玩电动玩具的经验。
2. 物质准备：内装圆柱形电池的电动玩具人手一个，手电筒一个。

【活动过程】
一、找电池宝宝的家
幼儿自由玩电动玩具，并让幼儿关上开关，找一找电池宝宝住在哪里。（电池盒）
二、说说电池宝宝
1. 数一数，自己有几个电池宝宝。
2. 说说电池宝宝的样子。（圆圆的、粗粗的、细细的）看看朋友的、老师的电池宝宝是什么样子的。
3. 提问：你发现电池宝宝的头上有什么？（帽子），它的帽子顶在什么地方？请幼儿指一指，电池宝宝的屁股在哪？它的屁股顶在什么地方？（可让幼儿模拟屁股坐在弹簧上弹起来的样子，以加深理解和记忆）
4. 请幼儿取出电池宝宝。
三、找相同的电池宝宝
让幼儿找找和自己的一样大小的电池宝宝。（也可交换）
四、尝试装电池宝宝
教师：刚才电池宝宝住在家里时它的帽子顶在什么地方？屁股顶在什么地方？
幼儿尝试把电池装进电动玩具，让电动玩具动起来。（让幼儿互相学习或互相帮助）

【活动建议】
1. 活动延伸：把电动玩具和电池放在益智区，让幼儿继续摆弄。
2. 活动变式：如果教学活动前电动玩具的数量有限，可以以区域活动的形式进行。

---

① 活动设计来自长沙市政府机关第二幼儿园，颜秋灵．

第五章 幼儿园物质科学活动的设计与指导

3. 家园合作：家长带领孩子给家中的小电器更换电池；告诉孩子废旧电池不能乱扔。
4. 关注学习品质：教师要关注幼儿在活动中如何掌握一些具体的操作技巧。

【活动评析】

首先，从科学的概念来看，本次活动蕴含了物质科学领域中的核心概念：与电有关的物理现象。通过本次活动，幼儿可以获得关于感知圆柱形电池的基本特征，知道装在玩具里的电池要头尾相接等关键经验。

其次，从活动的重难点来看，本次活动的重点在于引导幼儿观察电池的外形特征，活动的难点是尝试把电池正确装进电动玩具中。

最后，从活动设计来看，整个活动是先让幼儿自由操作和探索，在反复摆弄和操作中观察电池的基本外形特点，理解电池玩具与电池之间的关系。然后教师在幼儿操作的基础上进行集体的梳理和提升，引导幼儿认识电池的正极和负极。在充分的感知之后，再请幼儿尝试为玩具装电池，进一步巩固获得的新经验。总之整个活动层层递进，比较符合小班幼儿的特点。

活动名称：音乐喷泉① （小班）

【活动类型】

集体活动。

【活动目标】

1. 体验自制喷泉玩具的乐趣。
2. 尝试动手自制喷泉玩具，并能尝试改变喷泉的高度和远近。
3. 发现用力的大小、瓶盖孔的大小与喷泉高度、远近的关系。

【活动准备】

1. 经验准备：幼儿已有观察喷泉的经验。
2. 物质准备：在户外放几个水盆、舀水器皿若干、矿泉水瓶子若干（有大小不同的孔和没有孔的瓶盖）、欢快的音乐。

【活动过程】

一、观看教师表演"音乐喷泉"，激发幼儿对活动的兴趣

教师合着音乐，表演时快时慢、时高时低的喷泉。

二、尝试运用材料自制喷泉，了解喷泉的制作方法

1. 观察材料，讨论自制喷泉玩具的方法。
2. 自由选择材料自制喷泉玩具。
3. 交流分享喷泉的制作方法。

三、玩喷泉，发现用力的大小、瓶盖孔的大小与喷泉高度、远近的关系

幼儿先自由玩一玩喷泉玩具。引导幼儿轻轻按压、重重按压喷泉玩具，玩大孔瓶

---

① 活动设计来自长沙市政府机关第二幼儿园，文志琴.

盖、小孔瓶盖的矿泉水瓶制作的玩具，请幼儿说说自己的发现。

四、伴随音乐，一起表演"音乐喷泉"

音乐大，则需用力按压喷泉；音乐小，则需轻轻按压喷泉。节奏快，则需快速按压喷泉；节奏慢，则需慢慢按压喷泉。

【活动建议】

1. 活动延伸：在活动区投放大小不同的塑料瓶，让幼儿继续玩喷泉游戏。
2. 活动变式：有水池的幼儿园可以将活动场地安排在水池边。
3. 家园合作：家长带孩子欣赏小区、公园的音乐喷泉。
4. 关注学习品质：操作不是漫无目的地摆弄，而是为了探究某种现象的发生，因此教师通过参与式的支持，帮助幼儿在自制喷泉玩具、玩喷泉游戏中发现有关喷泉的秘密。

【活动评析】

首先，从科学的概念来看，通过本次活动，幼儿可以获得感知水流及其喷射现象，发现并理解压力的大小、瓶盖孔的大小与水流喷射的高度、远近的关系。

其次，从年龄阶段来看，喷泉是幼儿生活中常见的事物，幼儿对它并不感到陌生，而幼儿对自制喷泉也比较感兴趣，符合他们通过动手操作感知物体特性的特点，因此该活动是适宜小班幼儿的。

最后，从活动设计来看，该活动一方面让幼儿自己动手制作喷泉，在亲身体验中感知水流的喷射现象；另一方面在充分玩耍的同时有意识地引导幼儿思考，通过交流和讨论，发现影响喷泉水柱高低的相关因素，而不是盲目地玩。教师也基于幼儿的操作经验进行了适当的梳理和提升。

二、促进中班幼儿物质科学概念发展的活动案例展示与评析

活动名称：好玩的石头①（中班）

【活动类型】

集体活动。

【活动目标】

1. 喜欢观石、玩石，感受探究石头的乐趣。
2. 尝试用多种办法探究石头的特性，学习用石头进行小制作。
3. 感知石头的多样性，了解石头的用途。

【活动准备】

1. 经验准备：活动前教师、家长与幼儿一同收集各种石头（如鹅卵石、雨花石等）。
2. 材料准备：课件《有用的石头》、石头、积塑、木块、土块、核桃、水、小木棒、

---

① 活动设计来自长沙市政府机关第二幼儿园，文志琴．

笔、颜料、黏合剂、抹布等。

【活动过程】

一、感知收集的各种石头

1. 自由结伴，相互介绍自己收集的各种石头。说说石头的颜色、形状、大小、花纹等等。

2. 归纳了解几种不同石头的外形特点。

3. 提问：这块石头是什么颜色的？石头表面有什么？摸起来感觉怎么样？

4. 将收集的石头根据幼儿讨论的分类标准分类。

二、探究石头的特性，并进行记录

1. 观察材料，大胆猜测。

提问：这些材料你们认识吗？如果用这些材料敲一敲，打一打，猜猜会有什么变化？石头会有什么特点呢？

2. 自由操作探索：尝试用小棒敲击石头，观察敲打后发生的现象；用石块敲敲石头、核桃、土块，看看什么敲碎了。也可把石头、木块、积塑放入水里，自由探索。

3. 集体交流分享。

三、了解石头的用途

1. 观看课件《有用的石头》，了解石头在生活中的运用。

提问：说一说，生活中有哪些东西是石头做的？

2. 自由讨论，大胆交流。

提问：想一想，我们还可以用石头做些什么？

四、利用石头制作小工艺品

1. 石头画：在石头上涂色、绘画。

2. 石头艺术：用各种石头组合，粘贴成手工艺作品。

【活动延伸】

1. 学习区活动：可在发现区中布置一个石头展览，让幼儿自由探索，进一步探究石头的特点；引导幼儿根据石头的特点进行分类或排序。

2. 家园合作：家长和幼儿一起收集见过的石头并记录。家长带幼儿外出参观，感受石头在人们生活中的用处。观看有关石头的资料片，了解石头的多样性。

3. 关注学习品质：尝试用多种办法探究事物的特性，可以从多个角度获取事物的信息，教师要关注幼儿这种学习策略的运用。

【活动评析】

首先，从科学的概念来看，本次活动蕴含了物质科学领域中的核心概念：物体与材料的特性。通过本次活动，幼儿可以获得感知石头的多样性，了解石头的用途等关键经验。

其次，从年龄阶段来看，石头是幼儿生活中常见却缺少细致观察和深入探索的一种自然物。中班幼儿虽然对石头有了一些基本的认识，如知道石头有不同大小、不同形状等，但经验比较零散。因此，本活动是基于中班幼儿的年龄特点来帮助幼儿梳理经验，提升幼儿对石头的全面认识。

最后，从活动设计来看，本次活动教师先是通过观察、交流、梳理的方式帮助幼儿认识石头的外形、颜色等特点。然后通过游戏体验帮助幼儿感知石头"硬"的特性，并联系生活经验引导幼儿感知石头在生活中的重要作用。在基于对石头的充分感知后请幼儿尝试运用这一常见自然物进行美术创作活动，进一步感知石头的艺术性。总之，整个活动设计合理，能够激起幼儿参与的兴趣。

活动名称：勺子里的哈哈镜[①]（中班）

【活动类型】

集体活动。

【活动目标】

1. 积极动手探索哈哈镜的秘密，体验动手探究的乐趣。

2. 尝试用集体记录、个体表述等方式交流操作的过程及结果。

3. 感知不锈钢勺子凹凸面成像的不同及有趣，初步了解哈哈镜影像变化的原因及其在生活中的运用。

【活动准备】

1. 人手一个不锈钢的勺子；PPT课件（汉字凹和凸、交通安全转角镜等图片），集体记录表。

2. 幼儿玩过"照镜子"的游戏。（教师：镜子、镜子在哪里？幼儿：镜子、镜子在这里）

【活动过程】

一、游戏导入，回忆已有经验

1. 启发思考，表述已有经验。

教师：你们都照过镜子，那你们平时照镜子的时候有什么发现吗？（镜子里会出现一个一模一样的你，你做什么动作，镜子里的你也做一样的动作，方向同边）

2. 玩"照镜子"的游戏。

教师：我们来玩照镜子的游戏，我来照镜子，你们就是我的小镜子。（教师做出各种简单的肢体动作，幼儿镜面模仿）

二、动手操作，探究哈哈镜的秘密

1. 初次探究，感受勺子哈哈镜的有趣。

教师：今天老师没有准备镜子，而是准备了不锈钢勺子。它们能当镜子照吗？请你们试一试，用这些勺子玩玩、照照，看看能发现什么。

2. 集体交流操作中的发现。

讨论：你们发现了什么？请你们用尽可能清楚的话说给大家听。

[①] 活动设计来自长沙市政府机关第二幼儿园，高静.

3. 结合PPT,介绍凹凸面的名称。

提问:勺子的两面一样吗?你们觉得它们分别叫什么名字呢?老师这里有两个汉字朋友,看看它们能不能帮助我们?这两个字长得什么样?这个字"凹"读"ao",它可以用来形容勺子的哪一面?这个字"凸"读"tu",它可以用来形容勺子的哪一面?(教师手指勺子的两个面,让幼儿说出名称)

指导语:知道了凸面和凹面,你们介绍自己的发现时就能说得更清楚。凹面和凸面照出的人像一样吗?

4. 集体猜想、验证并记录。

出示记录表1:幼儿猜想凹面和凸面照出的人像是什么样的?教师根据幼儿的回答,在集体记录表1中贴上相应形态的人像(正立、倒立)。幼儿操作验证后,集体再次记录。

出示记录表2,教师提问:照凹面或凸面的时候,离它远一些或近一些,照出的人像一样吗?

集体记录、交流。

5. 启发幼儿进一步思考。

指导语:勺子凹面照出的人像是倒立的,凸面照出的人像是正立的,凹凸两面照出的人像都有些变形。为什么平时我们照普通的镜子时,没有这样的现象呢?

引导幼儿小结:普通的镜子表面是平的,镜子里的你没有变样子,可勺子的表面有凹有凸,照出的你就发生了有趣的变形。人们还特意制作了表面凹凸不平的镜子,我们把它们叫作哈哈镜。

三、观察图片,了解凹凸镜在生活中的运用

1. 出示道路安全转角镜的图片,讨论其用处。

指导语:生活中,你见过这样的镜子吗?看看它是什么样的?猜猜有什么用?你在哪里见过这种凸出来或者凹进去的镜子呢?为什么人们要在地下车库、马路拐角、小区门口放上这个镜子呢?

2. 出示生活中的各种常用凹凸镜,进一步了解凹凸镜在生活中的运用。

3. 引导幼儿小结:今天我们发现了勺子里藏着的哈哈镜,还认识了道路安全转角镜和其他凹凸镜。其实,生活中还有很多有用的凸面镜、凹面镜,你们想知道它们藏在哪儿,有什么用吗?老师相信你们和我一样,也有一双爱观察、爱发现的眼睛,所以,我把这个任务交给你们,相信你们很快就能找到答案。

【活动延伸】

发现生活中很多有用的凸面镜、凹面镜,并与自己的同伴分享。具体见表5-1和表5-2。

表 5-1　勺子哈哈镜实验记录表 1

实验材料	实验猜想	实验验证
凹	?	✋
凸		

表 5-2　勺子哈哈镜实验记录表 2

实验距离 \ 实验材料	凹	凸
←——→		
←—→		

【活动评析】

首先，从科学的概念来看，本次活动蕴含了物质科学领域中的核心概念：物体与材料的特性。通过本次活动，幼儿可以获得感知不锈钢勺子凹凸面成像的不同及有趣，初步了解哈哈镜影像变化的原因及其在生活中的运用等关键经验。

其次，从年龄阶段来看，中班幼儿已经能够客观描述所发现的事实或事物特征，并能用图画或其他符号进行记录。因此，本次活动通过引导幼儿动手探索哈哈镜的秘密，鼓励幼儿尝试用集体记录、个体表述等方式交流操作的过程及结果是符合中班幼儿年龄特点的。

最后，从活动设计来看，本次活动围绕幼儿生活中非常熟悉的勺子展开，选点比较新颖，来源于幼儿生活，但又高于幼儿的已有经验。活动中教师主要是通过三个策略来组织和实施活动：

1）创设核心的探究问题。借助"勺子的哪个面照出来的人像是正的或倒的？""勺子离自己近或远时人像有什么变化？"等聚焦性的问题，引导幼儿主动对感性经验加工，关注到现象的关键。

2）关注材料结构。通过提供一把简单的不锈钢勺子，充分利用它能像镜子一样照出影子，并且一面凸一面凹，有物化教育目标和内容的作用。

3）重视探究过程。通过引发幼儿的好奇心和疑问，调动其已有经验进行猜想，并通过操作验证自己的想法，有益于幼儿发现事物间的关系与现象，获得相关科学经验。

三、促进大班幼儿物质科学概念发展的活动案例展示与评析

活动名称：影子真有趣①（大班）

【活动类型】
集体活动。

【活动目标】
1. 有探索影子的好奇心，乐意探索影子的变化，感受影子游戏的趣味性。
2. 利用观察、比较等方法，感知影子形成的简单原理，并能清楚地向同伴介绍自己发现的秘密。
3. 探索发现影子的变化与光和物体的位置有关，并了解影子在生活中的应用。

【活动准备】
手电筒若干、小兔卡片若干、皮影戏视频、"影子在生活中应用"的图片。

【活动过程】
一、手影游戏，引发幼儿探索影子的兴趣
1. 教师演示手影，并作出不同造型的影子。
提问：你们看到了什么？请你们看看这像什么？
2. 请个别幼儿做手影，请同伴来猜。
3. 教师提问：游戏好玩吗？你们知道为什么会有影子吗？

二、探索影子，感知影子形成的简单原理
1. 幼儿人手一个手电筒，寻找影子，自由交流自己是怎样让影子出现的？
2. 引导幼儿讨论：影子是怎样形成的？
3. 教师用手电筒做实验，并引导幼儿小结：影子形成要具备两个条件：一是要有光；二是要有挡住光的物体，当物体挡住光时就形成了影子。

三、游戏：会变的影子，探索影子的变化
1. 每人一张同样大小的小兔卡片，自由尝试使兔子影子的大小发生变化。
2. 交流兔子影子变大、变出不同花样的方法，部分幼儿分别演示操作。
3. 小结：刚才，我们小朋友都发现了影子的秘密：光离小兔子越近，影子就越大；光离小兔子越远，影子就越小。动一动小动物（手电筒），小兔子的影子就像在跳舞了。（边讲边演示）
4. 欣赏皮影戏，感受影子在生活中的应用。
1）欣赏皮影戏。
2）讨论：影子有什么用处？

【活动延伸】
和同伴一起探究如何才能让影子消失？

---
① 活动设计来自长沙市政府机关荷花幼儿园，周娜.

第二部分 幼儿园科学探究教育活动的设计与指导

【活动评析】

首先，从科学的概念来看，此活动蕴含了物质科学中声、光、电、磁、热等物理现象的核心经验：发现影子的大小和形状与物体和光源的位置有关。本次活动紧紧结合大班幼儿的认知水平，先感知影子形成的条件，逐步过渡到发现影子的变化与光和物体的位置有关，由浅及深，逐步探究。

其次，从年龄阶段来看，大班幼儿在语言表达能力上有了进一步的发展，他们能用准确、有效的语言表达和交流自己在活动中的做法、想法和发现，并对事物前后的变化进行描述。因此，本次活动将目标设定为利用观察、比较等方法，感知影子形成的简单原理，并能清楚地向同伴介绍自己发现的秘密；探索发现影子的变化与光和物体的位置有关，并了解影子在生活中的应用，是符合大班幼儿年龄特点的。

最后，从活动设计来看，本次活动主要有以下几个特点：

1）活动内容生活化。以日常生活中常见的现象作为教育资源，和孩子们一起找影子、一起和影子做游戏，贴近生活又有探究的意义。

2）活动形式游戏化。运用游戏这一幼儿感兴趣、最有效的学习方式，以丰富而有趣的游戏情节贯穿整个活动，玩手影、找兔子影子、皮影戏等环节，让幼儿在玩中观察、探索影子的产生、影子变戏法的秘密等问题，在多次的游戏体验中，获得关于影子产生和变化的丰富经验。

3）教学策略多样化。活动中投放了多种材料，手电筒、动物卡片、皮影戏视频等，让幼儿充分地去观察、去操作、去发现，调动了幼儿学习的积极性，满足了幼儿对影子的好奇心理，培养了幼儿观察、比较、主动探索的能力。

活动名称：有趣的膨胀[①]（大班）

【活动类型】

集体活动。

【活动目标】

1. 乐意动手实验，感知膨胀现象。
2. 会用比较的方法观察事物。
3. 初步了解物体产生膨胀的条件。

【活动准备】

材料一：海藻、黑木耳、塑料雪花片、玻璃珠每组一份。
材料二：海藻、海带、黑木耳每组一份。
材料三：冷水、热水、抹布。
材料四：记录单、铅笔每人一份。

[①] 活动设计来自长沙市政府机关荷花幼儿园，许江．

【活动过程】

一、激发探索欲望，引导幼儿初步感知膨胀的现象

教师提问：刚才老师泡的胖大海和现在手里拿的胖大海有什么不一样？

二、区分哪些物品容易膨胀，哪些物品不容易膨胀

1. 猜测哪些物品容易膨胀，哪些物品不容易膨胀。
2. 幼儿动手操作实验，验证猜想是否正确。
3. 展示幼儿记录单，分享实验结果，请个别幼儿介绍自己的实验结果。

三、观察比较物体膨胀速度的不同

1. 自由猜测物品膨胀速度的快慢。
2. 幼儿动手操作实验，验证猜想是否正确。
3. 展示幼儿记录单，分享实验结果。

四、比较物体在不同水温里的膨胀速度

1. 分组讨论，探索快速膨胀的多种方法。

讨论还有什么办法可以使木耳膨胀的速度更快一些？

2. 观察记录单，了解实验要求。
3. 幼儿动手操作实验，探索快速膨胀的方法，注意操作安全。
4. 观察实验结果，分享实验发现。

五、回顾分享实验的收获

1. 展示三块记录板，请小朋友讲讲今天在实验中发现了什么？
2. 联系生活，自由讨论。

提问：除了吸水膨胀，生活中还有哪些东西遇热、遇空气会膨胀？

【活动延伸】

教师出示一个被踩瘪的乒乓球。提问：如何让乒乓球恢复原样？

【活动评析】

首先，从科学的概念来看，此活动蕴含了物质科学领域中的核心概念：物质与材料的特性。5~6岁幼儿的关键经验是发现材料的特性可以通过某种途径进行改变（如加热、冷冻、混合、折弯等）。而物体的膨胀是指物质遇热、水或气体膨胀的性质。

其次，从幼儿已有经验来看，物体膨胀的现象在幼儿的生活中虽比较常见，但是幼儿关于物体膨胀的经验还比较零散。因此，该活动通过引导幼儿观察和探索常见物体的膨胀，将教育活动和幼儿的生活紧密联系，有利于丰富幼儿的已有经验。

最后，从活动设计来看，活动的第一个环节，教师通过出示一颗胖大海和一杯已泡好的胖大海，让幼儿初步感知膨胀的现象，并明确说出了膨胀的概念，让幼儿在了解概念的基础上再动手操作，便于幼儿更深刻的理解膨胀现象。第二环节为幼儿提供了实验材料（海藻、黑木耳、塑料雪花片、玻璃珠每组一份）让幼儿通过猜想验证，找出容易在水里膨胀的材料。第三环节引导幼儿通过观察、比较两种物体的膨胀速度，最后，探究比较物体在不同水温里的膨胀速度。活动环节由浅入深，层层递进，既激发了幼儿探索的兴趣，又培养了幼儿的观察能力、比较能力、动手能力和合作能力。

活动名称：纸桥（大班）

【活动类型】

集体活动。

【活动目标】

1. 体验用纸搭桥的乐趣。
2. 乐于动手动脑，探究制造最牢固纸桥的方法。
3. 探索纸张在不同情况下的承重能力。

【活动准备】

1. 长方形报纸若干、形状相等的瓶子若干、棋子若干、记录板一份。
2. 幼儿已有相应的纸张经验，了解桥的结构。

【活动过程】

一、观察搭好的"木头桥"，导入活动

1. 观察积木搭建好的桥梁。

教师：我给你们搭了一座桥，它非常的坚固，能够承受很大的质量，往小袋子里放多少棋子都不会垮。

2. 取走桥面，观察白纸，思考纸能否做桥面。

讨论：如果我把这个桥面拿掉，用一张纸做桥面，你们觉得我放棋子上去会怎么样？你为什么觉得会垮呢？怎么样才能往小袋子里放很多棋子，它又不会垮呢？谁有不一样的办法？

二、自由制作纸桥，了解纸张在不同情况下的承重情况

1. 介绍材料。

教师：你们刚刚想了很多办法，今天就用这张纸来做桥面，看哪种桥面放的棋子最多，更结实一些？看看给你们准备了些什么。

2. 分组操作，探索让纸桥变得更结实的方法。

交流：除了你现在的方法，还有没有别的，能够承受更多棋子的呢？

三、讨论、展示操作结果，理解纸桥与承重之间的关系

1. 分享不同的做法。

讨论：你刚刚是怎样做让纸桥变得更结实？

2. 集体记录比较不同纸桥的承重。

提问：哪种方法制作的纸桥承重更大？为什么？

3. 再次操作材料。

教师：哪种方法放的棋子最少？哪种方法放的棋子最多？我请你们再去试试这些不同的制作纸桥的方法。

四、小结操作情况

教师：原来我们通过改变纸张的形状，让一张很薄的纸也可以承受很多棋子，变得可以承受质量。为什么有的放的棋子少，有的放的棋子多呢？下一次我们再试一试。

【活动延伸】
探索更多纸张的形状，看一看什么形状的纸张放的棋子最多？

【活动评析】
首先，从科学概念来看，此活动蕴含了物质科学领域中的核心概念：物质与材料的特性。本次活动围绕用纸搭桥展开，在搭桥的过程中幼儿将获得用不同纸搭桥的方法，以及发现纸张在不同情况下的承重能力等关键经验。

其次，从年龄阶段来看，大班幼儿对桥的结构有了基本的了解，对桥的承重能力充满了好奇。此外，大班幼儿已经能通过动手操作来验证自己的猜想。因此，本次活动大班幼儿通过用纸搭桥的方法可以更加充分感知纸的承重特性。

最后，从活动设计来看，该活动主要分为三个环节：首先观察桥的结构，引出用纸做桥面的主题，唤起幼儿的已有经验；其次探索纸桥的制作，尝试运用已有经验制作纸桥，并感知比较纸桥的承重量；最后是纸桥制作方法的探索，思考并制作承重更大的纸桥。整个活动充分彰显了幼儿的主体地位，通过引导幼儿在轻松愉快的氛围中主动观察、体验、探究、思考，在尊重幼儿主体性的同时，也实现了活动目标。

活动名称：奇妙的降落伞①（大班）

【活动类型】
集体活动。

【活动目标】
1. 在猜想、探索、验证如何让降落伞落得慢的探究活动中，体验科学发现和同伴合作学习的乐趣。
2. 能有根据地对实验进行推测，并用完整的语言大胆表述自己的观点。
3. 积极探索影响降落伞下降速度的原因，初步理解比较的方法。

【活动准备】
1. 教具准备：相关PPT、视频、集体记录纸、笔。
2. 学具准备：两种大小不同的正方形塑料纸伞面、带小夹子的底座、质量不同的两种橡皮泥圆团。

材料提供提示：塑料纸伞面可由塑料袋剪成，大小不同的两种伞面要使用同一种材质的塑料袋，以免造成实验的无关干扰；底座是由半个乒乓球做成，4个方向分别有4根小绳栓4个小木夹，4个小木夹刚好夹住伞面的4个角。

【活动过程】
一、通过猜谜和观察，初步了解降落伞的作用和结构
1. 猜谜：一张大伞，飘在空中，落到地上，跳出英雄。（猜一物）
2. 小结：降落伞俗称"保险伞"，是利用空气阻力，可展开的动力减速器。现代的

---

① 活动设计来自长沙市政府机关第二幼儿园，吴斌.

降落伞是使人或物从空中安全降落到地面的一种航空工具。在猜谜活动中，可以根据谜面的提示来猜。

3. 讨论：降落伞主要分为哪几部分？它有什么作用？

4. 小结：降落伞主要分为伞面、伞绳、悬挂物三部分。它广泛用于航空航天领域，主要用途有应急救生、减速作用、空降空投、航空运动等。

二、自主尝试，了解制作降落伞的方法

1. 第一次尝试：自制降落伞。

讨论：制作一个降落伞可能需要什么材料？

小结：塑料纸做伞面，4个小夹子分别夹住塑料纸的4个角，装上悬挂物，就完成了。注意伞面和承重物的正反。

2. 第二次尝试：比一比谁的降落伞落得慢。

思考：想一想，怎样才能做出一顶下降速度最慢的降落伞呢？

教师：老师准备了大伞面和小伞面，准备了不同质量的货物，如果要制作一顶下降速度最慢的降落伞，你会选择什么材料？降落伞下降的速度与哪些因素有关？（幼儿选择，教师记录）

明确实验要求：幼儿两人一组合作调整改善一顶降落伞，完成之后找别的小组比一比，看看谁做的降落伞下降的速度最慢。

重点观察：幼儿选择材料时，是否有目的性；制作方法是否合适，制作过程是否有困难；幼儿之间合作观察比较的方法。

三、交流分享试验，梳理降落伞降落的影响因素

1. 讨论：实验的结果和预测的一样吗？有什么新的发现？两顶降落伞要怎样比较才公平呢？哪个降落伞下降的速度比较慢？这个测试结果告诉我们什么呢？（教师记录幼儿的发现）

2. 小结：降落伞的下降速度和伞面的大小、悬挂物的轻重有关系。伞面大，悬挂物轻，空气的阻力越大，降落伞下降的速度就会变慢；相反，伞面小，悬挂物重，空气的阻力越小，降落伞下降的速度就会变快。

【活动建议】

1. 活动延伸：了解空气阻力在生活中给人们生活带来的影响。

2. 资源利用：将降落伞制作材料投放在科学区，让幼儿进行进一步的尝试，试一试影响降落伞的降落速度的因素除了伞面的大小、悬挂物的轻重还有哪些。

3. 家园合作：家长可和幼儿一起调查家里的灯是怎样亮起来的，了解生活中的电给人们带来的方便。

4. 关注学习品质：培养幼儿在科学实验中耐心、专注的品质，并能大胆发现问题、努力解决问题。

【活动评析】

首先，从科学的概念来看，此活动蕴含了物质科学领域中的核心概念：物质与材料的特性、物体的位置与运动。本次活动围绕"降落伞"展开，通过探究如何使降落

伞落得慢，幼儿将获得影响降落伞下降速度的基本知识，以及掌握初步比较的方法等关键经验。

其次，从年龄阶段来看，能有根据地对实验进行推测，并用完整的语言大胆表述自己的观点，积极探索影响降落伞下降速度的原因，初步理解比较的方法这一目标是适宜大班幼儿的。

最后，从活动设计来看，环环相扣，步步深入。第一个环节，初步了解降落伞的作用和结构，帮助幼儿对降落伞有了一个基本的认识。第二个环节，自主尝试，了解降落伞制作的方法，教师通过提供充足的材料，引导幼儿在动手操作的过程中探索影响降落伞下降速度的原因，符合幼儿通过动作来获得经验的特点。最后一个环节，通过交流、分享实验，进一步帮助幼儿梳理了在试验中获得的感性经验。

思考与实训

一、思考题

1. 简述你对幼儿园物质科学的理解。
2. 结合实践，谈谈你对物质科学各年龄阶段关键经验的解读。

二、案例分析

根据所学内容，简要评析下面这个活动方案。

水娃娃变魔术（中班）

【活动目标】

1. 愿意参与实验活动，对科学实验有兴趣。
2. 能将自己在活动中的发现大胆地表述出来。
3. 尝试运用多种感官初步感知：糖、奶粉、果珍粉能溶化在水里，感受水的"变化"现象。

【活动准备】

1. 一杯白糖水、标记指示图、磁铁板一块。
2. 装有温开水的水壶每组两把，奶粉、果珍、白糖若干盘，小勺、水杯人手一个，盖布4块。

【活动过程】

1. 观察活动，引入课题

教师出示一杯白糖水，让幼儿猜猜是什么水？

请个别幼儿品尝，说说是什么味道的。

猜测活动：水怎么会是甜的？

2. 实验活动：水娃娃的魔术

观察桌上的材料，说说都有些什么？

你们猜猜看，如果把这些材料放在水里会怎样呢？（幼儿自由表达）

提出操作要求：

1）只能选择一种饮料粉进行冲调。

2）水壶倒水时，一手拿好杯子，一手扶住壶身，不能倒得太满。

3）使用过的物品（小勺、水壶）要放回原处。

幼儿操作，教师观察。

比较、探讨"饮料粉"到哪儿去了。（帮助幼儿理解"溶化"，并引导幼儿发现：怎样才能使饮料粉溶化的方法。）

3. 品尝活动

说说调配好的水是什么味道。

4. 表述结果，教师记录

请个别幼儿说说自己的冲调方法、步骤。

教师利用标记指示图进行记录。

5. 再次冲调饮料

提出要求：

1）选择另一种材料进行冲调。

2）鼓励幼儿尝试用不同的方法来冲调。

幼儿操作。

【活动延伸】

你还喝过哪些味道的水？

水除了能使糖、奶粉、果珍粉溶化，还能使什么溶化？

第六章 幼儿园地球与空间科学活动的设计与指导

案例导入

早晨，两位小朋友在街心公园跑步，树枝、草叶上挂满了露珠，长椅上也是湿漉漉的。幼儿 A 忽然想到一个问题，问幼儿 B："你说是白天热还是夜里热？""当然是白天比夜里热？"幼儿 B 回答。"我认为正好相反。你看，昨夜热得树木、花草出了那么多汗。"幼儿 A 说。

问题：两位幼儿对科学的理解体现了怎样的特点？学前期的幼儿能够获得关于地球与空间科学的哪些核心概念和关键经验？带着这些问题，一起进入本章的学习。

学习目标

通过本章学习，你应该具备以下知识：
1. 充分了解地球与空间科学的核心概念以及关键经验。
2. 知道地球与空间科学教育活动的设计流程与评价方式。

知识结构

幼儿园地球与空间科学活动的设计与指导
- 幼儿园地球与空间科学的核心概念与关键经验
  - 什么是地球与空间科学
  - 地球与空间科学的分类以及相应的关键经验
- 地球与空间集体教学活动设计与组织的案例评析
  - 促进小班幼儿地球与空间概念发展的活动案例展示与评析
  - 促进中班幼儿地球与空间概念发展的活动案例展示与评析
  - 促进大班幼儿地球与空间概念发展的活动案例展示与评析

第二部分　幼儿园科学探究教育活动的设计与指导

第一节　幼儿园地球与空间科学的核心概念与关键经验

一、什么是地球与空间科学

地球与空间科学研究的领域由地球内部延伸到星际空间，包括这个广大区域中不同层次的结构和物质组成，以及物质的运动和各种物理化学过程。地球与空间科学领域的探究与学习涉及地球的结构与运动、气候与气象、宇宙与太阳系等，这些内容的学习需要在较长时间跨度、遥远的空间层面上进行推理和思考。其中有的内容不是幼儿期间所能理解的，但是幼儿在日常生活和学习中会接触到许多关于地球与空间的学习内容，如不同的土壤、昼夜的更替、四季变换、太阳和月亮的升起和落下等。适合学前儿童探究的主要内容包括三个方面：地球的物质，如沙、石、土、空气和水等；天气和气候，如四季气候的特点、各种气象等；地球、太阳和月亮的活动，如三者的运行规律、相互关系等。

二、地球与空间科学的分类以及相应的关键经验

直接感知、亲身体验以及实物操作是幼儿学习获取认知的主要方式与途径。他们能够了解地球物质的特性，如石头、水与沙子；了解天气和气候，如晴天，冬季；了解太阳和月亮，如在太阳底下暖暖的，月亮有时弯有时圆；了解地球与人类，如人类要保护地球。对不同年龄阶段的幼儿来说，上述每一部分幼儿所能理解和获得的关键经验是不同的。例如：小班幼儿还没有充分建立起对地球与人类的概念，他们对地球与人类的概念只有最浅表和模糊的认识。

根据地球与空间科学这一核心概念，将幼儿园的地球与空间科学活动主要划分为地球物质的特性、天气和气候、太阳与月亮、地球与人类四个方面。结合幼儿园阶段幼儿的年龄特点与学习方式，主要分析3~4岁、4~5岁、5~6岁年龄段幼儿的关键经验。

（一）地球物质的特性

幼儿园教育内容中的地球物质就是他们日常生活中经常接触的石头、土壤与沙子、空气和水。幼儿园阶段可以探究岩石与矿物的核心经验包括：岩石的类型及其特点（颜色、形状、软硬、纹理、空隙度、抗压度、抗拉度等）；矿物的类型及其特点（颜色、光泽、透光度、硬度、弹性、挠性、延性和展性等）；岩石的风化作用；化石；矿物质结晶等。土壤和沙子的类型及其特点（颜色、形状、软硬、黏度、透水性、保水性、透气性等）；土壤的形成，如粉碎的矿石与腐烂的植物形成土壤；土壤的构成等。探究空气的特性、空气的污染及其对人类的危害。

1. 3~4 岁幼儿适宜的关键经验

1）知道地球上有很多物质，包括岩石、土壤、水分、大气等。

2）认识到我们周围有空气，空气是看不见、摸不着的。

3）了解沙、石、水的基本特征（如土壤的颜色、软硬等）。

2. 4~5 岁幼儿适宜的关键经验

1）能够描述沙、石、土、水、空气的类型和特点。

2）知道地球物质具有不同的用途。

3. 5~6 岁幼儿适宜的关键经验

1）理解沙、石、土、水具有不同的种类，不同种类的特性存在差异。

2）初步理解地球物质对于人和动物、植物生存的重要性。

（二）天气和气候

幼儿阶段可探究各个季节的气温、温差、昼夜关系等；不同季节的有特色的天气状况，如春天的风、夏天的雨、冬天的雪等；不同季节与植物、动物和人类的关系。感知各种天气现象及特点，如感知风的风力、风速、风向，云的形态，雨的形成与雨量，雪的形状与等级等。

1. 3~4 岁幼儿适宜的关键经验

1）感知各种天气现象。

2）感知和体会天气是会变化的。

3）体验常见的天气、气温的变化。

4）学习使用常见的表示天气的词汇。

2. 4~5 岁幼儿适宜的关键经验

1）感知各种天气现象及其特点。

2）了解四季的名称。

3）感知季节是不断变化的。

4）发现不同季节有各自的特点。

5）感知各个季节的典型特征。

6）体验和发现周围的环境在每个季节的变化。

7）感知和体验不同季节的有特色的天气状况。

3. 5~6 岁幼儿适宜的关键经验

1）感知每天的天气都会变化。

2）感知天气模式随着季节变化。

3）体验四季的变化顺序。

4）体验季节变化的周期性。

5）知道天气可以通过相关测定的量来表示。

6）初步体会和了解不同季节与动物、植物的关系。

7）初步感知和理解季节变化和人类生活的关系。

（三）太阳与月亮的活动

幼儿在日常生活中能够感知到太阳和月亮对自身的影响。他们会对太阳和月亮充满好奇，但是他们对太阳和月亮的认识还存在一些迷思。比如：幼儿会认为太阳落山就是回家睡觉了。幼儿可以探究太阳的运动及作用、地球的运动、日食和月食等内容。例如：他们可以观察太阳、月亮的位置和形态变化。这部分内容比较抽象，幼儿更多需要通过推理和思考，来想象和表征太阳、地球和月亮的运动及其关系，教师可运用绘画等方式引导幼儿将观察、实验、思考的结果进行记录，帮助幼儿认识太阳、地球和月亮之间的关系。

1. 3~4 岁幼儿适宜的关键经验
1）认识到太阳和月亮存在于天空中。
2）知道太阳和月亮的位置是不断变化的。
3）知道和使用与天空特征有关的词汇。

2. 4~5 岁幼儿适宜的关键经验
1）知道太阳和月亮每天都在运动。
2）了解月相是不断变化的。

3. 5~6 岁幼儿适宜的关键经验
1）通过观察知道太阳和月亮的基本运动模式。
2）知道太阳提供了保持地球温度所需的光和热。

（四）地球与人类的活动

地球是人类的家园，人类近代社会的发展，对自然环境的污染与破坏深刻地影响了地球的生态系统。人们已经意识到地球与人类生活的密切关系，也逐渐意识到保护地球的重任。一方面，幼儿可以通过多种方式了解到地球的表面在环境的作用下会发生不断的变化，这些变化会影响人类的生活。另一方面，幼儿也需要初步了解人类的活动也会影响到地球。激发幼儿探究地球的兴趣和好奇心，促使他们关注地球、热爱地球、保护地球，从小树立生态意识、环保意识。

1. 3~4 岁幼儿适宜的关键经验
1）知道人类生活在地球上。
2）感知和体验天气对自己生活和活动的影响。

2. 4~5 岁幼儿适宜的关键经验
1）知道地球的物质提供了人类使用的多种资源。
2）知道人类的生活离不开空气。
3）体验季节对自己生活和活动的影响。

3. 5~6 岁幼儿适宜的关键经验
1）初步了解地球的表面在不断地变化。
2）知道地球的变化会影响人类的生活。
3）了解空气污染对人类有危害。
4）知道要节约用水、保护水源的清洁。
5）初步了解自然灾害对人类生活的影响。

第六章 幼儿园地球与空间科学活动的设计与指导

第二节 地球与空间集体教学活动设计与组织的案例评析

一、促进小班幼儿地球与空间概念发展的活动案例展示与评析

活动名称：温暖的太阳（小班）

【活动类型】
集体活动。

【活动目标】
1. 初步感知太阳是一个圆圆的大球，感受阳光的温暖，知道太阳是早上升起晚上落下。
2. 通过念儿歌表演动作，感知阳光能照耀我们身体的各个地方。
3. 愉快地听指令参与游戏，感知阳光下游戏的快乐。

【活动准备】
1. 经验准备：对太阳有基本的了解。
2. 物质准备：太阳头饰。

【活动过程】
一、在阳光下活动，感受温暖的阳光
（幼儿自主地在阳光下活动）教师：你们在这里玩得开心吗？在阳光下玩，你们有什么感觉？

二、观察太阳，感知太阳的主要特征
教师：温暖的阳光从哪里来？太阳是什么样子的？你喜欢太阳吗？太阳一直都在天上吗？每天早上太阳会怎么样？晚上呢？

三、学习表演儿歌，进一步感知太阳照耀身体的感受
教师：看看你们的身上有什么？哇，阳光抱你了！阳光抱你什么地方了？你喜欢阳光抱你什么地方？
教师表演儿歌，并启发幼儿和老师一起念儿歌表演动作。

四、观察阳光照耀身体的部位，尝试仿编儿歌表演动作
教师：阳光还会抱你什么地方？（抱抱腰、抱抱屁股等）
引导幼儿仿编儿歌。

五、游戏，太阳出来了
介绍游戏玩法，教师扮演太阳，发出"太阳出来了"的指令，幼儿在指定场地分散的四处跑，"太阳"追赶幼儿，并逐个拥抱被追到的幼儿。太阳说："太阳下山了！"幼儿与太阳说再见，并做休息状。

附录：儿歌《太阳太阳你真好》

太阳太阳你真好，抱抱肩膀一二一；太阳太阳你真好，抱抱膝盖一二一；太阳太阳你真好，抱抱小脚一二一。

【活动评析】

从科学的概念来看，本次活动通过阳光下的自由活动、儿歌、游戏帮助幼儿获得太阳的主要特征（圆圆的和暖暖的）、太阳存在于天空中、太阳的位置会不断变化等关键经验。

从年龄阶段来看，小班的幼儿在日常生活中能够看到太阳，并对太阳有一定的感知，对太阳充满了好奇。此外，该活动是让小班幼儿通过身体动作来初步认识太阳，因此本次活动符合小班幼儿的年龄特点。

从活动设计来看，教师首先让幼儿在阳光下自主活动，让幼儿初步感受温暖的阳光；然后教师引导幼儿通过眼睛看、身体感受来观察和感知太阳的主要特征，丰富了幼儿探究事物的方式。同时，教师通过"太阳一直都在天上吗？""每天早上太阳会怎么样？晚上呢？"等提问，引起了幼儿的科学思考，锻炼了幼儿的科学思维，而解决问题的方式是通过日常观察，发现太阳是否一直都在天上，早晚的太阳有什么不一样。紧接着，教师通过学习表演儿歌、仿编儿歌表演动作和游戏等活动让幼儿进一步认识太阳和感受太阳给我们带来的乐趣。幼儿在整个活动中能够在教师的引导下不断感知、观察、体验、表达，在感知太阳主要特征的过程中，提升了科学探究能力。

二、促进中班幼儿地球与空间概念发展的活动案例展示与评析

活动名称：天气预报（中班）

【活动类型】

集体活动。

【活动目标】

1. 认识各种天气符号，知道各种气象与人们生活之间的关系。
2. 能用规范的语言进行气象播报活动。
3. 体验当"小小气象播报员"的成功感。

【活动准备】

多媒体设备、市天气预报的打印版本若干张（与幼儿人数相等）、小小气象员标示若干张（即时贴标记，与幼儿人数相等）。

【活动过程】

一、用声音、视频引出天气预报话题讨论

1. 听声音根据已有经验判断。

教师：听听看，什么电视节目开始了？

2.确认答案,观看天气预报片头。

3.小结幼儿回答:知道天气的情况、温度。

二、看城市天气预报视频讨论

1.这里有中央电视台的天气预报,看一看是不是跟你们刚才说的一样。

2.你们看完以后有没有什么想说的,或者有什么问题,或者有什么地方看不懂的?

3.今天我们来认识天气符号。哪里有天气符号?

4.介绍记录表,请幼儿边看天气预报边记录。(播放完整的城市天气预报)

三、结合视频,详细认识天气符号

1.和小朋友对对看记录的结果是否一样。

2.集体进行记录,认识、讨论符号的含义。

3.逐一进行集体记录,逐一认识:多云、阴、小雨、小雪、雷阵雨、雨夹雪等。

4.小结记录情况。

5.出示天气符号图谱,全面的认识各种天气符号。

6.再请你们看一些符号,这里有没有不认识的符号?

7.教师喊出编号,幼儿抢答。

8.从头认识一遍全部的天气符号,巩固孩子对于天气符号的认识。

四、"小小气象播报员"活动

1.出示自制天气预报图,一同学习天气播报的方法。(播放自制的天气预报图)

2.正式播报。

孩子们起立,从第一个开始轮流每人播报一个城市的天气预报。

五、迁移生活经验,知道天气预报和我们大家的关系

1.提问:天气预报对我们有什么帮助?

2.如果我们去旅行,可以根据天气预报做出什么样的准备?

【活动延伸】

请孩子们用报纸当道具,根据播报的天气变化进行各种准备上的变化。

【活动评析】

首先,从科学的概念来看,此活动蕴含了地球与空间科学领域的核心概念:天气和气候。天气情况在我们的日常生活中随时可以感受到,幼儿对不同的天气也很有兴趣。对于小、中班的幼儿来说,感知各种天气现象(如阴、雨、晴)及其特点,体验常见的天气、气温变化并学会使用常见的表示天气的词汇是他们需要获得的关键经验。

其次,从年龄适宜性来看,小、中班的幼儿对季节变化的认识还存在困难,但是他们已经能够初步感知和体验天气对自己生活和活动的影响。如天气会影响我们的生活活动,刮大风、下暴雨时不适宜外出,下雨时要做好身体防护、带雨伞等,因此该活动是中班幼儿需要掌握的重要内容。

最后,本次活动重点发展了幼儿三种类型的科学探究能力。观察实验能力主要反映在幼儿通过观察图片和观看天气预报,发现天气和生活的联系。教师在展示天气符

号图片时，幼儿相应地要联想其天气现象以及自己要做出的身体保护措施，提出更多有关天气的问题时，其思维得到了丰富，发展了幼儿科学思考的能力；在第四个环节，幼儿进行"小小气象播报员"活动，可以锻炼幼儿的表达交流能力。

活动名称：爱护我们的地球（中班）

【活动类型】

集体活动。

【活动目标】

1. 知道地球是人类和动植物共同的家园。
2. 初步了解地球目前所遭受的人为破坏及其严重后果。
3. 初步建立垃圾分类的意识。

【活动准备】

1. 《爱护我们的地球》PPT、《水危机》视频。
2. 环保宣传签名海报、彩笔若干。
3. 供孩子分类的多种"垃圾"。
4. "环保小卫士"的爱心贴纸若干。

【活动过程】

一、欣赏地球美丽的风景

1. 欣赏电动地球仪和地球上美丽风景的图片。
2. 看了这些图片，你感受到地球上哪些地方是很美的？
3. 观看课件，了解地球是人类和动植物共同的家园。

二、继续观看课件，了解地球正在遭受的种种危害

1. 地球怎么了？（土地、森林、海洋的变化）
2. 生病的地球遇到的灾难。
3. 是什么让地球变成这样的？了解各种污染给地球带来的变化。（光污染、空气污染、土地污染、动物被滥杀、垃圾污染、水污染）
4. 观看关于水污染的视频。

三、介绍日常生活回收垃圾的方法

1. 可回收的。
2. 有毒的。
3. 其他垃圾。

四、接龙游戏：为地球治病的方法

小结：小朋友已经想出了许多治病的办法，需要我们平时在生活中去注意做，才能让地球的病好得快点。我们还要再去找更多的好办法来帮助地球治病，让大家把地球的病一起治好，好吗？我提议：我们的环保小卫士在爱护地球的纸上签上自己的名字，让更多的小朋友和大朋友都知道，也让他们一起来做环保卫士吧！

第六章 幼儿园地球与空间科学活动的设计与指导

【活动延伸】
仔细观察我们周围的环境中有什么污染?

【活动评析】
首先,从科学的概念来看,此活动蕴含了地球与空间科学的核心概念:地球与人类的活动。本次活动围绕着地球是人类和动植物共同的家园这一活动主题开展欣赏美丽的地球、地球受到的危害、水资源的保护、垃圾分类回收等关键经验。

其次,从年龄阶段来看,中班幼儿已经初步了解了地球环境在不断的变化,知道地球的变化会影响到我们的生活,了解地球遭受的危害以及在生活中积累的雾霾的危害、水污染的危害等方面的经验能帮助幼儿初步建立起保护地球的意识。因此,本活动符合中班幼儿的年龄特点。

最后,本次活动重点发展了幼儿的观察与表达的能力。教师先引导幼儿欣赏地球上美丽的风景图片,感受地球环境的美丽。通过观看课件了解地球正在遭受的种种危害,使幼儿在心理上产生巨大的落差,促使幼儿初步建立地球环境保护的意识。

 三、促进大班幼儿地球与空间概念发展的活动案例展示与评析

活动名称:神奇的土壤(大班)

【活动类型】
集体活动。

【活动目标】
1. 乐于探究和交流土壤的秘密,了解土壤上面和下面的世界以及土壤的作用。
2. 能初步感知土壤的特点:颜色多样、有干有湿、有软有硬、有空气。
3. 萌生珍惜土壤的意识,初步了解和掌握一些保护土壤的方法。

【活动准备】
1. 幼儿已接触过土壤。
2. 资源包材料:教学课件《神奇的土壤》。
3. 人手一份小杯子、小勺子;每组一杯透明器皿装的水、一个大盘子;颜色不同、干湿不同、软硬不同的土;烧杯一个,酒精灯一盏;陶瓷器皿,砖瓦,用土捏的泥人、动物……

【活动过程】
一、采集土壤,导入活动
师幼一起到园内的种植园里采集土壤。要求:每人一个小杯子、小勺子,采集半杯土,看看其颜色、软硬,上面、下面各有些什么等。
二、观察讨论,初步认识土壤
1. 请幼儿将采集到的土放入每组桌上的盘子里,提问:你发现了土壤的哪些秘密?

119

2. 幼儿根据自己观察和采集的经验，相互交流。

3. 请幼儿在集体中表达自己的发现。

教师视情况梳理并演示相关课件：土壤有红、黄、白、黑等多种颜色，有干有湿，有硬有软。土壤上面有许多的植物，如花草树木、庄稼等；还有许多美丽的建筑，住着我们大家……土壤下面生存着许多的植物、动物等，如植物的根、蚯蚓、蜈蚣、泥鳅、蚂蚁……土壤是我们共同的家。

4. 提问：为什么一些植物、动物会生活在土壤里呢？

三、操作实验，进一步认识土壤

1. 请幼儿捏一捏湿土，提问：手上觉得怎么样？为什么会觉得湿湿的？（小提示：手上觉得湿湿的，说明土壤里有水）

2. 小实验：各组派一个代表将土放入各组桌上装有水的透明杯内，大家一起看看，说说有什么发现。（小提示：会有泡泡出来，说明土壤里有空气）

3. 小实验：教师先把土放进一个铁罩里，然后放在酒精灯上加热，请幼儿观察又发现了什么。（小提示：会看到树叶、草等在冒烟、燃烧，说明土壤里有肥料）

4. 引导幼儿小结：植物、动物等能在土壤里生长，是因为土壤里有水、空气、肥料等成分。没有了土壤，植物、动物无法生存，我们人要吃的稻谷、小麦等很多食物也就没有了，人也将无法生存。因此土壤非常神奇、非常珍贵。

四、再次实验，了解怎样保护土壤不被水冲走

1. 小实验：将水倒入每人的小杯子里，然后搅拌，观察土怎么样了。（小提示：成了像冲剂一样的东西，说明土壤会溶解在水里）

2. 讨论：怎样保护土壤不被冲走？

3. 根据幼儿的讨论梳理小结：不砍伐植物，少用塑料袋，不乱抛弃废电池，多种花、种树、种草等。

【活动延伸】

了解土壤还有哪些有趣的作用。出示一些用泥烧制的陶器、雕塑、泥人、泥动物，并现场捏制小动物，引起幼儿兴趣，请幼儿在此活动后，玩玩有趣的泥土。

【活动评析】

从科学的概念来看，此活动蕴含了地球与空间科学领域中的核心概念：地球物质的特性。能够描述土壤的特点，知道土壤的作用以及土壤的特点，理解土壤对于人和动物、植物生存的重要性，是大班幼儿需要掌握的关键经验。

从年龄阶段来看，大班幼儿的概括能力有了一定的发展，并且他们能通过概括理解某种物质的作用。因此，感知土壤的特点、了解土壤的作用以及萌生珍惜土壤的意识这一目标放在大班进行是比较适宜的。

从活动设计来看，该活动包含了更多幼儿自主探索的过程：幼儿通过观察，初步认识土壤的特点；幼儿自主实验探索，进一步认识土壤里有空气、水、肥料等；再次实验探索，了解如何保护土壤。总之，整个活动实验设计巧妙，提出的关键问题引导十分恰当，有助于幼儿进行积极思考。

活动名称：四季的树（大班）

【活动类型】
集体活动。

【活动目标】
1. 通过观察比较，感知常绿树和落叶树树叶的明显特征。
2. 感受四季中树的不同变化，产生主动探索的兴趣。

【活动准备】
1. 经验准备：利用散步等环节，观察不同的树；熟悉园内的梧桐树、白玉兰树和香樟树。
2. 物质准备：捡一些树叶（各种树），洗净或擦净；梧桐树、白玉兰树和香樟树三种树的四季照片各一张；一些树四季变化的PPT等。

【活动过程】

一、交流经验——突出树与人类的关系

1. 说树名。

提问：今天，我们一起来聊聊树，我们周围都有哪些树？

（幼儿一一报出树名：松树、梧桐树、苹果树、桃树、柳树、白玉兰树、桑树……）

2. 议作用。

1) 提问：我们周围有那么多树，那人们为什么要种那么多树呢？

（幼儿回答：苹果树可以结出苹果；树可以开花，非常漂亮；树可以挡住风沙，不会有沙尘暴；有树的地方空气会特别好，我爸爸说，树会吐出氧气）

2) 提问：有道理，仔细看看我们周围有哪些东西是用树木做的？

3) 小结：是呀，树上会结出果实，我们可以享用；树还能为大自然提供新鲜的空气、美丽的风景；树还能保护泥土流失，为一些动物提供住所，所以，树是我们的朋友，我们需要树。

二、观察比较——感知落叶树、常绿树树叶的明显特征

1. 启发引导。

1) 再过一阵子，随着天气变冷，有的树会掉叶子，而有的树不会，你们知道不掉叶子的是什么树？掉叶子的是什么树？

2) 树可以分成落叶树和常绿树（出示PPT，许多树的照片）。你能看出哪些树是落叶树，哪些树是常绿树吗？

3) 有没有办法现在就能判断呢？

2. 着手比较。

1) 教师拿出标着落叶树、常绿树标志的筐，里面放着一些树叶。

2) 提问：两个筐中分别放了落叶树、常绿树的树叶，请你各拿出一片，左手拿落叶树树叶，右手拿常绿树树叶，千万不要换手，比一比，它们有什么不同？

（幼儿上来取树叶，并做比较）

3. 梳理不同。

1）落叶树树叶和常绿树树叶有什么不同？

（一片树叶摸上去很粗糙，另一片树叶摸上去很光滑。）

2）哪只手拿的树叶摸上去比较粗糙呢？（左手）

3）是落叶树，你们认为呢？（教师举起树叶面向全体幼儿）

（幼儿再次触摸，都表示赞同。教师在记录纸上用图夹文的形式予以记录）

（一片摸上去很厚，另一片摸上去很薄）

4）让我们一起对着光线再来看看、比比，这样会比较清楚。

5）看着图表小结（由教师或幼儿小结）：比较之后，我们发现落叶树树叶粗糙，而常绿树树叶光滑，像涂了一层油一样；落叶树树叶薄，而常绿树树叶厚；落叶树树叶软，常绿树树叶硬……

4. 再次比较。

1）我们找到这么多区分落叶树和常绿树树叶的要点，如果将树叶混在一起，你还能区分吗？

2）教师将所有的树叶混在一起，抛撒在地上。

3）幼儿们自由取树叶，并进行辨别，分别将它们放置在标有落叶树、常绿树标志的两个筐里。

4）大家一起检验放得是否正确。

三、激发思考——进一步感受树在四季中的不同

1. 图片排序。

1）落叶树到了秋天开始落叶，树在四季中还会有什么变化？它们的变化一样吗？

2）教师提供梧桐树、白玉兰树、香樟树三种树的四季照片，让幼儿们根据树在四季中的生长规律进行排序。

2. 共同验证。

1）小结梧桐树的特征。（落叶树，春天长叶，夏天枝繁叶茂，秋天落叶，冬天没有树叶）

2）小结白玉兰树的特征。（落叶树，春天开花，夏天枝繁叶茂，秋天落叶，冬天没有树叶）

3）小结香樟树的特征。（常绿树，春天树叶换绿衣，夏天树叶长大，秋天不落叶，冬天还是有绿叶）

小结：不同的树在四季中有着不同的变化。

【活动延伸】

欣赏一组分别以"春夏秋冬"为主题的树的PPT，感受树在四季中的不同与美丽。

【活动评析】

首先，从科学的概念来看，该活动设计蕴含了地球与空间科学领域中的核心概念：天气与气候。对于大班幼儿来说，体验四季的变化顺序与季节变化的周期性，并初步体会和了解不同季节与动植物及人类生活的关系是他们需要获得的关键经验，该

活动材料紧密围绕此关键经验来设置。

其次，从年龄适宜性来看，大班的幼儿已经有了对季节变化的初步认识，能够发现不同季节的特点与动植物和人类活动的密切关系，观察和了解气候和季节现象，对于认识自己所生活的环境，主动地适应环境有重要的意义。例如：不同的季节会有不同的温度，那么幼儿可以了解到相应季节该穿何种厚度的衣服，还可根据天气状况和外在环境的变化进行不同的户外活动，并学会保护自己的身体健康……因此，该活动也是大班幼儿需要了解并掌握的重要内容。

最后，从活动设计来看，本次活动主要发展了幼儿三种类型的科学探究能力。观察实验能力主要体现在幼儿观察不同树叶的图片，逐渐发现季节和人类生活的内在联系。而当幼儿们看到同样在春天，有的树长叶、有的树开花、有的树结果，他们感到吃惊、好奇，这激发了幼儿的积极思维，他们很愿意再次去探究。而当幼儿们与教师共同讨论、设计，提出更多有关树的问题时，体现了其思维走向的丰富性，发展了幼儿科学思考的能力。在延伸部分，基于幼儿们的个体差异和多元智能倾向，不仅可以让他们运用语言，还可以通过声音、动作、作品等来表现和表达他们对树的感知和体验，提高幼儿的表达交流能力。

活动名称：会变的月亮（大班）

【活动类型】
集体活动。

【设计背景】
月亮是幼儿们感兴趣的，是生活中可以见到的，鉴于幼儿们的这种生活经验我参阅了很多这方面的课案及常识，并根据《会变的月亮》设计了适合于大班幼儿的综合活动过程，让幼儿们更加地感兴趣，更加地易于理解。

【活动目标】
1. 萌发对月亮变化的好奇心和观察兴趣。
2. 愿意倾听并进行讲述，能简单地记录月亮外形的变化。
3. 理解故事，初步了解月亮圆缺的规律。

【活动准备】
1. 故事视频、故事配图、月亮变化分解视频。
2. 月亮变化记录纸。

【活动过程】
一、通过猜谜语导入课题
1. 小朋友们你们好，今天我给你们带来了一则谜语，想不想猜一猜，小耳朵可要仔细听噢！
有时落在山腰，有时挂在树梢，有时像个圆盘，有时像把镰刀。
2. 小声地告诉我谜语里说的是什么？（教师同时举起左手）好，你说，小声地告诉我，刚才有几位小朋友告诉我说谜底是"月亮"。小朋友你们说他们说的对吗？对了，他们猜得非常正确，很不错。

3. 那你们在生活中有没有见过月亮呀？（见过）你们见到的月亮是什么样子的呀？小朋友们真棒！观察地真仔细。那么我这儿还有一个关于"月亮"的非常有趣的故事，你们想不想听啊？（想）故事的名字叫《月亮姑娘做衣裳》。

二、讲述故事并进行讨论

1. 听多媒体讲故事：《月亮姑娘做衣裳》。

2. 提问：

1）这个故事听完了，哪位小朋友来告诉大家故事的名字叫什么？（故事的名字叫《月亮姑娘做衣裳》）真棒，说得很正确。

2）月亮姑娘有没有穿上漂亮的新衣服？为什么没有穿上呢？

3）月亮姑娘是怎样变化的呢？（幼儿根据记忆随便说说）

4）刚才我们几位小朋友说得都非常好，现在我还想请小朋友仔细想想故事里讲了月亮有几次变化，按照顺序说完整，有没有小朋友能够说一下？（教师指导：一开始月亮是细细的、弯弯的，过了第一个五天月亮变成了什么？过了第二个五天月亮变成了什么？过了第三个五天月亮变成了什么）（幼儿回答时，教师小结同时出示教具）噢！过了第一个五天，月亮姑娘到裁缝师傅这儿拿衣服时，月亮姑娘由细细的、弯弯的眉毛变成了弯弯的镰刀的样子。她的衣服连扣也扣不上，裁缝师傅说："那我重给你做一件，再过五天来取吧！"（出示第一个五天及镰刀图贴上）等过了第二个五天，月亮姑娘又变了，变成了弯弯的小船的样子，衣服连套也套不上。裁缝师傅涨红了脸说："看来我又要重做了。"咦！你们谁知道裁缝师傅为什么会涨红了脸呢？裁缝师傅以为自己做衣服的本领没有学好，那是不是裁缝师傅的本领没有学好呢？（不是的）是因为月亮一直在变化。（出示第二个五天及弯弯的小船图贴上）又过了第三个五天，月亮又长胖了，变成了大圆盘。裁缝师傅说："啊，你又长胖了！""唉！你的身材量不准，我也没法给你做衣裳了。"（出示第三个五天及圆盘图贴上）

5）小结：小朋友们真棒，都知道故事中所讲的月亮姑娘变化的样子。那么你们知不知道月亮是按照什么规律变化的呀？（由瘦到胖的规律变化的，由小月牙变成大圆形，都对）教师小结：月亮呀，在前半个月时是由瘦到胖的变化，而到了后半个月的时候是由胖到瘦这样变化的。

6）小朋友们，刚才我们听了有趣的《月亮姑娘做衣裳》的故事，小朋友们还从故事里懂得了很多知识，那你们会讲这个故事吗？

7）刚才小朋友讲得真棒，我们小朋友们不仅会讲《月亮姑娘做衣裳》的故事，还知道月亮是在有规律地不断变化的，那么我请小朋友想想看，我们平时看到的月亮还像什么？除了像故事里说的，你觉得还像什么？

三、记录变化

刚才小朋友们知道月亮变化是有规律的，还说了好多像月亮的东西，那么我们现在就把月亮的变化记录下来好不好？小朋友在记录月亮变化的规律时，还可以把像月亮的东西画在格子里。幼儿人手一份记录纸画月亮圆缺变化，提醒注意变化的顺序。

小结：小朋友真聪明，都知道月亮变化的规律了。那么谁知道月亮为什么会有这样的变化呢？

四、讨论月亮变化的原因

月亮为什么会有这样的变化呢？（鼓励幼儿大胆讲述自己的理解）先说一说，然后让孩子们看多媒体初步理解太阳、地球、月亮三者的关系。

教师总结：月亮本身不会发光，它发出的光来自对太阳光的反射。月亮有变化是因为地球挡住了太阳光反射到月亮上的光线，月亮越小时说明地球挡住的光越多，月亮变圆时说明这时地球转到月亮旁边，没有挡住太阳照射到月亮上的光。你们看，月亮是什么形状的？（圆形的）当地球挡住了太阳照射到月亮上的光时，月亮就变得不圆了，如果地球没有挡住太阳照射到月亮上的光，月亮就是圆的，我们把月亮的这种变化叫作圆缺变化。今天小朋友都知道月亮会有圆缺变化，我请小朋友们每天晚上做个记录，看看月亮是不是每天晚上都在变化，变得像什么，一个月之后带给老师看看你的记录好不好？那我们把刚才学到的知识讲给其他小朋友听听，好吗？

附录： 故事《月亮姑娘做衣裳》

夜晚，月亮姑娘出来了，细细的，弯弯的，好像小姑娘的眉毛。凉风吹得她有点冷，她就撕了一块云彩裹在身上。

月亮姑娘想：我还是找一位裁缝师傅做件衣裳吧。裁缝师傅给她量了尺寸，说："尺寸量好了，过五天来取吧！"过了五天，月亮姑娘长胖了一点，好像弯弯的镰刀。她来取衣裳了，衣裳做得真漂亮，可惜太小了，穿在身上连扣子也扣不上。

裁缝师傅说："那我重给你做一件，再过五天来取吧！"五天过去了，月亮姑娘又长胖了一点，弯弯得像一只小船。她来取衣裳，衣裳做得更漂亮了，可惜月亮姑娘连套也套不上。

裁缝师傅涨红了脸，说："看来我又要重做了。"又是五天过去了，月亮姑娘来取衣裳，裁缝师傅看到月亮变得圆圆的，像一只圆盘那样，吃了一惊："啊，你又长胖了！"裁缝师傅叹了一口气，对月亮姑娘说，"唉！你的身材量不准，我没法给你做衣裳了。"原来，月亮姑娘每天都在变化，所以她到现在还穿不上合适的衣裳。你看，白天太阳公公出来了，她不好意思出来，只是在晚上才悄悄地露面。

【活动评析】

首先，从科学的概念来看，此活动蕴含了地球与空间科学的核心概念：太阳与月亮的活动。本次活动通过猜谜语、听故事、记录和讨论月亮的变化等方式帮助幼儿获得月亮每天都在运动、了解月相是不断变化的等关键经验。

其次，从年龄阶段来看，大班的幼儿对月亮有了初步的了解，对月亮的形态变化有一定的好奇心。此外，大班幼儿的思维也发展起来，在教师的引导下，幼儿可以渐渐理解月亮变化的原因。因此，本次的"会变的月亮"活动适合大班幼儿的年龄特点。

最后，从活动设计来看，教师首先通过猜谜语活动导入课题，引发幼儿的兴趣；然后教师通过讲生动形象的故事使幼儿更好地了解月亮形态变化的过程；紧接着，教师让幼儿记录和讨论月亮形态变化的原因，使幼儿对月亮形态变化的过程及其原因有了更深刻的认识，同时也锻炼了幼儿探索自然的能力。在整个活动过程中，教师让幼儿通过听故事、记录和讨论等形式引导幼儿观察月亮的形态变化，鼓励幼儿采用记录的方式记下每次的观察情况，使幼儿逐渐注意到月亮运动规律的同时，提升了科学探究能力。

活动名称：水儿姐姐的呼救（大班）

【活动类型】

集体活动。

【活动目标】

1. 了解废水、废油、生活垃圾对水环境造成的污染及危害。
2. 通过观看录像和图片，思考解决水污染的办法。
3. 在活动中形成保护水资源的意识。

【活动准备】

1. 画有水被污染的原因及危害的幻灯片一套，录音带各一盒，放像机、录音机、投影仪各一部。
2. 不同表情的水儿姐姐图片两张。
3. 白纸、水彩笔等。

【活动过程】

一、观看水被污染后的录像

1. 播放水声音乐，出示水儿姐姐笑的图片。

教师：瞧！谁来了？（水儿姐姐）你们可知道水儿姐姐从哪来吗？我们一起去看看就知道了。

2. 播放清清的小溪、蓝蓝的海水录像，使幼儿感受水的作用。（绿色森林里，一条小溪缓缓流动，水儿清澈透明，可以看见溪底的沙石和游动的小鱼；大河浩瀚汹涌，一直流向深蓝的大海；海水湛蓝明净，鱼儿快活地蹦出水面；海边有许多人在游泳、嬉水……）

提问：水儿姐姐从什么地方来？（清清的小溪、蓝蓝的海水……）水儿姐姐是谁的好朋友？为什么？

小结：水是动物、植物、人类的朋友，动物、植物、人类都离不开水。

3. 出示水儿姐姐皱着眉、撅着嘴的图片。

教师：咦！奇怪！水儿姐姐怎么会变成这样了？

水（录音）：我现在脏死了，非常难受！

教师：为什么会这样呢？让我们再回到河边、海边去看看。

4. 播放被污染的溪水、海水录像，使幼儿了解废水、废油、垃圾对水环境造成的污染。

（小河里的水黑乎乎的，水草腐烂了，鱼儿死了漂浮在水面上；海面上漂浮着罐头盒、塑料袋等生活垃圾，远处覆盖着大面积的油垢，海鸟的羽毛沾满了油，再也飞不起来，人们拿着游泳圈立于海面，摇头叹气……）

讨论：水儿姐姐为什么变脏了？（人们乱扔垃圾，废水排放到河里去了，油轮向海里排放油垢……）

二、了解水被污染的原因及危害

教师：我们一起来看看，到底是怎么回事？

幻灯片1：炊烟袅袅的工厂旁边，一根巨大的水管排出又脏又臭的废水冲向小河，河面上漂流着一些废弃物品。（脏水和废物品在抽泣）

提问：小河变得怎样了？为什么？

讨论：动物、植物、人们喝了这样的水会怎样？

幻灯片2：海面上，一艘大油轮的后面是一大片黑乎乎的油垢，上面漂浮着死鱼，油垢跟前一只小鱼瞪大眼睛，张着嘴巴，惊慌地好像在说些什么。（死鱼和油垢在抽泣）

提问：小鱼看到了什么？小鱼想说什么？

幻灯片3：人们在海边玩耍，附近海面上漂浮着许多饭盒、罐头盒、可乐瓶、塑料袋等垃圾。（垃圾在抽泣）

提问：海面上有什么？怎么来的？它会带来什么样的危害？

三、思考解决水源污染的办法，初步形成环保意识

水（录音）：小朋友们！快想想办法救救我吧！

教师出示幻灯片3，提问：怎样让海边的水儿姐姐变得干干净净？（把海里的垃圾全捞起来，不要乱丢垃圾；把废品利用起来，如用罐头盒做笔筒，可乐瓶做美丽的花篮……）

教师：（把画有垃圾的幻灯片抽出来）瞧！在小朋友的帮助下，大海边的水儿姐姐变得怎样了？

出示幻灯片1，提问：怎样救海里的水儿姐姐？（不要让油排到海里，把油收回重做燃料；制造不用油的轮船，如太阳能轮船、风力轮船等）

教师：（把画有油垢的幻灯片抽出）小朋友们的主意真棒！海水姐姐得救了。

出示幻灯片2，提问：怎样让河里的水儿姐姐变得又清又纯？（不把废水排到河里，建不排废水的工厂，制造净化工厂，把水净化后再流到河中……）

师幼共同商量解决水污染的办法。

教师出示水儿姐姐笑脸的图片并做小结：有了小朋友们的帮忙，水儿姐姐又露出了笑脸，她现在请小朋友到她的家乡——海边去游玩，小朋友们一起跟着来吧！随着轻松愉快的音乐走出活动室。

【活动评析】

首先，从科学的概念来看，此活动蕴含了地球与空间科学中的核心概念：地球与人类的活动。本次活动围绕水资源被污染的原因，以及思考解决水污染的方法，形成保护水资源的意识，初步理解水与人类生产和生活的关系等关键经验。

其次，从年龄阶段来看，大班幼儿一方面知道人类的生活离不开水，另一方面也

开始了解人类的活动也会对水造成影响。此外,大班幼儿对水与人类生产和生活的关系有一定的好奇心。关于这部分内容的学习,能够激发大班幼儿形成保护水资源的意识。因此,本次活动适合大班幼儿的年龄特点。

最后,从活动设计来看,本次活动重点发展了幼儿思考与表达的能力。教师先引导幼儿感受清洁、干净的水所带来的愉悦感,然后通过观看水污染的视频和图片形成对比,促使幼儿思考水污染的原因以及交流解决水污染的方法,最后帮助幼儿形成保护水资源的意识。

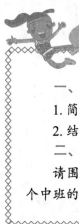

思考与实训

一、思考题

1. 简述你对幼儿园地球与空间科学的理解。
2. 结合实践,谈谈你对地球与空间科学领域各年龄阶段关键经验的解读。

二、活动设计题

请围绕"感知和体验不同季节的有特色的天气状况"这一关键经验,设计一个中班的科学集体教学活动。

第三部分 幼儿园数学认知教育活动的设计与指导

第七章 幼儿园集合与模式活动的设计与指导

 案例导入

操场上，老师正在和孩子们一起玩"占圈圈"的游戏，地上放着红、绿两个塑料圈，孩子们按照老师发出的口令：男孩回到红颜色的"圈圈家"里，女孩回到绿颜色的"圈圈家"里，各自奔向自己的"家"，以安全地躲避大灰狼。在重复的游戏中，老师的口令在不断地变化，根据孩子们穿的衣服颜色、鞋子种类、身上饰物、头发长短等特征进行区分性提示，但是老师发现，大部分孩子能根据口令提示，很快地回到自己的"圈圈家"，而玲玲却每次都只是盲目地跟着大家跑，不知道自己的"圈圈家"是哪一个。

问题：为什么玲玲不知道回自己的"圈圈家"？不同年龄阶段的幼儿对集合和模式的认识达到了怎样的水平？其教育目标和内容是什么？针对这些教育目标和内容，教师该如何组织活动？带着这些问题，一起进入本章的学习。

学习目标

通过本章学习，你应该具备以下知识：
1. 了解幼儿园集合与模式认知活动的目标与内容。
2. 知道怎样组织和指导幼儿园集合与模式的认知活动。
3. 学会评价幼儿园关于集合与模式的教学活动。

第七章　幼儿园集合与模式活动的设计与指导

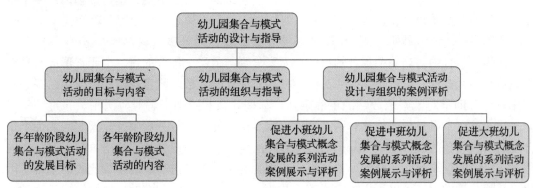

第一节　幼儿园集合与模式活动的目标与内容

一、各年龄阶段幼儿集合与模式活动的发展目标

虽然年龄阶段目标是对总目标架构的具体化、典型性表现的阐述，但由于儿童在数学认知发展上的个体差异和数学本身的抽象性，幼儿园阶段的数学教育年龄阶段目标并不是绝对化的标准，它只是一个可供教师参照的一般化、典型化的文本描述，在执行的过程中可视儿童的发展状况和幼儿园实际条件做相应的调整。在王志明、张慧和主编的《科学》教材中，幼儿园数学教育集合与模式感知活动的各年龄阶段目标表述如下。

（一）3~4岁幼儿集合与模式活动的发展目标

1. 体验"1"和"许多"及它们的关系

"1"是自然数的基本单位，也是表示集合中元素数量的基本单位。"许多"是一个笼统的词汇，它代表含有两个以上元素的集合，不论"许多"代表的数量是多少，它总是由一个一个元素构成的。对幼儿进行认识"1"和"许多"的教育，能使幼儿感知集合并对集合中的元素产生具体清晰的认识，为学习逐一计数和形成数概念奠定基础。所以说，认识"1"和"许多"是3~4岁幼儿为学数做准备的教育内容，也可称之为幼儿的"数前教育"。

2. 感知集合及其元素，学习按物体的一个特征进行分类

分类就是把具有相同特征的事物归并在一起。幼儿把一个个具有相同特征的物体放在一起归为类的过程，正是幼儿将元素构成集合或者将某个集合分成若干个子集的过程。因此，分类可以帮助幼儿直接感知集合与元素、集合与集合之间的关系。同时，幼儿在归类过程中能对物体数量、集合的包含关系等产生注意和有所认识,因此,分类能为他们计数、形成数概念奠定必要的基础。幼儿在分类过程中需要对物体特征进行观察、分析、比较、综合、概括,因此,分类还能有效地促进其思维的发展。可见,学习按物体的一个特征进行分类对幼儿数学和发展智力有着重要的意义,是一种有效的数理逻辑经验。

3. 学习用一一对应的方法比较两组物体的数量,感知多、少和一样多

在两个集合中,当一个集合的每一个元素分别与另一个集合的每一个元素形成某种对应关系,那么这种对应就叫作一一对应。一一对应在幼儿数学教育中被广泛应用,一一对应比较,有助于对元素及数量的正确感知、掌握计数和感知理解对应法则。通过一一对应,幼儿可以不必计数就能比较两组物体的多少;幼儿在计数过程中,能把要数的那个集合里的元素与自然数列里从1开始的自然数顺次建立一一对应,从而说出总数。可见,这种一一对应的逻辑概念正是帮助幼儿形成和理解等量关系和进行数的多少比较的基础。因此,教师在教学中,可以运用重叠比较、并放比较、连线比较和游戏中比较等比较活动来提高幼儿感知集合中元素的数量,感知多、少、一样多的能力。

(二) 4~5岁幼儿集合与模式活动的发展目标

1. 能按物体的内部特征(性质、功能用途等)进行分类

分类活动依赖于幼儿的分析、比较、观察、判断等思维过程,这些对思维过程的要求也体现在不同类型的分类活动中。根据幼儿的思维发展特点,到了中班,随着幼儿类概念的发展以及数量感知经验的积累,他们能逐渐认识物体的内在属性,并能关注到物体的多种属性、数量关系等①。按物体的内部特征(性质、功能用途等)进行分类的活动即要求幼儿能够摆脱物体的外部特征,依据物体的内部特征进行分类。如把自行车和公交车归为一类,因为它们都是交通工具。幼儿学习分类,可以培养其思维的可逆性、复杂性,帮助幼儿在逻辑思维的发展中"去中心化",即能够在头脑中同时考虑事物两个(或两个以上)特征的角度。

2. 能按物体间的数量关系进行分类

按物体间的数量关系进行分类要求幼儿能够感知、理解物群的数量特征,发现物群之间数量上的共同点,对其进行分类。根据物体间的数量关系进行分类具有逻辑性和严谨性,教师要注重幼儿动手动脑能力的培养,手脑结合,才能让他们更易理解和接受。

3. 学习按特定的规则排序

模式的能力有识别、复制、扩展、创造、比较、描述和交流等,其中模式识别的能力是基础,模式的复制、创造、比较、转换、描述和交流都是在模式识别能力的基础上发展起来的模式运用能力,即辨别出模式单元有哪些组成元素、模式各单元之间的相互关系是怎样的。对模式的识别概括能力是数学理解的核心,也是促进儿童数学概念发展的最基本能力之一,能够为幼儿策略性思维和作为代数基础的概括能力的发展奠定基础。所谓排序,实质是能够将两个以上的物品或对象按照某种规律排列成序,儿童的排序操作活动,涉及对序列概念的认识和理解。而序列,是指理解事物间的关系以及将这些事物关系按照逻辑顺序排列出来。与序列一样,模式反映的也是事物间的稳定、重复的关系,但其并不

---

① 幸福新童年编写组.《3~6岁儿童学习与发展指南》解读[M].北京:旅游教育出版社,2012.

局限于是视觉呈现，还包括了声音、动作等听觉、运动觉参与的呈现形式。在这一方面，儿童必须对排列的逻辑顺序关系有基本的了解才能创造模式，另一方面，排序涉及辨认一个渐次等增（或减）的模式。模式与排序活动一样，都涉及逻辑思维及推理判断能力，因此，这两类活动对儿童抽象思维能力的发展具有重要影响。

（三）5~6岁幼儿集合与模式活动的发展目标

1. 初步感知集合的交集、并集关系及包含、相等关系

同时属于两个集合的元素所组成的集合称为两个集合的交集。所有属于两个集合的元素组成的集合称为两个集合的并集。一般来说，两个集合间存在着包含关系和相等关系。包含关系是指对于两个集合A与B来说，A中的任何一个元素都是B中的元素，则集合A包含于集合B，集合A可称作集合B的子集。两个集合间的包含关系是指整体和部分的关系，感知集合的包含关系便于幼儿理解类包含的概念。

2. 学习对物体进行多角度分类、层级分类以及同时按物体的两种以上特征进行分类

一般在大班，教师可引导幼儿先初步体验物体的多重角度分类，积累分类多样性的感性经验，如在一个分类活动中，不同的幼儿可能选择不同的分类标准将同一物体归到不同的类别中，在交流中幼儿会发现原来别人的分类方式和自己的不一样，分类可以有很多种不同的分法。在这些经验的基础上，幼儿开始学习对物体进行多重角度分类，他们关注物体的多种特征是分步进行的，如有的幼儿先按照大小分类，再按照颜色、形状分类，这些都是"一维特征"分类的表现，然后再逐渐地同时关注到物体的两种或以上特征进行分类，如"大的且是红色的"。层级分类要求幼儿先从逻辑上把握物体间的关系，理解类与子类的包含关系，这部分内容对幼儿的思维要求较高，故而一般在大班进行。

3. 能按物体量的差异和数量的不同进行10以内正、逆排序，初步体验序列之间的传递性、重复性及可预测性关系

模式的重复性是指模式是由相同的单元或按照同一规律发生变化的单元构成，如模式"ABABAB"是由相同的单元AB的重复构成的，模式"1，2，3，5，8"则是由前两项相加等于第三项这一规则的重复执行形成的单元构成。通过对模式的结构及其中的规律性关系进行概括，可以对模式的发展进行预测。模式的重复性是其可预测性的前提和基础。

知识拓展

幼儿感知集合的发展特点：

1）2~3岁的幼儿产生了对集合的笼统感知，但这种感知是泛化的。此时儿童还看不到集合的范围和界限，不能一个接一个地感知集合中的元素，也不能精确地意识到元素的数量。如果让幼儿用重叠法感知一个集合中的元素，他们往往会将物体摆出集合的范围。

2）3~4岁幼儿能感知到集合的界限，对集合中元素的知觉也从泛化向精确过渡。这一阶段的幼儿对集合中元素的认识不能超出集合的界限，他们一般把注意

力集中在集合两端的元素上,同时所摆的元素逐步达到准确的一一对应。另外,此阶段幼儿已经开始具有简单的分类能力。幼儿能感知集合的界限及元素,也就能辨认物体(元素)并将它们归类(形成集合)。3岁以后,幼儿能进行简单分类,即按物体外部特征分类(形成集合),如按物体的大小、形状分类,等等。

3)4~5岁幼儿已经能够准确地感知到集合及其集合中的元素,并能够初步理解集合和子集的包含关系。此时幼儿已经提高了按物体的某一特征分类的能力,他们可以按物体的简单用途和数量分类。另外,在直观条件下,幼儿能够对集合(类)和子集(子类)做出比较,能初步理解它们之间的包含关系。

4)5~6岁幼儿对集合的理解进一步提高和扩展。他们能够按照两种特征将集合分成子集,比如可以把颜色和形状不同的一组几何图片分别从形状和颜色两个角度分类。另外,他们还能够比较好地理解集合和子集的包含关系。

二、各年龄阶段幼儿集合与模式活动的内容

由于不同年龄阶段的幼儿所要达到的集合与模式活动的目标不同,相应地不同年龄阶段幼儿的集合与模式活动的内容也有所差别。

(一)3~4岁幼儿集合与模式活动的内容

1)能根据物体的某一外部属性特征进行匹配。

2)能按照物体的某一种外部属性特征(如颜色、大小、形状、种类等)给物体分类。

3)能对数量差异明显的两个集合进行多少的比较。

4)能识别所提供物体的排列模式,如 ABABAB 模式、AABBAABBAABB 模式。

5)能对所提供的简单模式(如 ABABAB 模式)进行复制。

(二)4~5岁幼儿集合与模式活动的内容

1)能按照功用给生活中常见的物体分类,如给文具和玩具分类。

2)能从不同角度给同样的物体进行分类。

3)能尝试说出分类的理由。

4)能对数量在 10 以内的两个集合进行多少的比较。

5)能识别相对复杂的排列模式,如 ABCABCABC 模式、AABAABAAB 模式、ABBABBABB 模式等。

6)能对所提供的相对复杂的模式进行复制和扩展。

7)能发现并说出环境中事物排列的简单规律,如衣服上的条纹是按红绿红绿的规律排列的。

(三)5~6岁幼儿集合与模式活动的内容

1)能按照给定的标准(概念水平)给熟悉的物体分类,如给蔬菜和水果分类。

2)能按照物体的两种及两种以上属性特征给物体分类。

3）能按照某一特征的肯定与否定进行分类。

4）能认识构成模式的单元，如出示一排 ABBABBABB 模式的物品，能指出该模式的核心单元是 ABB。

5）能运用不同的方式和材料（图画、实物或动作等）表征有规律的模式。

6）能运用所提供的材料自己创造一定的模式规律。

第二节　幼儿园集合与模式活动的组织与指导

（一）理解"1"和"许多"的关系

1. 区分"1"和"许多"

教师可以先选用数量分别是"1"和"许多"（以视觉上能觉得有很多为宜）的实物教具来引导幼儿观察比较。比如让幼儿观察比较一朵花和一大束花、一颗石子和一大堆石子等，让他们能区分出"1"和"许多"的不同。与此同时，教师引导幼儿用"1"和"许多"进行数量表达，如分别说出"1朵花""许多花""1颗石子""许多石子"，让幼儿明白"1"和"许多"都是表示物体的数量。

教师对数量为"许多"的实物教具要特别注意发挥"韦恩图"的表示功用，即无论是教师问幼儿"这里有多少草莓？"还是当幼儿或教师说"这里有许多草莓"时，教师都要用手指在这些教具的外围画一个圈，以此动作提示幼儿把这些物体看成一个整体，从而帮助幼儿积累集合的经验，如图7-1所示。

图 7-1　"1"和"许多"

此外，引导幼儿在一定环境中运用记忆表象加深对"1"和"许多"的区分与理解也是一种比较有效的方法和途径。例如：让幼儿想一想、说一说家中有"1"张餐桌和"许多"把椅子、公交车上有"1"个司机和"许多"乘客。这样的活动需要记忆表象的参与，对幼儿来说有一定的困难。

在幼儿能区分"1"和"许多"的基础上，教师组织幼儿进行分与合的操作活动。教师提供材料，让幼儿亲自动手先把"许多"的物体分成"1个、1个"，再把"1个、1个"的物体拢在一起合成"许多"，使他们在动作和视觉的过程中感受和领会"1"和"许多"的关系。与此同时，教师引导幼儿概括和表达"1"和"许多"的关系。这种分与合的操作活动可以设计成集体式，也可以设计成个体式的。当然除了运用分与合的操作活动来启发幼儿理解"1"和"许多"的关系之外，还可以设计分与合的游戏活动来启发幼儿理解"1"和"许多"的关系。

2. 采用多种形式强化幼儿对"1"和"许多"的认识

（1）通过寻找数量为"1"和"许多"的物体，加深对"1"和"许多"的认识

教师预先可以将各种数量为"1"和"许多"的用品、玩具摆放在活动室的桌子上、橱子里、柜子上，还可以选择含有数量为"1"和"许多"物品的图画张贴在活动室的墙面上。让幼儿在教师预设的一个充满数量为"1"和"许多"的对象的环境中观察和寻找什么东西是"1"个，什么东西是"许多"个。

教师可以专门组织，也可以利用自由活动、散步、参观、郊游等各种时机，引导幼儿观察和寻找存在于自然环境中的数量为"1"个和"许多"个的东西。教师还可以与幼儿进行交谈，根据幼儿的生活经验进行启发，让幼儿把所能看到的数量为"1"个和"许多"个的东西尽可能地回忆和表达出来。

（2）通过多种感官感知"1"和"许多"，加深对"1"和"许多"的认识

教师可以设计多种活动形式，激发幼儿调动视、听、触等多种感官感知"1"和"许多"。例如：教师击掌（或者敲小铃、小鼓等），让幼儿听一听并说出是"1"下还是"许多"下；让幼儿用手摸一摸，从口袋里取出"1"颗石子和"许多"颗石子；让幼儿按"1"下和"许多"下的指令拍手、点头、跳跃等。

（二）集合与分类

在设计与组织分类教育活动时，首先，教师要注意材料的投放，不同的分类活动对材料有不同的要求，要注意选择和整理材料，最好事先能尝试操作和预测，使材料的种类、数量、整体结构满足幼儿思维和操作的需要，从而达到该活动的要求。其次，在活动组织的过程中，教师应引导幼儿仔细观察材料并充分地思考可以按什么条件分、怎样分，鼓励幼儿表达和交流分类的结果，以利于他们形成类概念，感知、理解蕴含在集合中的包含关系。

1. 求同操作活动

幼儿在体验的过程中发现并挑选出具有某种共同属性的物体，这样的活动就叫作"求同"。求同活动通常用在需要向幼儿介绍某一概念的时候，特别是当教师无法向幼儿解说物体的属性或某一事物时，最好的办法就是让幼儿照样子拿出具体的实物——求同，如按颜色求同、按形状求同等。通过求同活动可以帮助幼儿体验物体的共同属性。如发现事物中的"全等"，或在颜色、形状、大小、物体名称、物体用途、物体性质中某一方面特征的"一样"，形成相应的类概念。求同操作有按标记求同和按排除法求同两种设计方案。

2. 分类操作活动

分类操作活动按分类的标准来分，可设计组织以下一系列活动。

（1）按外部特征分类

按外部特征分类即先给物体、图片、图形等集合分类，再用标记表示分出的各个子集。物体的外部特征包括物体的形状、颜色、大小等属性，在设计"按外部特征分类"的活动时，可以将"按标记求同"活动进一步延伸，通过改变活动规则实现"分类"活动的

设计。此外，教师也可以借用生活中需要运用分类技能的班级物品（玩具、生活用品等），只需建立一条"把一样的放在一起"的活动规则，即可实现学习分类的目的。

（2）按内部属性分类

按内部属性分类即以物体的性质或用途等作为分类的标记。物体具有某种用途，这是由它与人们的关系决定的。这种关系无法从物体的外在形态看出来，属于物体的内部属性。人们要在使用某一物品后，才能了解它的用途。教师在设计"按内部属性分类"的活动时，要注重结合幼儿的生活经验来选择材料。因此，小、中、大班的分类活动应是循序渐进的，要随着幼儿的生活经验进行拓展。

（3）按数量关系和逻辑关系分类

按数量关系分类是指将具有相同数量的卡片归并在一起。这是抽象出数、形成数概念的重要步骤，幼儿的计数、目测数群的能力也能在"按数量分类"的活动中得到发展。设计这类活动时，要在材料中体现物体"数"的属性，故教师在提供材料时，要避免颜色、形状、大小等一致，也就是说所提供的材料在外部特征和内部属性上要各不相同，这样才能将幼儿的注意引向外部特征和内部属性以外的数量关系上，实现从数的角度来表征物体，形成数概念。"按逻辑关系分类"是指把具有某种特征和不具有某种特征的物体分开摆放，通常用肯定与否定标记来表示。

（三）集合对应

幼儿每天生活中都蕴含着丰富的契机可以开展对应活动，教师在设计与组织对应活动时，无论是匹配相关联的物品还是一一对应的比较，都应当了解幼儿的生活经验，选择幼儿熟悉的物体作为活动的内容，如动物和食物的匹配、为小组成员分发物品等，帮助幼儿积累一一对应的经验。

1. 对应经验积累活动

在设计与组织学习一一对应的活动时，教师可以先引导幼儿初步掌握重叠对应比较的能力，再引导幼儿掌握并放对应比较的技能。重叠对应是把第一组物体从左到右或从上到下排成一行，再把第二组物体一个对一个地分别叠放在第一组物体的上面或里面（如先将碗从左到右排成一行，然后将勺子一一放到碗里面）。并放对应是把第一组物体从左到右或从上到下排成一行，再把第二组物体一个对一个地分别摆在第一组物体的下面或旁边（如先将娃娃从左到右排成一行，再将盘子一一放到娃娃的下面）。

教师可先提供具有一定对应关系的若干实物和实物卡片，如有相连关系的手套、袜子、鞋子等；有相关关系的锁头和钥匙、雨伞和雨鞋、毛巾和脸盆等；有从属关系的奶奶和眼镜、妹妹和娃娃、医生和听诊器等，引导幼儿根据这些实物之间的关系，建立一个对一个的观念，积累一一对应的经验。在组织活动中，教师有必要先引导幼儿逐一讨论各对实物的相对关系，让幼儿领会为某一物体找的"朋友"应是相互有一定关系的物体，然后才能让幼儿对成对的实物或实物卡片进行配对。幼儿在配对的过程中，可以领悟什么是一一对应。

2. 对应运用活动

一一对应是不经计数做等量集合和比较两组物体多少的简便方法。当人们想把"多"

"少""一样多"的概念介绍给幼儿的时候,最好的办法是让他们做配对活动。

（1）做等量集合

通过一一对应的方法做等量集合是为了帮助幼儿发现集合间的等数性,从而进一步抽象出"数"概念的必要步骤。设计组织此类活动时,教师可结合幼儿的生活需要和游戏活动来设计各种问题情境。例如:进餐前请幼儿为每个小组分发餐具、食品,各种活动前请幼儿分发每个人所需要的材料和工具等。在组织活动时,教师应允许幼儿出现种种"多余"的动作,让幼儿在多次集合间元素的比较中领悟操作策略。因为这样幼儿才能达到真正理解而不是"记住"所必需的。

（2）集合间的比较

将两个集合间的元素进行比较,会有三种情况出现:一是"相等",二是"比……多",三是"比……少"。幼儿在不经计数确定集合间这三种关系时,所采取的方法是一一配对。有关配对的活动形式有许多。例如:民间扑克游戏"抽乌龟"、实物卡（或点卡）的"等量接龙"等,可帮助幼儿形成相等的概念。而不等量的元素配对,则可以促进幼儿发现集合元素的"多"与"少"。在此基础上,教师可进一步引导幼儿做"变成一样多"的操作练习。在组织此类活动时,教师依然需要致力于促进幼儿的独立思考,灵活地运用指导策略。

材料名称：拍帽子[①]

关键经验： 分类的多样性。

指导要点： 知道同样一组物体可以按照不同的方式进行分类。

注意事项： 一人或两人游戏,轮流掷骰子,然后根据骰子上的形状和图案找出相对应的帽子,分别如图7-2和图7-3所示；先找到的人可获筹码一枚,最后以筹码多者为胜。该游戏材料也可让幼儿自行商定玩法和规则。

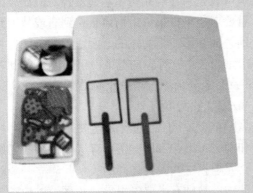

图7-2 拍帽子游戏材料1

图7-3 拍帽子游戏材料2

---

① 活动设计来自上海南阳路幼儿园,上海托幼微博.

第三节 幼儿园集合与模式活动设计与组织的案例评析

一、促进小班幼儿集合与模式概念发展的系列活动案例展示与评析

活动名称：新年糖果①（小班）

【活动类型】

集体活动。

【活动目标】

1. 在摸摸看看、抓抓尝尝的过程中，感知糖果的特征并进行分类。
2. 学习用语言表达分类的过程和结果。

【活动准备】

各种糖果（圆形和正方形、红绿两色、不同口味）、有绳子收口的布袋、小盘子人手一个、大盘子一个、贴有标记的透明糖罐4个（标记分别为红色、绿色、圆形、正方形）、可粘贴的操作板两块。

【活动过程】

一、猜一猜

1. 猜一猜，萌发兴趣。

新年到了，老师带来了一个神奇的礼物口袋。提问：你们猜猜袋子里装的是什么？（请幼儿上来摇摇听听、摸摸闻闻）

2. 把糖果倒在大盘子里。

原来袋子里装的是许多糖果。提问：说说你看到了怎样的糖果？（幼儿自由讲述，每说一种就请他（她）从盘子里挑出该颗糖果，展示给大家看，并引导幼儿用语言描述糖果的形状和颜色，如红色、圆圆的、方方的等）

小结：新年糖果可真多呀，有红色和绿色两种颜色，还有圆形和正方形两种形状。

二、抓一抓

抓糖游戏的规则：每人抓一次，一次用一只手，抓了以后放在自己的小盘子里，并数数一共抓了几颗糖。

三、分一分

1. 出示几个空的透明糖罐，引导幼儿观察上面的标记。

你觉得这个糖罐里应该装怎样的糖果宝宝？（教师与个别幼儿示范，一边分一边和糖果宝宝说说话，如"绿色糖果宝宝，我把你送回家"）

2. 幼儿自由分糖果，教师巡回观察指导。

3. 交流与分享。请幼儿找找糖果的家，重点突出有共性特征的糖果，如红色的圆形糖果。

---

① 温剑青. 童心玩数学［M］.（第二版）北京：少年儿童出版社，2015.

小结：糖果种类很丰富，有些糖果既可以放在红色糖罐里，又可以放在圆形糖罐里，因为它既是红色的又是圆形的。其实还有许多分类的方法，我们可以用小眼睛仔细观察，多多思考，以后再来分一分。

【活动延伸】

每人自由挑选一颗糖果吃，并说说这颗糖果的味道。有的酸酸的、有的甜甜的、有的淡淡的，我们以后还可以按味道给糖果分一分。

【活动评价】

首先，从数学概念角度来看，该活动的设计主要蕴含集合与模式核心概念：分类活动。教师借助一个新年分糖果的活动场景，让幼儿发现糖果的特征，培养其基本的辨别能力，并进而通过操作的方式让幼儿自己动手分类，学会用语言描述分类的过程及结果。

其次，从年龄阶段来看，该活动设计的是一个可多种感官参与的丰富环境，符合小班幼儿的兴趣和经验，激励了幼儿的自主探索。

最后，从活动的设计来看，主要通过感知和操作来理解集合的特点，能很好地培养幼儿对数学的兴趣，并养成在日常生活中进行归类整理的好习惯。

活动名称：三只熊①（小班）

【活动类型】

集体活动。

【活动目标】

1. 在故事情景中体验简单的模式规律，并尝试用简单的材料再现模式。
2. 愿意听故事，喜欢集体活动。

【活动准备】

《三只熊》故事录音、故事绘本《三只熊》、多媒体课件、插塑、积木、彩链等。

【活动过程】

一、欣赏故事《三只熊》

1. 回忆故事内容，唤起在此欣赏的兴趣。

导入：上次我们听了一个有趣的故事叫《三只熊》，今天老师带来了故事绘本，让我们一起边看绘本边听故事好吗？

2. 边看绘本，边一起欣赏故事《三只熊》。

提问：熊爸爸、熊妈妈和小熊用的碗和勺、睡的床、坐的椅子有什么不一样？

二、交流讨论，图片展示模式

1. 请幼儿回忆故事情节，复述故事中的相关内容。

2. 教师根据幼儿的回答，出示课件，呈现故事中相应物品大、中、小，大、中、小重复的模式规律。

3. 启发幼儿观察讨论，碗、勺、椅子等物品的出现有没有规律。

---

① 活动设计来自上海市安庆幼儿园，卢世铁.

第七章 幼儿园集合与模式活动的设计与指导

三、模式的再现与表征

1. 教师启发幼儿用提供的材料将故事中大、中、小，大、中、小……的模式规律表征出来。

2. 幼儿各自表征，并相互交流。

【活动评析】

首先，从数学概念角度来看，该活动聚焦的是模式的识别和复制能力，从模式能力结构来看，它较好地把握到了孩子的"最近发展区"。

其次，从年龄适宜性来看，早期模式活动应该有孩子可以操作的固定材料，这样更容易让孩子去尝试扩展并有机会自我更正。但对于小班年龄幼儿来说，起初可能并不理解模式，只是发现一些简单的规律，教师在这一阶段着重引导幼儿进行模式的识别，帮助幼儿明确模式的结构，有助于其了解并掌握识别和复制模式的重要内容。

最后，从本次活动的设计来看，借助于孩子们喜欢的故事情境，让孩子在故事的线索中去发现模式，并用熟悉的材料复制再现模式，显然这样的设计是合理可行的，有利于幼儿体验数学的有用和乐趣。

二、促进中班幼儿集合与模式发展的系列活动案例展示与评析

活动名称：开商店① （中班）

【活动形式】

区域活动。

【活动目标】

1. 能按照功用给生活中常见的物体分类，如给文具和玩具分类。
2. 尝试说出分类的理由。

【活动准备】

每人一份操作材料（含有食品、玩具、文具等物品）、3个柜台、12只篮子。

【活动过程】

一、布置柜台（按物品用途分类摆放）

1. 问题情景。

1) 商店里有许多物品放得乱七八糟，买东西的时候找也找不到，怎么办？

2) 这里有3个柜台，这些物品怎么放入柜台呢？（按物品用途分类）

2. 操作。

1) 每人选一份操作材料，说说里面有些什么物品。

---

① 活动设计来自上海市安庆幼儿园，卢世铁.

2）边放边说：我把××放在××柜台。

3. 交流。

1）这么多吃的东西放在一起，这个柜台可以取个什么名字呢？（食品柜台）

2）给另外两个柜台命名。

3）小结：分别把这些物品送到食品柜台、玩具柜台和文具柜台。顾客能很快找到这个柜台，买东西时很方便。

二、整理柜台（按物品种类分类摆放）

1. 我想买饼干，到哪个柜台？这么多食品混在一起找起来不方便，怎么办？

2. 幼儿4人一组共同整理某一个柜台。

1）幼儿介绍整理柜台的方法。

2）小结：每种物品分开摆放，方便大家找到需要的东西。

三、开商店

1. 提问：我想买铅笔盒，谁能很快找到？

2. 请3位幼儿做营业员，其他幼儿扮演顾客，每人一个篮子，模拟购物。

3. 相互介绍：我到什么柜台买了什么。

【活动评析】

从数学概念角度来看，该活动设计主要蕴含的是集合与模式核心概念中的分类活动，是体现运用操作法为主的分类活动。操作是幼儿学习分类的最主要、最有效的方法之一。分类活动中的操作材料或学具对幼儿来说是十分重要的，教师应尽可能提供人手一份的操作材料，并在分类活动中提倡以幼儿自身参与的体验和操作活动为先、教师的归纳和提升为后的原则。同时，在材料的选择和提供中，给幼儿充分的、足够的材料去操作不同形式的分类。至于操作的方法既可以在集体的数学教育活动中运用，也可以让幼儿通过非正式的、个别的、小组的区域活动等途径来进行。

其次，从年龄阶段来看，中班的幼儿已经对分类有了初步的认识和了解，并在以往的活动和生活中积累了一定的经验，其思维已经得到了发展，在教师的引导下，他们可以很快地融入活动。因此，该活动符合中班幼儿的年龄特点。

最后，从本次活动的设计来看，教师首先通过情境设置导入课题，"怎样才能又快又好地找到物品"引发了幼儿的兴趣，并引起其思考，发展了幼儿的思维能力。同时，相互介绍物体与提问则很好地发展了幼儿的语言表达能力。

活动名称：跳房子①（中班）

【活动类型】

集体活动。

【活动目标】

在跳房子的情境中感知各种模式规律，并尝试用各种不同的方式进行复制、扩展。

---

① 活动设计来自上海市南阳实验幼儿园，闵晴华．

第七章 幼儿园集合与模式活动的设计与指导

【活动准备】

泡沫垫子若干、塑料圈若干。

【活动过程】

一、引入情境，排列模式

1. 引发幼儿经验，将材料按模式排列。

教师：如果用小垫子和圈圈来'造房子'，怎样排列才是有规律的呢？（请幼儿说一说或试一试，排2~3组）他排列的垫子和圈圈有什么规律吗？如果看明白了，谁来接着排下去呢？

2. 带领幼儿玩"跳房子"的游戏。

请幼儿设计跳的动作，要求动作有规律。请几位幼儿按照这个规律来试一试，其他幼儿边观察边用语言描述规律。

3. 游戏可重复几次，并鼓励幼儿创造新的规律。

二、玩玩游戏，发现模式

1. 减少材料，请幼儿尝试改变"造房子"的摆列规律，再玩跳房子：只能用垫子来"造房子"，你想怎样排列垫子？

2. 如果幼儿没有新的模式，则教师排列，引导幼儿发现模式并表述出来。

【活动评析】

首先，从数学概念角度来看，该活动通过一个游戏将模式的学习蕴含其中，涉及的是模式的复制和扩展。教师在活动设计中，对于模式能力的线索和儿童发展水平的观察与评判是非常重要的，只有基于这两方面的思考，才能够在活动设计中找到恰当的认知突破点，以真正发挥集体教学活动的有效价值。

其次，从年龄适宜性来看，该活动符合中班幼儿对模式的认知发展特点，不再仅仅是复制已有的模式，还要能根据创造新的规律进行拓展。这对幼儿的思维认知能力是一个很好的提升与锻炼。

最后，从本次活动的设计来看，教师通过幼儿平时玩的游戏"跳房子"，让幼儿尝试发现、复制模式并创造新的规律，在简单易操作的材料中不断积累有关模式的经验，以此来提升幼儿对模式的探索，帮助他们把生活中的数学"简单化"。

 三、促进大班幼儿集合与模式发展的系列活动案例展示与评析

活动名称：动物分家家① （大班）

【活动类型】

集体活动。

【活动目标】

1. 在给动物分家家的过程中，萌发关爱动物的情感。

---

① 活动设计来自上海市南阳实验幼儿园，闵晴华.

2. 能寻找动物的某一特征进行分类，并尝试交集分类。

【活动准备】

1. 幼儿熟悉的各种动物（陆地上的、鸟类、两栖动物、水生动物等）图片。
2. 集合圈（中间为空心）每人3个。（建议教师将集合圈塑封，便于操作）
3. 人手一份动物小卡片供分类时用。

【活动过程】

一、情景导入

1. 老师出示各种动物图片，幼儿介绍自己喜欢的动物，并说说喜欢的理由。
2. 引导幼儿找找这些动物的不同之处，把有相同特征的动物找出来：有两间连在一起的大房子，许多动物都想住在新房子里，可是它们怎样住才合适、舒服呢？小动物们想请你帮它们分一分，如何住进两间新房子里。

二、进行分家家的游戏

1. 幼儿每人一份操作材料，两个集合圈表示动物的两个家，请幼儿找找动物之间的相同与不同之处，把它们送到两个家里并给每个家取名。
2. 出示呈现交集的两个集合圈，请幼儿思考：哪些动物适合住在中间的家里？寻找具有两个圈内共同特征的动物可以住在中间重叠交叉的家内，再分别给每个家取名。
3. 出示3个圈，每个圈里摆放具有相同特征的动物。请幼儿想想哪些动物（具有3个圈内共同特征的动物）可以住进中间重叠交叉的家里，并分别给每个家取名。

【活动延伸】

请幼儿介绍自己分家家的方法，教师适时帮助幼儿整理不同的分类方法。

【活动评析】

首先，从数学概念角度来看，设计该活动时，教师借助于一个为动物分家的活动场景，有层次、递进式地通过区分动物特征→动物归类→不同类动物命名→感受不同类动物的共性特征→感受交集动物的逻辑线索，将感受和理解交集的概念蕴含在步步深入的活动情景和任务中，以帮助幼儿理解和获得初步的交集概念。

其次，从年龄阶段来看，大班幼儿已经积累了有关模式和排序的一些前期经验，具有一定的模式识别、复制、扩展、创造等能力，故而教师的设计是合理可行的，是能培养孩子的创造能力的。

最后，该活动在设计上，教师对每一个环节的过渡以及各个环节之间内在逻辑上的关系把握得较好，使得对交集关系的理解这一较为抽象的内容能够在幼儿的经验和操作体验的基础上逐渐被认知，尤其是教师在幼儿操作之后引发的讨论和交流，将幼儿的感性体验与逻辑思考联系起来，为其抽象概念的提升建立了基础。

活动名称：间隔的规律[①]（大班）

【活动类型】
集体活动。

【活动目标】
1. 尝试用不同的方式（摆放材料和身体动作）来表现ABAB的模式。
2. 感受和同伴一起游戏的乐趣。

【活动准备】
黑板一块，两色间隔的扣链一串，红、黄、蓝三色磁铁若干，颜色、大小相同的长方形磁片若干。

【活动过程】
一、发现扣链的模式
出示幼儿拼接的两色间隔的扣链，提问：这串扣链是怎么样的？是什么样的规律？黄绿黄绿是扣链的什么？（颜色）
小结：这串扣链的颜色是有规律的，黄绿黄绿……一个黄一个绿间隔开来的。

二、表现和扣链同样的模式
1. 用不同的颜色来表示ABAB的模式。
出示多种颜色（如红、黄、蓝等）的磁铁，提问：刚才扣链的规律是两个颜色，一个隔着一个。后面扣链都是重复前面的黄绿排列，是吗？那么如果我要用磁铁来表示一个隔着一个的规律，你觉得需要几种颜色？（两种）
请一名幼儿选择两种颜色的磁铁，到黑板上来放成ABAB的规律。

2. 用一种长方形磁铁摆成ABAB的模式。
出示长方形磁片，告诉幼儿：现在我只有相同颜色、大小相同的长方形磁片，你能用这一种磁片排队，排成一个隔一个的规律吗？
请个别幼儿上前摆放。每当一个幼儿放好后，请这个幼儿或是其他幼儿来说说这一次的长方形是怎么摆放的，是怎样的规律？
小结：原来用一种形状的磁片，只要放的方向和位置不同，也能排出这样一个隔一个的规律。

三、用身体动作表现模式
1. 请幼儿围坐成一个圆圈，教师加入幼儿。告诉幼儿：我们来玩一个游戏，由两个人开头，做两种不同的动作，后面的人重复他们的这组动作，就像一个隔一个的规律那样。指定两名幼儿，请他们自行商量动作，并表现出来。请之后的幼儿根据这两个动作依次做出相应的动作。
2. 一次游戏结束之后，按顺时针方向，请下两名幼儿继续想新的动作。提出新的规则：这一次他们摆好动作开好头以后，其他的孩子不做动作，来猜一猜自己是什么动作。你是怎么知道的？

[①] 活动设计来自上海市长宁实验幼儿园，陈青．

小结：因为动作的规律是一个个间隔开来的，所以两个坐在一起的小朋友不可能是一样的动作。而隔开一个人的两个小朋友，动作肯定是一样的。

【活动延伸】

教师和一个幼儿想一组动作，教师和该幼儿商量用拍手和跺脚的动作来开头，请幼儿一个个接下去做动作。提问：除了用动作，还有什么也能表示这样的规律？（声音）

【活动评析】

首先，从数学概念角度来看，该活动充分体现了幼儿学习模式的渐进发展规律，即从模式的发现与认识到模式的扩展与推断，再到模式的转换与迁移，它既体现了儿童模式能力发展的线索，也体现了模式相关活动与儿童思维发展的渐进提升，设计循序渐进。

其次，从年龄阶段来看，大班幼儿的模式迁移能力有了初步发展，故而教师鼓励幼儿从扣链过渡到身体来继续表现模式，使儿童的数学学习能够真正进入到生活世界，避免纯粹或盲目地"为模式而学习"。

最后，从活动设计来看，该活动就借助了儿童生活中熟悉的生活情景，融入幼儿活动中常见的情感要素。从教师的活动准备来看，并没有太多的材料制作，而是充分且巧妙地挖掘了现有材料和其他教育资源的可利用价值，这一点也正是教师们在数学活动的设计中要加以关注的问题，数学需要操作，但不是只有操作。事实上，在儿童的一日生活中，在许多其他教育活动和游戏中也渗透着大量的数学问题和背景材料，作为教师，要善于发掘、善于迁移，以取得事半功倍的效果。

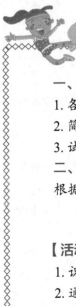

思考与实训

一、思考题

1. 各年龄阶段幼儿集合与模式活动的目标是什么？
2. 简述各年龄阶段幼儿集合与模式活动的内容。
3. 试述如何指导幼儿园集合与模式活动。

二、案例分析

根据所学内容，简要评析下述活动设计并说出理由。

活动名称：图形分类（中班）

【活动目标】

1. 识别图形，并能按图形颜色、形状、大小的不同进行二、三维分类。
2. 通过观察、比较图形，儿童的思维敏捷性得到提高。

【活动准备】

1. 大的红色、蓝色的图形卡片若干。

2. 幼儿操作的小的各色图形卡片若干。

【活动过程】

1. 认识图形，按颜色、形状不同进行初步的分类。

教师：小朋友，看，黑板上有什么？它们都一样吗？哪里不一样？（颜色和形状不一样）

看我的图纸上有什么？（红、蓝）表示什么意思？谁来分一分？

我这里还有一张图纸，表示什么意思？我把图形再摆在一起，请小朋友来分一分。

小结：我们是按图形的不同颜色和形状将卡片进行了分类。

2. 进行二维的分类。

教师：老师这里还有很多的图形卡片，它们就躲在你们的凳子下面，请你们拿出来，我们一起来玩"图形找朋友"的游戏。

说一说，你手上拿的是怎样的图形？

大家都认识自己的卡片了，下面游戏开始了，听我的口令：红色的圆形，谁的手上拿的是这个卡片的，我们就是好朋友了，大家一起碰一下吧。

蓝色的椭圆形……

有3条边的红色图形……

小结：我们刚才是按图形的不同特征进行分类的。图形卡片都找到了自己的好朋友。

3. 幼儿操作。

教师：我想把好玩的游戏放在我们的区角里，需要小朋友帮助整理图形卡片，请小朋友按照我手上盒子里的要求去整理。

看，盒子里的图片，表示什么意思？

好，现在请小朋友2人一组，一起去把盒子里的图形按盒子上卡片的要求分清楚。

4. 教师和幼儿一起检验。

5. 我们一起来检验一下大家分的对不对。老师检验2~3个，其他的盒子请大家一起来检验。

三、实践性学习活动

1. 选择一个幼儿园班级，统计分析班级中哪些材料可以支持幼儿感知和认识集合与模式。

2. 选择5名中班幼儿，评价其集合的认知发展情况，针对每名幼儿的实际需要，设计一项教育活动。

3. 选择5名大班幼儿，评价其模式的认知发展情况，针对每名幼儿的实际需要，设计一项教育活动。

第八章 幼儿园数与运算活动的设计与指导

案例导入

大三班的自由活动时间，龙老师给孩子们每人发了一张卡片，有的卡片上是黑色的圆点，有的上面是数字。龙老师请小伟说一说，卡片上有什么（小伟的卡片上写着数字5）。龙老师让孩子们仔细看看自己手上的卡片，说："还有谁的卡片能表示5，请和小伟站在一起。"这时，萱萱举手说："我的卡片上有5个黑色的圆点，就是5。"她举起自己的卡片（卡片上有4个点子围成一圈，中间1个点子），她手指着圆点一个一个地数给大家看。萱萱又对旁边的形形说："形形，你的卡片上也是5。"形形缓缓地站起来，举起自己的卡片，她的卡片上有两排点子，第一排2个，第二排3个。龙老师微笑着说："形形，你的卡片上有几个圆点？"形形茫然地看着老师，不知所措。

问题： 为什么有的幼儿不能说出自己卡片上点子的数量？不同年龄阶段幼儿对数的认识达到了怎样的水平？其教育目标和内容是什么？针对这些目标和内容，教师又该怎样组织活动？幼儿在数运算方面可以达到怎样的水平？可以组织哪些教学内容？带着这些问题，一起进入本章的学习。

学习目标

通过本章学习，你应该具备以下知识：
1. 了解幼儿园数与运算活动的目标与内容。
2. 知道怎样组织和指导幼儿园数与运算的活动。
3. 学会评价幼儿园关于数与运算的教学活动。

第八章　幼儿园数与运算活动的设计与指导

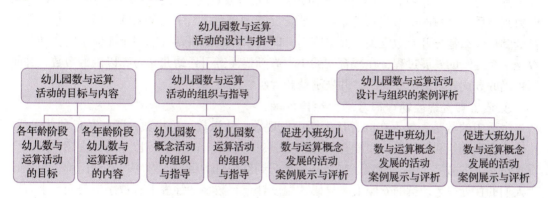

第一节　幼儿园数与运算活动的目标与内容

一、各年龄阶段幼儿数与运算活动的目标

幼儿园数与运算活动的目标是根据《规程》和《指南》等文件的精神，以促进儿童全面、整体发展及适应未来社会发展的要求而提出的。幼儿园数与运算活动目标不仅要与数学教育总目标相一致，还要与儿童的发展特点相适应，才能使儿童在数学活动中得到更好的发展。

在《3~6岁儿童学习与发展指南》解读[①]中，对"数与运算活动"的各年龄阶段目标表述如下：

（一）3~4岁幼儿数与运算活动的发展目标

1. 能手口一致地点数5个以内的物体，并能说出总数，能按数取物

这个目标里包含了三个要求：第一，要求幼儿手口一致地点数，点数正确，即数词、手指动作与要点数的物体要同时对应；第二，要求幼儿建立基数概念，也就是说点数完说出数量总数，要求幼儿知道数到最后一个数词就是这个集合的总数（5以内）；第三，要求幼儿在熟练点数、知道集合总数的基础上，能够按数取物（5以内）。

由此可知，手口一致地点数是"说出总数"的基础，"说出总数"又是按数取物的基础。

2. 能用数词描述事物或动作

这个目标要求用数词描述事物或动作，如"我刚才摘了3个苹果""我有4本图书""亮亮拍了5下球""我帮老师拿了4根彩笔"，等等，这就要求会计数。计数的过程

---

① 李季湄，冯晓霞.《3~6岁儿童学习与发展指南》解读[M].北京：人民教育出版社，2013.

就是把要数的那个集合的元素与自然数列从"1"开始的自然数之间建立起一一对应的关系。格尔曼等认为,儿童数数时必须遵循五条基本原则:一一对应原则,即儿童在数数时,一个数只能对应一个物体;固定顺序原则,即数与数之间有一个不变的顺序;基数原则,即数到最后一个数的值就代表这个集合所含元素的个数;顺序无关原则,即一个集合的数目,和从什么地方开始数无关;抽象原则,即关于数数的原则可以用于任何事物。幼儿计数是一个逐渐的发展过程,在教育实践中,教师要注意引导幼儿学习5以内的数数,并能用正确的数词表示事物或动作,并鼓励幼儿大胆尝试表达。

3. 体验和发现生活中很多地方都用到数

生活中的数是无处不在的,从生活中发现数、认识数、运用数,既能贴近幼儿生活,让幼儿感到亲切和可接受,又能让幼儿感受数对自己生活的价值。比如幼儿去超市时,会看到标签上的数字,知道价钱;在马路上会看到红绿灯的倒计时数字;看到门牌号码,知道人们的住处;运动员的衣服上有号码、温度计上有数字、钟表上有数字、公交车上有数字;买东西称斤两要用到数字,去超市算钱要用到计数等等。成人应该注意引导幼儿多注意这些数字和计数,让幼儿体验到人们在生活中的很多地方都会应用到数,数字和人们的日常生活结合得非常紧密。

(二)4~5岁幼儿数与运算活动的发展目标

1. 能通过数数比较两组物体的多少

幼儿在比较两组物体数量时,经常有三种策略。第一种是视觉提示,哪组物体多或长,就觉得哪组物体多;第二种是一一对应策略,如把第一组的物体和第二组的物体一个一个对应地摆在一起,最后哪组物体剩下了,就是哪组物体多;第三种是数数的策略,如第一组物体是5个,第二组物体是6个,知道6比5大,从而判断第二组物体多。中班的幼儿可以学习通过数数来比较两组物体的多少。幼儿若想运用数数比较物体数量的大小,首先要学习点数,其次要知道集合有大小,再次应知道越靠后的数字越大(6在5后面,所以6比5大)。

2. 会用数字描述事物的顺序和位置

"会用数字描述事物的顺序和位置"要求的是幼儿要具备"序数"概念。要求4~5岁幼儿理解10以内的序数意义,即要能理解一系列物体中,某一个是"第几"的问题。通过对10以内计数的学习,幼儿对数的实际意义已有所理解,对数学也有所认识,这些经验都是幼儿学习序数的基础。比如,幼儿可能知道"我家住在第5楼""妈妈坐在第6排"等。

3. 在成人的指导下,感知和体会有些事物可以用数来描述,对环境中各种数字的含义有进一步探究的兴趣

在成人的指导下,幼儿积极寻找生活中用数字做标志的事物,如电话号码、时钟、日历和商品的价签等。同时,成人还需要引导幼儿了解和感受数用在不同的地方,表示的意义是不一样的,如天气预报中表示气温的数代表冷热状况,钟表上的数表明时间的早晚,超市价签上的数表示价格的高低,球员衣服上的数表示球员的代码,街道上的数表示地址等,从而激发幼儿对环境中各种数字含义进一步探究的兴趣。

4. 能通过实际操作理解数与数之间的关系

数与数之间的关系对于幼儿来说是非常抽象的，因为这种关系是摸不着看不见的，人类文明过程中发明的这套符号系统对幼儿来说是很难理解的，所以对于数与数之间关系的认识，幼儿要借助实验、操作摆弄来理解，比如幼儿手里有5个碗、4个勺子，每个碗匹配一个勺子，即幼儿把每个碗里放上一个勺子，最后幼儿发现有一个碗是空的（没有勺子），进而得出结论"5比4多了1个"；再如：幼儿手里有2块糖，后来妈妈又给了他3块糖，幼儿把所有糖放在一起，重新数一遍发现一共有5块糖。

（三）5~6岁幼儿数与运算活动的发展目标

1. 能发现生活中许多问题都可以用数学的方法来解决，体验解决问题的乐趣

如果幼儿能发现生活中的许多问题可以用数学的方法来解答，说明幼儿把已有的数学经验与生活情境联系起来了，而不单纯是习得机械、静态的数学知识，成人应鼓励幼儿这样的思维和倾向。如给客人准备糕点时，可以先数一数、算一算有几个客人；出行前，算一算哪条路线最省时间和最省钱；拍球或跳绳时，可以通过数数的方法确定名次；在讨论春游去哪里玩时，可以用记录的方式记下每个想去的地方有多少人，根据统计结果做出决定等等。

2. 借助实际情景和操作（如合并或拿取）理解加和减的实际意义

借助实际情景和操作理解和解决简单的实物加减法问题是对数学知识的一种运用，比单纯的加减法机械记忆对幼儿的挑战更大。实际情景有助于幼儿理解加减法问题的意义，实物操作可以使幼儿使用演示的方法来再现运算题中的行动和关系。比如："小明原来有13块糖，给了小红4块，还剩下几块？"这样的减法题，5~6岁幼儿可以把4块糖从13块糖里拿走，而后数数剩下的糖果数量。再如：5~6岁幼儿可以玩超市的游戏，在超市这种情景下，解决涉及商品、价格的加减法问题更有利于幼儿理解加减的实际意义。

3. 能通过实物操作或其他方法进行10以内的加减运算

不提倡幼儿机械记忆10以内加减法口诀，而提倡幼儿运用多种方法解决10以内的加减问题。一方面，幼儿可以通过操作来解决，比如"3+4"这个加法问题，幼儿可以通过摆弄积木来解答，他可以先拿3个积木，再拿4个积木，最后数一数一共有多少积木；另一方面，幼儿可以借助一些加减法口诀来解决问题，比如幼儿记住了3+3=6，在解决"3+4"的问题时，幼儿可以通过分解3+3+1=6+1=7来解决。另外，幼儿还可以用数手指的方法，比如在计算"5-2"时，幼儿可以伸出5根手指，然后合上2根手指，最后数一数剩下的有几根手指。幼儿做减法时，还可以用倒数的方法，比如在解决"9-3"这个问题时，首先记住减掉3个，然后可以倒数8、7、6，最后得到6这个结果。

二、各年龄阶段幼儿数与运算活动的内容

由于不同年龄阶段的幼儿所要达到的数与运算活动的目标不同，相应地不同年龄阶段幼儿的数与运算活动的内容也有所差别。

（一）3~4岁幼儿数与运算活动的内容

1）能进行10以内的唱数。

2）能通过点数说出10以内物体的数量。

3）能采用目测的方式直接说出3以内物体的数量。

4）能根据所出示物体的数量（5个以内）从一堆物体中拿出数量相等的物体。

5）能认识10以内的数字。

（二）4~5岁幼儿数与运算活动的内容

1）能进行20以内的唱数。

2）能进行10以内的倒着数、接着往下数。

3）能手口一致点数15以内物体的数量。

4）能理解10以内基数的含义，会按物取数和按数取物。

5）能运用图画或其他符号表示10以内的数量。

6）能指出一排物体（10以内）中任意一个物体是第几个。

7）能理解日常生活中常见的数字符号所表达的意义，如电话号码、门牌号码、星期几。

（三）5~6岁幼儿数与运算活动的内容

1）能不受物体摆放形式的影响，通过点数说出20以内物体的数量。

2）能按群计数，如用2个2个数或5个5个数的方式。

3）能用书面数字符号正确表示10以内的数量。

4）理解日常生活中数字符号所表述的不同意义，如年、月、日、钟表上的时间、温度计、钱币等。

5）能进行10以内数的分解与组合。

6）能够用算式来表示生活中遇到的数量变化和加减问题，如用"2+3=5"来表示2个糖果和3个糖果放在一起的事情。

7）能对一定数量的物体进行等分，如二等分和四等分。

知识拓展

学前儿童10以内数概念的初步发展及特点

幼儿10以内初步数概念的发展既有连续性，又有阶段性。

第一阶段（3岁左右）——对数量的感知动作阶段

这个阶段的特点是：

第一，对数量有笼统的感知，他们对明显的大小、多少的差别能区分，对不明显的差别，则不会区分。

第二，会口头数数，但一般不超过10。

第三，逐步学会手口一致地对5以内的实物进行点数，但点数后说不出物体的总数。

总之，此阶段幼儿主要通过感知和运动来把握客体的数量，只具有对少量物体的初步数观念，还算不上真正具有了数的概念。

第二阶段（4~5岁）——数字和物体数量间建立联系的阶段

这个阶段的特点是：

第一，点数实物后能说出总数，即有了最初的数群概念。末期开始出现数的"守恒"现象。

第二，前期幼儿能分辨大小、多少、一样多；中期能认识第几和前后数序。

第三，能按数取物。

第四，逐步认识数与数之间的关系，有数序的观念，能比较数目大小，能应用实物进行数的组合和分解。

第五，开始能做简单的实物运算。

这一阶段幼儿所反映出来的特征表明他们已在较低水平上达到了形成数概念的目标。

第三阶段（5岁以后）——简单的实物运算阶段

这个阶段的特点是：

第一，对10以内的数大多能保持"守恒"。

第二，计算能力发展较快，大多数从表象运算向抽象的数字运算过渡。

第三，序数概念、基数概念、运算能力的各个方面都有不同程度的扩大和加深，到后期一般可学会100以内的数数，个别的可能学会20以内的加减运算。

这一阶段的幼儿已在较高水平上形成了数的概念，并开始从表象向抽象数的运算过渡。

第二节　幼儿园数与运算活动的组织与指导

一、幼儿园数概念活动的组织与指导

有关数概念的学习是学前儿童数学教育中的一个重要方面，在教学中，不仅要使幼儿学会数数，理解数的实际意义，知道数的顺序和大小，还应当帮助幼儿掌握10以内数字的认读和书写。因此，从教学内容来分，可以分为10以内的数（基数、序数）、计数（按物取数、按数取物、按数群计数）、数字符号（认读与书写）三个部分。

（一）10以内的数

1. 基数

任何一个数都具有基数意义和序数意义。基数意义即一个数当用来表示集合中元素的

个数时，叫作基数。基数通常表示为"几个"，体现的是自然数量的抽象意义。有关10以内基数的教学，可通过计等量集合、等量判断、按数量分类这三种活动来进行，并且这三种活动安排可依据数量递增的顺序平行进行。

（1）认识相邻数

相邻数的教学一般安排在大班年龄阶段，教学的重点是让幼儿理解相邻数之间的抽象关系。因此，为了帮助幼儿掌握这一重点，在教学中通常需要借助一定的形式和手段让幼儿感知。此活动案例采用游戏情景的形式，帮助幼儿从人数的数量抽象到所表示的数字，进而在总结中运用观察比较的方法帮助幼儿着重厘清10以内数的大1、小1关系。关系的梳理不是纯粹的讲解，而应当结合幼儿可见可知的具体物或教具展开，在此过程中，教师的语言归纳和解释特别要注意的一点是围绕一个中心数与前面的、后面的数加以比较。以"4"的相邻数为例，首先，出示可以用"4"来表示的物品或教具（数一数有几个？可用数字几来表示？）；其次，引导幼儿观察比较它们之间的区别与关系（它们哪个多？哪个少？多几个？少几个？）；最后，教师进行关键性小结（4个比3个多1个，4大3小，4排在3的后面；4个比5个少1个，4小5大，4排在5的前面，所以4的两个好朋友是3和5）。

为了更好地帮助幼儿认识掌握相邻数之间的关系和规律，教师可以将10以内相邻数分阶段进行教学。可以从相邻数的规律着手，启发幼儿类推更大数，甚至10以外数的相邻数。此外，在巩固阶段，可以摆脱直观教具的演示，采用操作、寻找、游戏等方法和手段加深幼儿对相邻数的理解。

（2）区别单双数

10以内单双数的区别与认识是学前大班年龄段幼儿所要学习的一项内容，一般会在幼儿已经掌握了10以内基数的实际意义，并且对数量间的多少关系，数字的大小关系以及不同的计数手段，如手口一致点数、按群数数等建立了相应的感性经验的基础上进行归纳性学习。教师在帮助幼儿形成对单双数的确切概念时，可以做如下解释与归纳："两个两个数正好数完的，叫作双数；不能两个两个数或者数完还余1个的，叫作单数"。因此，单双数的教学一般放在幼儿学习"按两个两个数"（按群计数）的教学内容之后。

在"区别单双数"的教学中，教师值得注意的有以下几个方面：第一，新授课时，应通过具体物的演示、感知或操作正确地归纳，以帮助幼儿形成单双数的确切概念，能够区分10以内的单、双数，同时，通过归纳和总结，还可以启发幼儿进行10以外数的类推；第二，复习时，应尽量采用多种教学形式和手段加以巩固，如玩游戏、寻找等方法，也可以结合其他数学教学内容来进行；第三，将"区别单双数"的内容融入幼儿的生活，尤其是通过幼儿亲身感受和体验身边的活动或游戏，如活动"娃娃游戏城"就是将"单双数"的内容自然地融入"我上大班了"这一主题中，让幼儿在游戏的情景中既养成了遵守规则的习惯，感受成长的快乐，也恰到好处地感受和学习了单双数。

（3）认识零

"零"是扩大的自然数列中最小的一个数，它与自然数不同，不属于自然数，而且在幼儿的生活经验和认知范围内往往会把"零"和"没有"画上等号。但在实际生活中，零却有着不同的含义和表示样式，因此，对于学前儿童来说，正确认识"零"的概念和含义是非常必要的一项教学内容。

教学的要点主要包括：第一，结合幼儿的生活经验，帮助他们自己去发现。不管在幼儿的实际生活中，还是在其他数概念的相关教学中，幼儿都会遇到涉及"零"的问题情境，如幼儿学习了单双数、相邻数后，一般会进行简单的类推，知道更大数的区别：25是单数，30是双数；99是单数，100是双数，也有的幼儿就会认为"10是双数，100是双数，所以0也是双数"，有的幼儿则不同意，由此就会引发出对"零"的讨论。同样，生活中看到的一些物品，如温度计上的"零"、门牌号上的"零"，都会引起幼儿的注意。在教学中，教师应当尽可能多地引导幼儿观察或回忆生活中所出现的"零"，通过比较让幼儿获得对"零"的概念的正确理解。第二，采用丰富的教学手段与形式。虽然这一教学内容的重点无疑是让幼儿获得正确的"零"的概念，指导它所代表的不同含义，但是，概念的获得是建立在幼儿自身感知式操作体验的基础之上的，如果教学中纯粹是以教师的讲解传递为主，则很难让幼儿获得相应的概念。但若能在教学中结合日常生活中的情境，通过讨论、比较、寻找、游戏等方法和手段，则能够大大地调动起幼儿学习的兴趣和参与度，也能够为他们主动的建构概念提供帮助。

2. 序数

序数是表示集合中元素次序的数。认识序数以认识基数为基础，因此，序数的教学一般安排在学习基数之后进行，年龄段一般选择在中班，主要的教学目标是：帮助幼儿理解序数的含义，能用序数字（第几，第几……）正确表示10以内物体排列的次序，并能从不同方向出发（上下、前后、左右等）确定物体的排列顺序和所在的序数位置。组织与指导的要点包括以下几方面：

（1）多种样式的教具排列，帮助幼儿明确方向

序数教学时的教具排列应注意多样，避免单一。排列可以有横的、竖的单排，也可以有表格式的排列，这样有助于幼儿学会从不同方向确定物体的排列顺序和序数位置。

由于物体排列的位置可因起始的方向不同而不同，从右边数起为第一个的物体，改为从左边数起时，它又成为最后一个。因此教儿童学习序数时，首先应明确哪是第一，按什么方向数，对于这一要点，教师可以用语言提示，也可以用一定的符号表示从哪里数起和按什么方向数的问题。如图8-1所示，符号"→"放于被数教具的某位置边，就表示这一位置的物体为第一，卡片的箭头所指方向为数的方向，这种符号设计后，由教师与幼儿共同商定其含义，便于在教学中发挥作用。

图8-1 从左往右数圆点

（2）多种形式的教学手段，帮助幼儿理解序数含义

讲解演示并结合教具的演示，让幼儿把握序数的位置。如教师出示5个玩具动物，可以先让幼儿说说它们的名字，数数一共有几只小动物，接着进行序数的教学。要给小动物

排排队，一边挪动小动物一边说："我从左边开始，请小兔排第一个，小狗排第二个，小猴排第三个，小熊排第四个，小象排第五个。"然后老师反复提出"××排在第几个"的问题，或"第×个是谁"的问题，让幼儿回答，以理解序数的含义。

游戏操作，让幼儿在游戏活动和自身的操作过程中进一步厘清序数的概念也是一种有效的教学手段。如教师可以组织幼儿玩"坐火车"的游戏，把10把小椅子排在教室一边，第一把椅子背上贴"火车头"的图片，然后请10个幼儿取好"车票"，根据车票号码上火车，坐在位置上，其他幼儿帮助检查坐得是否正确。这种游戏让幼儿亲自感受序数的含义，以加深对序数的认识。又如给幼儿在区域活动中放置一定的操作材料，让幼儿按照数字编号排列"种树"，并与其他幼儿交流不同名称的树的不同序数位置等。

结合日常生活，在许多情境和背景中有机地、随时地渗透序数的概念是巩固幼儿的序数概念以及应用性解决问题能力培养的又一途径，如上下楼梯、散步、排队、值日生等生活环节都可以充分地利用和结合。

材料名称：数棒[①]

年龄班：大班。

关键经验：感知数概念、感受数的递增。

指导要点：

1. 学习1~10数字的名称，以及每个数字相对应的量。
2. 记忆1~10数字的顺序。

注意事项：明白每个数字都代表一个量单元。

玩法：首先，依次取出数棒，摆在地毯上。其次，教师先引导幼儿帮数棒排队，然后教师依次取出数棒找到1，摆放好；然后是2，依次类推（红色在左边；上下要对齐。每一次找数棒都要用手握住上面的色块来数。这一点很重要，1、2、3，比较简单，可能不需要这样握数就能找到，但5以上的要靠目测就找到还是比较困难的）。最后，找出相应的数字摆放在数棒上方，如图8-2所示。

图8-2 数棒

---

① 活动设计来自上海市安庆幼儿园，卢世铁.

（二）计数

计数是幼儿数概念中的一个重要方面。作为一种能力，有关计数技能的培养和训练应当是数教育中的一个主要部分。从计数的方式来分，可以分为一一点数、目测数和按群计数，且它们也是一个由浅入深的发展阶段过程。对小班年龄的幼儿来说，主要的目标定位在手口一致点数 5 以内的物体，数物对应，且能初步理解数的实际意义；中班年龄段的要求是掌握 10 以内的计数，数物对应，学习目测数（接着往下数）和不受外在干扰因素的影响正确地计数；大班年龄段则要求学习按数群计数（如两个两个数或五个五个数）。

1. 点数

幼儿的计数能力是随着他们计数活动经验的不断积累而逐步提高的。点数是通过一一点数的方式正确说出数目总数，它是儿童计数能力最重要的标志，而按数取物（或按物取数）是培养幼儿点数能力的一个常见的教学内容。对于 4 岁左右的幼儿来说，可以尽可能多地给他们提供实践和操作的机会，来提高其手口一致的点数能力。在教学内容的安排方面，教师可以采用：出示一定数量的实物或实物（点子）卡片，要求幼儿拿出与其相等数量的物体（如教师在贴绒板上摆出 3 只小兔卡片，要求幼儿在自己的小盒里拿出与小兔数量一样多的圆形）；让幼儿按声响的次数拿出与其相等数量的物体（如教师拍 3 下手，要求幼儿找出有 3 辆汽车的卡片）；说出数字让幼儿按数取物（如教师说"5"，幼儿拿出 5 张三角形卡片或有 5 个图形的 1 张卡片）给予不确定的语句，要幼儿先判断后再取物（如教师说"拿比 3 多 1 的，比 5 少 1 的"等等）；出示数字，要求幼儿取出相应数量的物体（如教师出示数字卡"3"，要求儿童找出数量是 3 个的物体），反之，教师也可以给出物体的数量，让幼儿找相应的数字。

材料名称：雪花片

年龄班：小班。

关键经验：学习手口一致点数 5 以内的物体，并说出总数。

指导要点：在点数的过程中逐步理解基数原则。

注意事项：能够按物点数。

玩法：教师展示图片或实物，要求幼儿通过手口一致点数说出物体的数量。例如：请你告诉我这里有几块雪花片，如图 8-3 所示。

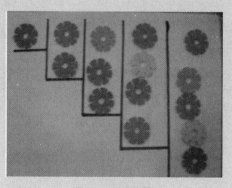

图 8-3　雪花片

第三部分 幼儿园数学认知教育活动的设计与指导

2. 目测数

所谓目测数，即不用一一点数的方式，而是用眼目测，在一瞬间说出数目总数。一般来说，学前儿童一般能够用目测数数说出的数目在3~5个，极少会目测到数量6，因此，目测数是受个体先天数数机制影响的一种数数能力，若作为一种数数技能加以培养和利用，通常是指先目测一部分再接着往下数。一般来说，在幼儿的一一对应和基数概念尚没有很好地发展起来的情况下，目测数并不是一项该年龄阶段幼儿自觉使用的计数策略。因为幼儿往往会受到被数物体的大小或空间排列形式的影响而不能正确地计数，只有当幼儿的一一点数能力发展到一定阶段，尤其是在掌握了10以内的计数的基础上，再把目测数（接着往下数）作为一种技能加以引导。

3. 按数群计数

按数群计数的教学内容一般在中、大班进行，在幼儿积累了一定的手口一致点数和目测数数经验的基础上，可以安排进行按数群计数的教学，具体来说，即学习两个两个数或五个五个数。这种按数群计数的能力也是幼儿后续的组成和加减运算学习的基础。在这项教学内容中，比较常用且有效的方法是操作法，即为幼儿提供和创造多种途径、形式的操作活动来练习两个两个数和五个五个数。在提供的材料方面，应注意丰富、多样、有趣；在采用的形式、手段方面，应注意多变、新奇、符合幼儿年龄特点，游戏和竞赛都是较受幼儿喜爱的形式。此外，除了正式的数学活动，在渗透的、日常生活中也可以积极地利用，如结合平时幼儿园生活中的点名、统计人数、搬小椅子等环节都可以让幼儿应用按数群计数。

活动名称：翻翻数数（中班）

【活动类型】

区域活动。

【活动目标】

1. 能准确地对纽扣进行计数。
2. 对数数产生兴趣。

【活动准备】

带盖子的盒子1个、正反明显的纽扣10粒。

【活动过程】

两名幼儿合作玩游戏。游戏前先确定各自要数的是正的或反的纽扣。两人轮流盖上盒盖摇晃盒子，停下后打开盒盖，各自数一数正的或反的纽扣有几粒，比较多少后，确定游戏的赢家。

【数学语言】

数一数正面朝上的纽扣有几个？反面朝上的纽扣有几个？比一比谁数的纽扣多？

请幼儿用手伸进布袋，触摸口袋中的物品（球、积木、卷糖、电池、魔方等球体、正方体、长方体和圆柱体物品），并告知他人摸到了什么。同时，教师也可以为幼儿另准备一套图片，图片上画有圆形、正方形、长方形或圆柱体、正方体、长方体，既可以让幼儿根据拿到的图片去摸相应形体的物品，也可以让幼儿把摸出的形体区分后，分别放到对应的图片下面进行匹配，以巩固幼儿对形和体特征的区分和认识。

(三) 数字符号

1. 数字的认读

(1) 记住字形

当数字符号出示之后，教师可利用幼儿所熟悉的事物与数字形象进行比较。如"1"像小棒，"2"像鸭子，"3"像耳朵，"4"像小旗，"5"像称钩，"6"像哨子，"7"像拐杖，"8"像麻花，"9"像气球，"10"像小棒和鸡蛋。通过形象的比喻帮助幼儿记住字形。

(2) 区分形近数字

由于幼儿方位知觉发展不够完善，观察不够仔细，对"2"与"5"、"6"与"9"等字形相近的数字往往容易混淆，因此，认读数字教学中的一个重点和难点就是对外形容易混淆的字做比较和区分，帮助幼儿分析区别，正确识别。

以上两点是10以内数字认读教学中的重点和难点。在教学开展过程中，数字的认读应尽量与其他数学内容相结合，避免纯粹地、简单重复地进行数字的识辨。

(3) 数字的表征

数字是用来记数的抽象符号。对于学前幼儿来说，数字符号的学习并不仅仅在于对数字的认读，相反，更重要的是能认识10以内的数字，了解生活中数字符号的不同含义，并能用数字符号正确表征10以内物体的数量。这一内容一般可安排在中班年龄段进行。

教师可借助百数表来引导幼儿感知数的表征系统，如图8-4所示为阿拉伯数字1~100按照顺序排列成10×10的矩阵。百数表的巧妙之处在于直观地呈现出数系统十进制的排列规律，还能便于幼儿感知数字位值的意义。

1	2	3	4	5	6	7	8	9	10
11	12	13	14	15	16	17	18	19	20
21	22	23	24	25	26	27	28	29	30
31	32	33	34	35	36	37	38	39	40
41	42	43	44	45	46	47	48	49	50
51	52	53	54	55	56	57	58	59	60
61	62	63	64	65	66	67	68	69	70
71	72	73	74	75	76	77	78	79	80
81	82	83	84	85	86	87	88	89	90
91	92	93	94	95	96	97	98	99	100

1	2	3	4	5	6	7	8	9	10
11	12	13	14	15	16	17	18	19	20
21	22	23	■	25	26	27	28	29	30
31	32	33	■	■	36	37	38	39	40
41	42	43	44	■	46	47	48	49	50
51	52	53	54	55	56	57	58	59	60
61	62	63	64	65	66	67	68	69	70
71	72	73	74	75	76	77	78	79	80
81	82	83	84	85	86	87	88	89	90
91	92	93	94	95	96	97	98	99	100

图8-4　10×10矩阵数字表

教师可先引导幼儿观察百数表，说一说在这些数字排列中有什么样的规律，如横着看每一排个位数（数右边的数字）是一个一个递增的。还有的幼儿会发现，每排、每列都是十个数，每排排满十个数就开始下一行。

根据已经发现的规律，教师可利用百数表与幼儿一起做猜数字游戏，用方块盖住4个数字，让幼儿通过周围数字的线索来推断被遮挡的数字，进一步体验百数表中同行依次差

第三部分 幼儿园数学认知教育活动的设计与指导

1，同列依次差 10 的排列规律。教师可引导幼儿关注百数表中的数字，要求幼儿寻找个位为 0 和 1 的数字，帮助幼儿熟悉百数表中数字的排列位值：10、20、30……排在每一排的末尾，而 11、21、31……排在下一排的第一个。这些为幼儿根据数字的线索猜数字奠定了基础。游戏开始之前，教师要强调游戏规则：先猜一猜，再揭开方块验证。请幼儿说说推断的理由，从幼儿对理由的表述中判断幼儿是否关注到百数表中同行依次差 1，同列依次差 10 的排列规律。而后请幼儿两人一组，结伴游戏，如果幼儿结伴后，猜数字的一方总也猜不到，教师可以引导他分析方块所在行、列的前后数字变化，直至他明白如何根据数字的排列规律来猜为止。

这类活动还可以变换成多种形式，如百数表补漏：从百数表中拿掉几个数字，让幼儿将拿掉的这几个数字补回去；在补的过程中，幼儿可对照上下前后的数字验证对不对。在此过程中进一步体验百数表的排列规律，感知数的表征系统。

材料名称：数字方块[①]

年龄班：大班。

关键经验：熟悉抽象的数字符号 1~100。

指导要点：培养幼儿初步的数的连续。

注意事项：训练幼儿辨别数的概念。

玩法：100 块数字方块，如图 8-5 所示。首先，教师教幼儿认识数字符号；其次，教师引导幼儿把数字方块按某一顺序排列放在绘制的木板表格中。

图 8-5 数字方块

二、幼儿园数运算活动的组织与指导

10 以内数的加减运算是中大班年龄段幼儿的教学内容之一，具体可以分为数量的分合与加减运算活动的教学。

---

① 活动设计来自上海市南阳实验幼儿园，闵晴华．

（一）数量的分合

数量的分合包含着分解和组合两个方向，是指一个总数可以分成几个部分数（量），几个部分数（量）可以合成一个数量（总量）。幼儿对数的分合的理解是建立在量的分合的基础之上，在积累了一定的量的分合经验后，他们逐步理解抽象的数的分解与组合，并理解分合过程中数群之间的等量、互补、互换关系。例如：幼儿在操作中发现5朵花可以分成1朵和4朵，也可分成2朵和3朵、3朵和2朵、4朵和1朵，它们合起来都还是5朵花。不只是5朵花可以这么分，5个杯子、5块饼干，还有抽象的5个点子等，所有数量为5的物体都能够得到这些一样的结果。幼儿在量的水平上积累了丰富的经验之后，逐步理解数5的分合，在操作中体验整体与部分的关系。

1. 感知部分与整体的关系

组织这类活动的目的在于让幼儿初步感知部分与整体之间的关系，认识分合号，理解它"表示两个部分合在一起构成整体""整体可以分成两个部分"的意义，为学习数量的分合做准备。教师可选择幼儿熟悉的东西，如常见的水果、蔬菜、交通工具等的玩具或卡片。同时，教师引入分合符号"∧""∨"，向幼儿介绍"∧"是分号，表示把完整的物品分成两个部分，"∨"是合号，表示要把两部分合并。幼儿进行分合操作，同时也在体验分与合互逆的过程。

2. 积累数量分与合的经验

数量的分合实质上是数群和子群之间存在着的等量关系、互补关系、互换关系的反映。幼儿对数组成所蕴含的数量关系的体验和理解需要建立在丰富的感性经验的基础上。

教师可设计多种形式、多种层次的分合操作活动或游戏帮助幼儿获得数的分合经验。如撒花片游戏，花片的正反面为不同的颜色，数量为5的游戏时，幼儿把花片捧在手里，然后撒在桌上，看看每种颜色的花片各有几片，并记录每次撒花片的结果，最后数一数会有几种结果（撒下后全部为一种颜色的不记录）。教师鼓励幼儿用多种方式记录结果，如点子、竖线等，这是为了帮助幼儿在量的水平上积累丰富的经验，为真正理解用抽象的数字表示分合关系奠定基础。

操作活动"分两份"中，活动材料可用小实物如雪花片，材料的数量为5，幼儿将一组材料分成两份，并做记录，再数一数有几种结果，如图8-6所示。

图8-6 "5"的分解与组合

在幼儿体验了多种材料进行数量 5 的分合操作后，教师可组织幼儿分享记录的分合结果，帮助幼儿概括所获得的经验。幼儿所用的操作材料是多种多样的，但是用数字、符号记录时，它们的结果都是相同的，即数量为 5 的物体，当把它们分成两份时，其结果只有 1 和 4、2 和 3、3 和 2、4 和 1 四种。幼儿基于量的分合经验，初步理解数的分合的抽象意义。

3. 拓展分合思路，体验多种分合方式

让幼儿探索、体验数量除了二分法以外的分法的目的在于发展幼儿思维的灵活性。幼儿在常规的学习任务中已对"把一个数分成两个数、两个数合起来是一个数"相当熟悉，在解决具体的问题时思维容易受到局限，所以，教师在组织活动让幼儿体验数量的多种分法时要注意设问题情境，如"当一个数分成两个数或两个数合成一个数的知识解决不了问题时该怎么办"，启发幼儿开动脑筋，拓展思路。例如：在"超市购物"活动中，教师可以在商品价格或提供给幼儿的钱币上做些"手脚"。以用 10 元钱买东西为例，教师可要求幼儿将 10 元钱全部花光，买到的东西数量不限。教师应准备较多的低价商品，这样许多幼儿如果只买两样商品时就无法将钱花光。

（二）加减运算活动的教育

幼儿学习 10 以内加减运算是幼儿园大班数学教育的一项重要内容。为了使加减运算的教学重点集中、突出，使幼儿对加减概念有较清楚的理解，10 以内加减运算的教学内容可以分做两个阶段进行。在第一个阶段，教师主要是教幼儿学习 5 以内的加法和减法，在具体安排时，可以将加法和减法分开教学，这可使教学重点集中在加法（或减法）上面，同时也使教学的难点得以分散，使幼儿能够较好地理解加减概念。这一阶段因为数量较小，幼儿在计算上不会出现太大困难，重点是帮助幼儿理解加减的实际意义。在第二阶段，教师主要教幼儿学习 10 以内的加法和减法，此时加减可以结合来进行教学。如可将 5+1=6、1+5=6、6−1=5、6−5=1 这样相互有联系的四道题组成一个单元引导幼儿学习，这不仅让幼儿感知到在加法中两个加数交换位置，它们的和不变，同时，幼儿还可以体验到加减之间的互逆关系（如 5+1=6，而 6−5=1）。此阶段，教师还可以引导幼儿运用数的组成经验学习加减，这将有助于幼儿对数群之间关系的掌握。如教师引导幼儿将 6 分成两个数，即将 6 分成 5 和 1 或 6 分成 4 和 2 等，借助这组合方式引导幼儿将其编成加法和减法算式，如 5+1=6、1+5=6、6−1=5、6−5=1。

1. 感知、体验加减含义

（1）通过生活实例，感知、体验数量变化

教师可结合日常生活情境，向幼儿提出解答加减运算的问题。如活动"擦了几个杯子"中，教师安排了一次合作劳动——两人一组擦杯子。它要求每组幼儿擦完杯子后要在一张记录单上记录三个数字：自己擦的杯子数、同伴擦的杯子数、小组（两人）合起来擦的杯子数。这实际上也是教师为幼儿学习加法所创设的问题情境，与前一情境所不同的是：幼儿需要将自己擦的杯子数、同伴擦的杯子数及两人合起来所擦的杯子数均用数字记录下来。此时，幼儿用数字进行记录既表达了他对情境中数量关系的理解和认识，同时也表达了问题解决的结果，从中可以看出幼儿对加法概念的认识。

另外，幼儿还可在游戏过程中体验数量的变化，积累关于加减含义的经验。如在幼儿进行娃娃家的角色游戏时会遇到这样的情节：自己家有 3 个人，今天邻居家的爸爸来做客，多了1个人,这样家里就有4个人;或者今天妈妈带着宝宝去邻居家做客,少了2个人,家里只剩下1个人。又如,幼儿在"小医院"扮演医生的时候也会遇到这些类似的数量变化的情境,"小医院"原来有医生和护士2个人,又来了2个患者看病,现在医院有4个人。

(2)通过实物操作、口述应用题,理解加减法含义

实物操作与口述应用题可为幼儿理解加减法的含义提供具象的、表象的支撑,如幼儿通过实物操作、口述应用题初步理解合并加法的含义。首先,幼儿学会把两组物体合并在一起,求一共有多少个,用动作演示合并、相加的过程。其次,教师借助多种实物教具,通过演示和讲解,使幼儿初步理解加法的含义。如教师一边在绒板上出示1张小鸡图片,一边引导幼儿说"草地上有1只小鸡",稍等一会儿,教师又出示1张小鸡图片,并引导幼儿说"又来了1只小鸡",然后边用手圈画出草地上的2张小鸡图片,边问幼儿"草地上一共有几只小鸡?"幼儿回答后,教师边演示边说"要算出草地上有几只小鸡,我们就要把原来的1只小鸡和又来的1只小鸡合并在一起,即1只小鸡加上1只小鸡,一共有2只小鸡"。通过教师的演示和说明,让幼儿既看到1只小鸡和1只小鸡合并的过程,又看到合并的结果,从而帮助幼儿初步理解了加法的含义。

再如,让幼儿理解减法的含义时,教师一边在具有操场背景的图上出示2张小朋友的图片,让幼儿说说"操场上有2个小朋友",接着拿走1张小朋友的图片,引导幼儿说"走掉了1个小朋友",然后教师指着留下的小朋友问"2个小朋友走掉了1个,还剩下几个小朋友?"通过教师的演示和讲解,让幼儿既看到了2个小朋友走掉了1个的过程,又看到了减少后的结果,从而帮助幼儿初步理解总数中去掉一部分、剩下另一部分,这一过程就是减法。

> **材料名称:数字卡片、鱼卡片、骰子、盒子**①
>
> 年龄班:大班。
> 关键经验:感受事物的数量关系,获得有关数的感性经验。
> 指导要点:学习10以内的分解组合及其加减法。
> 注意事项:能灵活运用到生活中。
> 玩法:图8-7所示为数字游戏盒。首先掷骰子,然后选出与骰子投掷出来的数相对应的数字卡片,再合理分配每个纸盒中鱼卡片的数量(可以是空盒)。
>
>
>
> 图8-7 数字游戏盒

---

① 活动设计来自上海市安庆幼儿园,卢世铁.

第三部分　幼儿园数学认知教育活动的设计与指导

2. 学习列加减算式，理解算式意义

（1）学习用数字、符号记录加减运算过程和结果，理解算式的含义

幼儿初步掌握了实物加减运算后，教师可以引导幼儿学习用数字、符号将运算过程记录下来，也就是教幼儿用算式记录运算过程和结果。算式是对加减运算过程的抽象表征，幼儿开始学习加减算式时还不能脱离具体的实物操作和情境，教师应通过实物教具的演示，帮助幼儿认识加号、减号、等号及每个数在算式中的意思，引导幼儿结合操作过程或者具体情境感知算式的结构，发现算式的抽象意义。例如："院子里有3只小鸡，又跑来1只小鸡，院子里一共有几只小鸡？"教师边口述应用题边演示教具，着重说明，要算院子里一共有几只小鸡，就要把原来的3只和又跑来的1只合并在一起。院子里原来的3只小鸡，用数字"3"来表示（在黑板上写"3"或贴上"3"的数字卡片），又跑来1只小鸡，用数字"1"表示（在黑板上写"1"或贴上"1"的数字卡片），要算一共有几只小鸡，就要把原来的3只小鸡和又跑来的1只小鸡合并起来（演示合并动作），就是加起来，可以让幼儿一起做一做合并的动作，加可以用符号"+"来表示，并随即在"3"和"1"中间写"+"（或放加号卡片），告诉幼儿它叫作加号，即"3+1"就表示把3只小鸡和1只小鸡合并起来了。教师问"3加1等于几？"幼儿回答后，出示符号"="并告诉幼儿它叫"等号"，在"等号"后面写"4"，"4"表示院子里一共有4只小鸡。然后告诉幼儿"3+1=4"叫作加法算式，读作"3加1等于4"。

> **材料名称：图画和数字卡片**①
>
> 年龄班：大班。
>
> 关键经验：10以内的数的分解、组合及加减法。
>
> 指导要点：能从游戏中感受到事物的数量关系，获得有关数的感性经验。
>
> 注意事项：能灵活运用到生活中解决实际的问题。
>
> 玩法：图8-8所示为图画和数字操作卡。玩法一：看图画卡片来选出对应的数字卡片；玩法二：只有一张数字卡片，让幼儿自己列出图画卡片。

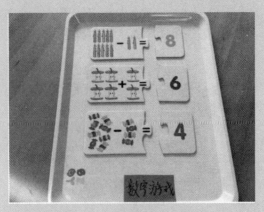

图8-8　图画和数字操作卡

---

① 陈英和. 认知发展心理学[M]. 杭州：浙江人民出版社，1996.

（2）引导幼儿理解一个加减算式可以表示两件或多件事情

在进行10以内加减运算的教学过程中，教师可以为不同的幼儿提供不同的任务情境，但解决的是相同的运算问题。让幼儿体验同一算式可以表示多种不同的事情。如教师在黑板上出示"3+2=5"这道算式，一位幼儿用晨间体育活动的情境来说明算式表示的含义，"操场上有3个小朋友在跳绳，又来了2个小朋友，操场上一共有5个小朋友在跳绳"。此时，教师应鼓励、引导幼儿根据自己的生活经验讲述不同的事情，说明这道算式的含义。例如：有一位幼儿说："我先擦了3把椅子，后来我又擦了2把椅子，我一共擦了5把椅子。"而另一位幼儿说："我有3支彩笔，妈妈又给了我2支，我一共有5支彩笔。"在教师的引导下幼儿学习用同一道算式"3+2=5"表示这两件事情中相同的数量关系，这会让幼儿更清楚地理解算式中每一个数字及运算符号的意义，理解算式所具有的抽象意义。

3. 学习自编应用题

（1）观察三幅情景图，学习自编应用题

教师可利用表示事物数量关系变化的情景图，引导幼儿仔细观察并讲述图意，帮助幼儿掌握应用题的结构。

教师将加减应用题按其数量关系的变化设计为三幅图：第一幅图表示事物原有的数量；第二幅图表示事物数量的变化过程（数量增加或减少）；第三幅图表示该事物数量关系变化后的数量，这幅图直接地表示了问题的答案。教师出示这三张表示事物数量关系变化的情景图后，幼儿就可以独立地观察并讲述图意，而不需要在教师的直接指导下进行操作或回答问题。这样可充分调动幼儿学习的主动性和积极性，并促进幼儿之间的交流和学习。

（2）引导幼儿根据生活经验自由编题

幼儿编题的素材也可来自他们的生活经验。教师可启发幼儿选用身边发生的事情作为自编应用题的内容。例如：周日幼儿与妈妈一起去超市购物，就可以请他说说他买了什么，每样物品的价格是多少，计算一下自己用了多少钱。然后，请幼儿将自己购物的事情编成一道应用题，并请其他幼儿解答。通过这类编题活动，幼儿感到数学和他们的生活是密切相关的，数学是很有用的。

教师还可以让幼儿两人一组，其中一人出题，另一人答题，最后两人一起写出所编题目的算式。

4. 运用多种形式练习加减运算

幼儿掌握10以内的加减运算，不仅要理解而且还必须不断巩固和练习。因此，教师需要组织多样化的练习活动，帮助幼儿提升加减运算能力。

（1）运用多种感官练习

1）视觉练习。幼儿通过看图片进行计算，如教师出示两张画有不同数目小鱼的图片，让幼儿看图回答"图上一共有几条小鱼？"并说明是用什么方法算出来的；也可以让幼儿先看图片，然后再计算。

2）听觉练习。幼儿按声响的次数进行计算。如教师第一次敲了两下铃铛，第二次敲了三下铃铛，让幼儿用数字记录两次敲铃的次数并计算敲的总次数。如两下就写数字"2"，三下就写数字"3"，用"2+3=5"算出总次数。这既便于幼儿计算，又把书写数字与计算活动结合了起来。教师也可以用其他声响，如青蛙的叫声、猫咪的叫声代替。

3）触觉练习。幼儿通过触摸感知物体的数量并做加减运算。如让幼儿分别用两只手从装有弹珠的布袋中摸出弹珠，然后讲出一只手摸了几颗，另一只手摸了几颗，回答一共摸了几颗。

（2）在游戏中练习

1）掷骰子列算式。幼儿同时掷两个骰子，用数字记下这两个数字，如果学习加法，则将两数相加，算出得数，并将两个数列成一个加法算式；如果学习减法，则从大的数目里去掉小的数目，算出得数并列出减法算式。幼儿运用这样的规则还可以进行下棋活动，即根据两个骰子相加或相减后的得数走棋。

2）翻扑克牌。取扑克中的3套1~10共30张牌，洗乱放桌上。让玩游戏的两人各自摸10张牌，剩余10张反扣在桌子中间，先由一方翻开反扣在桌子中间的一张牌表示得数，然后要从自己手里的牌抽出相加或相减的得数与翻开的那张牌相等的两张牌，将三张牌合在一起放到桌上，接下来轮到另一方翻中间的牌。如果手中没有能算出所翻得数的牌就要把翻出的那张牌收回到手中。当中间的牌翻完后，手中牌少的一方为胜。

此外，在日常生活中运用加减运算解决一些简单的问题，也是巩固、提高幼儿加减运算能力的有效方式。

活动名称：算数三子棋（大班）

【活动类型】
日常活动。

【活动准备】
自制底板（上面数字为0~10任意数字若干），骰子两个，红、绿棋子若干个。

【活动过程】
1.游戏双方的一方选用红色棋子，另一方选用绿色棋子。
2.两人轮流掷骰子，根据骰子上面的点数可以进行任意加减法，并用自己的棋子放在游戏底板上的相应得数上。如果属于自己一方的三个棋子能够纵向、横向或者斜向连起来，那么就算赢家。

【数学语言】
请将两个骰子上的点数相加（或相减）算出得数，并将自己的棋子放在相应的数字上。

第三节 幼儿园数与运算活动设计与组织的案例评析

一、促进小班幼儿数与运算概念发展的活动案例展示与评析

活动名称：草地上有几只脚（小班）

【活动类型】
集体活动。

【活动目标】
1. 在故事情境中说出数字，尝试10以内的有序唱数。
2. 在游戏中体验唱数的乐趣。

【活动准备】
图片（蜗牛、小朋友、小狗、蜜蜂、蜘蛛、螃蟹各一张）、蜗牛玩具一个、手杖一根、地上贴有小草（当作草地）。

【活动过程】
一、展示图片，认识蜗牛

教师出示蜗牛图片，向幼儿提问：这是什么动物？（蜗牛）蜗牛走路是什么样的？（爬）蜗牛用身体的什么地方爬行？这就像是蜗牛的脚，它有1只脚。

二、数数不同的脚

1. 教师分别出示蜗牛和小朋友的图片，引导说出相应的数字。提问：蜗牛要去找朋友了，它找到了谁？小朋友有几只脚呢？（2只脚）现在草地上有几只脚呢？我们一起数一数。（3只）

2. 教师出示蜗牛和小狗的图片，接着以蜗牛找朋友的情节来引导幼儿数一数草地上一共有几只脚，将唱数的数量提高到5。

3. 再逐一出示蜜蜂、蜘蛛、蜗牛、螃蟹的图片，唱数到9。让幼儿点数一共有几只脚。

三、和蜗牛一起做游戏

1. 引起幼儿游戏的兴趣：我带来了一个朋友（蜗牛玩具），不过它有点害羞，我们一起数到10，请它出来好吗？

2. 教师介绍游戏规则：蜗牛想数一数草地上有几只脚。你可以把两只脚露出来也可以藏起来，可以怎么藏呢？（跪在草地上）。蜗牛会念一首儿歌（站起来，蹲下来，小脚小脚放放好，3-2-1），当它数到1的时候你就不能动了，然后我们来数一数草地上有几只脚。教师用手杖进行点数，幼儿跟着教师一起唱数。

【活动延伸】
在日常生活中常使用数学语言。例如：

1. 不要忘记数到了几。
2. 沙滩上的脚越来越（多），数字就越来越（大）。
3. 比5只脚多一点，可能是几只脚？还可能是几只呢？

【活动评析】

首先，从数概念来看，本次活动通过出示图片，蜗牛找朋友的情境以及游戏使幼儿能够获得进行10以内的唱数，通过点数说出10以内物体的数量，手口一致地点数5以内的物体，并说出总数等关键经验。

其次，从年龄阶段来看，小班的幼儿会口头数数，但一般不超过10，同时，也会手口一致地对5以内的实物进行点数。该活动让幼儿通过感知和运动来把握客体的数量，因此，本次活动符合小班幼儿的年龄特点。

最后，从本次活动的设计来看，教师首先通过出示蜗牛图片，让幼儿了解蜗牛，并初步引导幼儿数一数蜗牛有1只脚；然后教师通过蜗牛找朋友的情节来进一步引导幼儿数一数小朋友有2只脚，小朋友和蜗牛一起有3只脚；接着出示其他动物的图片，让幼儿唱数到9，再点数一共有几只脚；紧接着，教师引导幼儿和蜗牛一起游戏，使幼儿在游戏中感受唱数和点数乐趣的同时，学习正确进行1~10以内的唱数和手口一致的点数。此外，教师通过相应的数学语言启发幼儿进一步的思考，如"比5只脚多一点，可能是几只脚？还可能是几只呢？"等等。

活动名称：生日蛋糕（小班）

【活动类型】

日常活动。

【活动准备】

橡皮泥或面团若干；装饰蛋糕的配件，如串珠、豆子等；扭扭棒每人3根。

【活动过程】

一、动手操作

将幼儿分组，给每组分发一盒装饰用的材料，每位幼儿领取一块橡皮泥或面团，请幼儿用所提供的装饰物做出各种生日蛋糕（蛋糕装饰时可渗透模式的概念）。"蛋糕"做好后，老师可提示幼儿为3岁的朋友过生日，用扭扭棒做蜡烛，插上3根，但必须用两种不同颜色的扭扭棒。

二、作品展示

作品完成后，让幼儿展示自己设计的"蛋糕"并讨论蜡烛的不同插法，如1根红的、2根黄的或1根黄的、1根绿的、1根红的……

三、教师总结

老师将不同颜色的"蜡烛"组合用扭扭棒在黑板上展示出来。

【数学语言】学习运用数学语言。一共插3根"蜡烛"，要用不同颜色的扭扭棒来插。幼儿插的3根"蜡烛"是1根红的、2根黄的……

第八章 幼儿园数与运算活动的设计与指导

【活动评析】

首先，从数运算来看，本次活动通过插蜡烛环节使幼儿能够获得体验"3"的分解与组合的乐趣等关键经验。

其次，从年龄阶段来看，小班的幼儿基本上不会加减运算，但是通过生日蛋糕这一与日常生活有密切联系的活动，小班幼儿基本上能通过操作初步了解"3"的分解与组合。因此本次活动符合小班幼儿的年龄特点。

最后，从本次活动的设计来看，"生日蛋糕"游戏是日常活动，材料简单，可操作性强。教师首先让幼儿动手制作蛋糕，然后创设给3岁小朋友过生日的情境，再进行插蜡烛的环节，在该环节中，教师引导幼儿利用不同颜色的扭扭棒插3根蜡烛，使幼儿体验到量的分解与组合的乐趣，能够促进小班幼儿在实物操作中解决问题，不断积累有关数的组成与分解的经验，为以后幼儿进行列式运算打下基础。

二、促进中班幼儿数与运算发展的活动案例展示与评析

活动名称：听声音数糖① （中班）

【活动类型】

集体活动。

【活动目标】

1. 能通过"听声音"默数7以内的数，并能找出相应的数字。
2. 积极、大胆地参加活动。

【活动准备】

数字卡1~10、糖罐子一只（最好是铁罐）、硬糖果多颗。

【活动过程】

一、玩游戏

带领幼儿玩"听声音数糖果"的游戏。教师先介绍游戏规则：幼儿蒙住或闭上眼睛后，教师往糖罐子中一颗一颗地放糖果，让幼儿通过声音来数糖果的数量。听完后不要说出答案，由教师来请个别幼儿说出答案。

二、总结默数的方法

游戏进行几次后，教师帮助幼儿总结默数的方法：听到一颗糖掉落的声音就数一个数字，然后接着听声音再往下数一个数字，最后一个声音所数的数字就是糖果的总数。

三、幼儿再次尝试默数

再进行游戏"听声音找数字卡"。请幼儿继续听糖果掉进糖罐的声音，然后找到对

---

① 活动设计来自刘凌幼教名师工作室．

第三部分 幼儿园数学认知教育活动的设计与指导

应的数字卡。

【活动评析】

首先，从数概念来看，本次活动通过"听声音数糖果"的游戏使幼儿能够获得用点数的方法对 10 以内数量的物体进行准确计数等关键经验。

其次，从年龄阶段来看，该活动让幼儿通过听声音来数糖果的数量，对幼儿来说具有一定的挑战性。默数需要建立在幼儿能够熟练地进行手口一致点数的基础上，而中班的幼儿不仅能够熟练地进行手口一致点数，而且还能在点数实物后说出总数。因此，本次活动符合中班幼儿的年龄特点。

最后，从本次活动的设计来看，教师首先带领幼儿玩"听声音数糖果"的游戏，让幼儿通过声音来数糖果的数量，引起幼儿的计数兴趣及数学思考，然后，教师帮助幼儿总结默数的方法，使幼儿懂得默数，并知道最后一个声音所数的数字就是糖果的总数。最后，在进行游戏"听声音找数字卡"环节中，不仅能进一步巩固幼儿的计数能力，而且能进一步考察和提升幼儿的数字认读能力。

活动名称：我们凑在一起① （中班）

【活动类型】

区域活动。

【活动目标】

1. 能对数字进行分解与组合。
2. 在游戏中体验凑数的乐趣。

【活动准备】

自制有数字点数或图形组合的牌卡 1~10，如果要凑成"8"，则取出 1~7 的牌卡，其余不用。

【活动过程】

1. 发给每位幼儿相等数量的牌，桌上中央放一沓牌卡，作为共牌，最上面的一张牌翻开。
2. 谁手上的牌能与桌上翻开的牌凑成"8"，就可以收走翻开的牌，并再翻开一张；如果手里的牌不能和桌上的牌凑成"8"，则跳到下一位幼儿。
3. 桌上的共牌翻完后，谁收走的牌最多，谁就是赢家。
4. 要凑的数可以不断变化，但设置好数字后，要取出用不到的牌，如要凑成"9"，牌中就不能有"9"及以上数的牌。

【数学语言】

幼儿手上的牌和桌上翻开的牌合在一起要凑成"8"。

---

① 活动设计来自刘凌幼教名师工作室．

【活动评析】

首先，从数运算来看，本次活动牌卡游戏使幼儿能够获得进行10以内数量的分解与组合，体验一个量可以分成两个部分量、两个部分量合起来就是原来的总量、借助实物或情境理解10以内集合的数量变化等关键经验。

其次，从年龄阶段来看，中班的幼儿已经表现出初步的运用表象进行加减运算的能力了。该活动让幼儿通过牌卡游戏这一情境理解10以内的数的分解与组合，因此，本次活动符合中班幼儿的年龄特点。

最后，从本次活动的设计来看，教师通过牌卡游戏进行"8"与"9"的分解与组合，已经脱离实物操作的层面，需要幼儿进行概念水平的运算。活动的内容较为传统，但形式上幼儿较为感兴趣，能够进一步巩固幼儿运用抽象的数概念进行加减运算的能力。该案例可以在幼儿户外活动时间或自由时间展开，涉及由3个甚至3个以上的数组成一个更大的数，这对幼儿来说更富挑战，趣味性增强。

三、促进大班幼儿数与运算发展的活动案例展示与评析

活动名称：造房子[①]（大班）

【活动类型】

集体活动。（15个幼儿）

【活动目标】

1. 练习点数20以内的物品，不跳数、漏数、重复数。
2. 在一定的空间关系里识别物品的数量。

【活动准备】

磁力棒300根、磁力球150个、磁性板15块、房子设计图5种。

【活动过程】

一、第一次造房子

1. 教师出示第一个房子设计图，提出问题，引导幼儿进行观察和点数：这个房子是由哪些部分组成的？（1个屋顶、1个房间）建这个房子用了哪些材料？各有多少个？（棒6根，球5个）

2. 请几位幼儿上来数一数，说一说自己是怎么数的。老师分别对各个幼儿数数的方式做总结。如先数房顶，再数房间，从上数到下，从左边数到右边。

二、第二次造房子

1. 教师出示第二个房子设计图，再次引导幼儿观察和点数：这个房子是由哪些部分组成的？（1个屋顶、2个房间）建这个房子需要多少根棒，多少个球呢？

---

① 活动设计来自刘凌幼教名师工作室．

2.给每位幼儿一块磁性板,请幼儿自己数一数需要的材料数量,根据这个数量取材料,按照设计图在磁性板上造房子。

3.教师根据巡视的情况,请几位幼儿上来展示作品,数一数,说一说,搭建这个房子需要多少材料,自己拿的材料是否正好。

三、第三次造房子

1.教师出示余下的房子设计图。请幼儿选择一个房子设计图,根据自己点数的结果拿取正确数量的材料,在磁性板上造房子。

2.教师根据巡视的情况,请幼儿上来展示作品,数一数,说一说,搭建这个房子需要多少材料,自己拿的材料是否正好。

【活动延伸】

数一数今天班上来了多少个小朋友?

【活动评析】

首先,从数概念来看,本次活动通过三次造房子使幼儿获得能正确点数20以内物体的数量,学习运用接数、按群计数、目测数群等多种方法计数等关键经验。

其次,从年龄阶段来看,大班的幼儿对10以内的数大多数能保持"守恒",序数概念、基数概念的各个方面有了不同程度的扩大和加深,到后期一般可学会100以内的数数。该活动通过三次造房子来点数20以内的物品,因此,本活动符合大班幼儿的年龄特点。

最后,从本次活动的设计来看,教师在三次造房子活动中,前两次是通过出示房子设计图,引导幼儿进行观察和点数,第三次是让幼儿自主选择房子设计图,通过幼儿自己的观察和点数选择相应数量的材料。在三次活动中,老师多次强调:请几位幼儿上来数一数,说一说自己是怎么数的,通过这种表达,教师就可以发现幼儿使用的不同计数策略,同时还能发现幼儿在数数过程中暴露的问题,从而进一步调整活动,强化幼儿对计数基本原则的理解和应用。

活动名称:摇摇乐[①](大班)

【活动类型】

区域活动。

【活动目标】

1.会用表格的形式对计数结果进行记录。

2.在游戏中体验统计的乐趣。

【活动准备】

一个透明的盒子,里面有和盒子上数字对应的棋子,棋子的两面贴上两种不同的图案;用于记录游戏结果的表格、笔。

---

① 活动设计来自刘凌幼教名师工作室.

第八章 幼儿园数与运算活动的设计与指导

【活动过程】

幼儿轻摇盒子，然后数数正面朝上的棋子和反面朝上的分别有几个，并把结果记录下来。再轻摇盒子，数一数，把结果记录在表格的第二行。以此类推，直到表格全部填满（表格中记录的情况不能重复，要填满表格才算完成游戏）。

【数学语言】

仔细数数正面朝上的棋子有几个，反面朝上的有几个，一共是几个。

【活动评析】

首先，从数运算来看，本次活动摇盒子游戏使幼儿能够获得借助动作、表象进行10以内的加减运算，理解加减的实际意义等关键经验。

其次，从年龄阶段来看，大班的幼儿计算能力发展较快，大多数从表象运算向抽象的数字运算过渡。该活动通过摇盒子游戏，让幼儿用表格的形式记下正面朝上的棋子有几个、反面朝上的有几个，然后进行运算。因此，本次活动符合大班幼儿的年龄特点。

最后，从本次活动的设计来看，教师通过摇盒子游戏，让幼儿用表格的形式记下正面朝上的棋子有几个、反面朝上的有几个，然后进行数的运算。《摇摇乐》是区角操作活动，材料简单，可操作性强，能够促进幼儿在实物操作中解决问题，不断积累有关数的组成与分解的经验，其中还涉及简单的记录，是幼儿进行列式运算的雏形；同时可以进一步巩固其计数能力，以及对数量关系（包含关系、相等关系等）的理解。

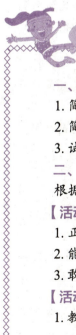

思考与实训

一、思考题

1. 简述各年龄阶段幼儿数与运算活动的目标。
2. 简述各年龄阶段幼儿数与运算活动的内容。
3. 试述如何指导幼儿园数与运算的活动。

二、案例分析

根据所学内容，简要评析以下活动设计并说出理由。

【活动目标】

1. 正确感知10以内的数量，能按群目测数群。
2. 能把两部分数量合起来看，学习按群测数。
3. 敢大胆讲述自己的操作过程。

【活动准备】

1. 教具：5、6、7、8、9、10的实物卡片共6张。

2. 学具：幼儿用书，铅笔每人一份。

【活动过程】

1. 集体活动。

1）目测数群，感知10以内的数。

教师分别出示实物卡片，引导幼儿观察图片，说一说：图片上有什么？有多少？你是怎么看出来的？教师带领幼儿一一点数，并说出物体的总数。

2）学习按群测数。

教师启发幼儿用"合起来"的方法说出总数，想一想：还可以用什么方法能很快知道有多少个×××？说一说：你们觉得这几种方法，哪一种方法最快？为什么？组织幼儿讨论，得出结论。

教师带领幼儿看"5"的实物卡片，启发幼儿用"合起来"的方法说出总数。教师引导幼儿观察"6""7"的实物卡片，鼓励幼儿自己用这种办法说出总数。教师借助手势，启发幼儿用手画圈表示总数。

2. 操作活动。

1）看实物和圆点连线。教师引导幼儿仔细观察实物和圆点的数量，说一说图上有什么？每张卡片上的数量是多少？启发幼儿用连线的方法，连接数字和相应的卡片。

比较两组物体的数量，请你给多的一组打"√"，再写上数字。

2）统计活动。观察画面，说一说图上有哪些动物？请你将同类的动物圈在一起。启发幼儿按标记在格子里写上相应的数字。

3. 评价活动。

1）重点评价："看图连线"和"按标记写数字"，请幼儿自己讲述操作过程。

2）对操作正确以及能边操作边讲述的幼儿给予表扬。

三、实践性学习活动

1. 选择一个幼儿园班级，统计分析班级中哪些材料可以支持幼儿感知和认识数。

2. 选择4名中班幼儿，评价其数概念认知的发展情况，针对每名幼儿的实际需要，设计一项教育活动。

3. 选择4名大班幼儿，评价其数运算的认知水平，针对每名幼儿的实际需要，设计一项教育活动。

第九章 幼儿园空间和时间活动的设计与指导

案例导入

爸爸在教4岁的小飞折纸的时候，爸爸非常详细地讲解了每个步骤，并且有的时候还一边讲一边示范。讲到难点的时候，爸爸口中说道："先从左边对折，再从右边翻过来。"但是，小飞自己折的时候仍然还是不会折，根本分不清楚左右。

问题：为什么小飞分不清楚左右？幼儿在空间认知方面有哪些特点？不同年龄阶段幼儿对空间方位和几何形体的认识达到了怎样的水平？其教育目标和内容是什么？针对这些目标和内容，教师该如何组织活动？带着这些问题，一起进入本章的学习。

学习目标

通过本章学习，应该具备以下知识：
1. 了解幼儿园空间和时间活动的目标与内容。
2. 知道如何组织和指导幼儿园空间和时间的认知活动。
3. 学会评价幼儿园关于空间和时间的教学活动。

第三部分 幼儿园数学认知教育活动的设计与指导

知识结构

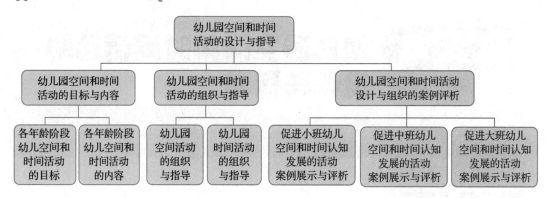

第一节 幼儿园空间和时间活动的目标与内容

一、各年龄阶段幼儿空间和时间活动的目标

幼儿园空间和时间认知活动的学习，主要包括空间形体、空间方位和时间三大方面。空间形体是对客观物体形状的抽象和概括，它有助于幼儿辨别和区分日常生活中的客观物体，发展初步的空间知觉能力和空间想象能力。空间方位与幼儿的日常生活有着密切的联系，初步辨认一些空间方位有利于空间知觉的发展和增进处理日常生活问题的能力。时间与幼儿的生活也有紧密的联系，引导幼儿初步认识时间，不仅有利于幼儿感知时间的存在，发展时间知觉，而且能帮助幼儿树立时间概念，养成良好的生活习惯。因此，认识和理解空间形体、空间方位和时间概念是不同年龄阶段幼儿数学教育中的重点，也是幼儿数学教育所要实现的目标。

（一）3~4岁幼儿空间和时间活动的发展目标

1. 能注意物体较明显的形状特征，并能用自己的语言描述

生活中存在着各种形状的物体，3~4岁幼儿需要注意到这些物体都有自己的形状特征，如三明治是三角形的，皮球是圆形的等。3~4岁幼儿不仅需要注意物体较明显的特征，还要用自己的语言进行描述，如"太阳像个大圆球""电视机长得方方的""圣诞老人的帽子像个三角形"。幼儿通过接触不同形状的物体，逐渐积累有关物体形状的感性经验，再配合说出词，达到认识图形的目的。因此，教师在引导幼儿认识图形时，应选用幼儿熟悉的物体让他们观察和触摸，引导幼儿感知物体的形状特征。例如认识圆形时，教师可选用幼儿经常吃的圆形饼干，引导幼儿通过摸摸这些饼干的面，用手触摸饼干的边缘，并提出这是什么形状等问题，来帮助幼儿感知图形。

第九章 幼儿园空间和时间活动的设计与指导

2. 感知物体基本的空间位置与方位，理解上下、前后、里外等方位词

空间方位与幼儿的日常生活紧密相连，3~4岁幼儿需要理解上下、前后（以自身为中心）、里外等方位词，如幼儿能够根据教师的提示，找到桌子下面的皮球，排队时能按照要求站在某位小朋友的后面，知道下雨天教师就不会让他们到活动室外面玩等。教师可以设置一定的故事情境，帮助幼儿理解上下、前后、里外等方位词，也可以利用日常生活情境，请幼儿帮自己拿放在某处的物体来感知物体的空间位置。

3. 初步理解早晨、中午、晚上、白天、黑夜的含义，并能使用这些词汇

3~4岁的幼儿能初步理解早晨、中午、晚上、白天、黑夜的含义，但对这些时间词的习得具有一定的顺序性。在一天之中，幼儿首先掌握的是白天和黑夜，由于这两者区别明显，白天就是"太阳出来了"，黑夜就是"月亮和星星出来玩了"；然后是早晨和晚上，因为这两者都有比较规律性的活动，例如：早晨就意味着幼儿要起床、穿衣、吃饭，然后上学，晚上就意味着要睡觉了。相比较于早晨和晚上，中午就没有特别针对性的规律性活动，因此幼儿对"中午"的习得时间会晚于"早晨"和"晚上"。[①] 3~4岁的幼儿还要会使用这些时间词汇，例如：幼儿能够说"现在是白天了""晚上要睡觉"等等。

由于3~4岁的幼儿年龄小，思维比较形象、直观，因此，他们对时间概念的理解离不开日常生活的支持。教师可以在与幼儿日常谈话中帮助幼儿明确时间顺序，理解时间概念。如每天来园后，教师可以请幼儿说说："早上是谁送你到幼儿园的？"中午吃饭前，可以请幼儿想想："我们中午要做什么？"

知识拓展

学前儿童空间方位概念发展的一般过程

1. 从上下→前后→左右

这是由方位本身的复杂程度决定的。上下的方位是以"天地"为标准确定的，天地具有永恒不变性，且上、下位置的区别较明显，不会因方向的改变而改变。前后、左右的位置都具有方向性，随着向者自身位置的改变会发生变化，因此会给幼儿在辨别中造成一定的困难，尤其是辨别左右。

2. 从以自身为中心到以客体为中心

人们平时在判断空间方位时，实际上会采用两种参照系：一是以主体（自身）为参照，二是以客体为参照。幼儿在辨别空间方位的过程中要经历从以自身为中心逐步过渡到以客体（其他的人或事物）为中心的定向过程。

3. 从近的区域范围扩展到远的区域范围

同幼儿空间方位的辨别中以自身为中心先开始判别一样，在空间方位定向的发展中，幼儿也是从离自身范围较近的空间定向渐渐扩展到更远的空间区域范围的。

---

① 潘月娟. 幼儿数学教育与活动指导[M]. 北京：高等教育出版社，2013.

第三部分 幼儿园数学认知教育活动的设计与指导

(二)4~5岁幼儿空间和时间活动的发展目标

1. 能感知物体的形体结构特征,画出或拼搭出该物体的造型

4~5岁的幼儿通过接触生活中的各种物体,能感知物体的形体结构特征。例如:通过接触三角尺、三脚架、小红旗、三明治、三角铁、粽子、风筝等,能够知道它们都有三个角、三条边。4~5岁的幼儿还需要根据物体的结构特征,画出或拼搭出该物体的造型。例如:幼儿在拼搭金鱼的造型时,能根据教师提供的金鱼造型范例,知道大三角形是金鱼的身体,小三角形是金鱼的尾巴,而圆形是金鱼吐的泡泡,幼儿能够找到自己所需要的图形,并拼搭出金鱼的样子。

4~5岁的幼儿能在操作的基础上进行一些简单的图形组合,如借助几何图形范例图,用拼板操作拼出这个组合图形,或运用图形边、角的连接,完成创意的图形拼搭活动,但这一时期的幼儿不能在头脑中先形成一个新的几何图形,他们对下一步拼搭需要一个什么图形也没有一个预期。①如有的幼儿在刚开始说要拼搭一个坦克,但当自己完成拼搭作品后,他会说自己拼的是恐龙。因此,教师应为幼儿提供动手操作的机会,鼓励幼儿事先做好计划,但不强行要求幼儿按自己刚开始的计划完成拼搭作品。

2. 能感知和发现常见几何图形的基本特征,并能进行分类

4~5岁的幼儿不仅要感知和理解几何图形的基本特征,还要根据这些基本特征给图形分类。在日常生活中,教师可以引导幼儿注意观察生活物品的图形特征,鼓励他们按形状分类整理物品。例如:游戏结束后,引导幼儿感知和描述不同玩具的形状特征,并要求幼儿将圆形的玩具放入一个筐里,将三角形的玩具放入另外一个筐里等。

3. 能使用上下、前后、里外、中间、旁边等方位词描述物体的位置和运动方向

3~4岁幼儿能感知并理解上下、前后、里外等方位词,而4~5岁幼儿能使用这些方位词来描述物体的位置和运动,比如"我站在乐乐的后面""凳子在桌子的下面""我们在活动室里面"等。幼儿在感知和理解方位词基础上,学习使用方位词来描述物体的位置和运动,这给幼儿提出了更大的挑战。因此,教师在日常生活中要为幼儿提供使用方位词来描述物体位置和运动的机会。例如:当幼儿从盘子里拿了水果后,教师可以问问幼儿他们是从哪里拿的水果。

4. 能够理解昨天、今天和明天的含义,并能在日常生活中正确运用这些词汇

4~5岁的幼儿首先习得"今天",然后是"昨天""明天"。这一时期的幼儿首先习得"今天"是因为对他们来说,自然界的日出日落、天亮天黑为他们感知一天的时间提供了参照。而"昨天"是"今天的前一天",是刚刚过去的一天。"明天"是"今天的下一天",是尚未发生的时间,这两者都不在眼前,所以"昨天"和"明天"较"今天"来说比较难理解。此外,对于"昨天"的理解,幼儿可以通过回忆已经经历的活动来唤起时间记忆,而对于"明天"的理解,幼儿没有感性的活动作为参照,所以幼儿对于"明天"的认知要晚于"昨天"。②4~5岁的幼儿还要会使用这些词汇,如幼儿能够说"今天不用去上学""昨天我摔了一跤,好痛"等等。

---

① 张俊. 幼儿园数学领域教育精要——关键经验与活动指导[M]. 北京: 教育科学出版社, 2015.
② 潘月娟. 幼儿数学教育与活动指导[M]. 北京: 高等教育出版社, 2013.

第九章 幼儿园空间和时间活动的设计与指导

由于"昨天""今天""明天"这几个时间概念没有具体的自然现象做支持,而且具有很大的相对性,因此,教师可以结合具体形象的可视化材料来帮助幼儿初步感知理解这几个时间概念。例如:教师可以制作一个表格,记录幼儿每天的生活,引导幼儿观察今天做的游戏活动在格子中的变化,今天的贴在哪里,明天的贴在哪里,在观察比较的基础上理解"今天"与"昨天"和"明天"的关系。

(三)5~6岁幼儿空间和时间认知活动的发展目标

1. 能运用常见的几何形体有创意地拼搭和画出物体的造型

5~6岁的幼儿不仅要认识几何形体的特征,还要学习用几何形体表现物体的造型。首先,幼儿需要在用积木、纸盒、拼板等各种形状材料进行建构游戏或制作活动中,积累物体造型方面的经验。其次,还要通过边或角来判断要选择的图形,并能逐渐依据已经拼好的部分的角来考虑多个备选的形状。例如:幼儿下一步拼搭需要的是一个平行四边形,而手中的图形没有平行四边形,但是有4个直角三角形,幼儿知道4个直角三角形可以拼合为一个平行四边形。此外,5~6岁的幼儿还需认识一些基本的立体图形,做到正确地命名并知道它们的基本特征。

由于这一时期的幼儿能通过图画等方式表现自己脑中对于图形组合的计划,因此教师要减少范例的提供,鼓励幼儿按照自己先前的计划有创意地拼搭和画出物体的造型。

2. 能按语言指示或根据简单示意图正确取放物品

理解物品的位置,才能正确取放物品。一般来说,找到物品的正确位置主要靠两个途径,一个是语言指示,另外一个是看示意图。在幼儿园幼儿根据教师的语言指示取放物体,如"把椅子前面的盒子放到××小朋友的后面"。也可以根据示意图上的箭头提示,找到物品摆放的位置或者将物品归位。教师在帮助5~6岁的幼儿理解方位概念时,既要通过语言指示帮助幼儿理解方位概念,也要引导幼儿通过看示意图灵活运用方位概念。

3. 能辨别自己的左右

左右概念是反映物体之间关系的具有明显的相对性和灵活性的概念。5~6岁的幼儿只能理解以自己为中心的左右概念,比如,幼儿围成一个圈做游戏时,能知道自己左手和右手分别拉的是哪两位小朋友,但他们还不能理解以客体为中心的左右概念。例如:幼儿知道自己的左右手,但不能正确地称呼对面人的左右手,他们往往直接按照自己的左右手方位来称呼对面人的左右手方位。[①]

4. 认识时钟,学会看整点和半点

5~6岁的幼儿不仅要认识时钟,还要知道时钟的用途。如幼儿知道钟面上有1~12的数字,这些数字是按1,2,3,…,12的顺序排列的,分针长,走得快;时针短,走得慢;分针走一圈,时针才走一个数字,表示过了一个小时。幼儿还要知道时钟的作用是什么,例如:幼儿能知道时钟可以告诉自己什么时候要去幼儿园,妈妈什么时候下班等。5~6岁的幼儿还要学会看整点和半点,如幼儿知道分针从12开始,沿着1,2,3…的方向行走,走到6上,如果时针处在数字1过去一点时,就表示一点半。

---

① 幸福新童年编写组.《3~6岁儿童学习与发展指南》解读[M].北京:旅游教育出版社,2012.

5. 初步认识星期、月、四季、年

5~6岁的幼儿已经积累了不少在生活中体验"年、月、四季、星期"的经历。如他们能够初步认识星期和四季，知道一个星期有七天、每天的名称以及顺序，知道一年有四季、四季的名称及其顺序。虽然幼儿对一日、一周、一年的周而复始有初步的理解，但研究发现，5~6岁幼儿对一周之内时序的认知成绩明显低于对一日之内时序的认知成绩，对一年之内季节的认知成绩更加明显低于其他两项的成绩。因此，教师在制定幼儿的时间认知活动目标时，应体现循序渐进性。

知识拓展

时间的特点

1. 流动性

时间与物质的运动相互联系，是一秒秒、一分分地过去，川流不息，不以人的意志为转移。

2. 不可逆性

时间不能倒转，流逝过去的时间是无法收回的。

3. 连续性（周期性）

时间是永远不能也不会间断的。它具有周期性，日复一日，年复一年，周而复始。

4. 均匀性

时间是均匀地流动着的。

5. 无直观性

时间没有直观的形象，既看不见也摸不着，所以人们总是要通过某种媒介来认识时间，如太阳的升落、季节的变化等。

6. 相对性

时间的程序不是绝对不变的，如某一天的晚上比该天早上晚，但今天的晚上则比明天的早上早。

二、各年龄阶段幼儿空间和时间活动的内容

由于不同年龄阶段的幼儿所要达到的空间和时间认知活动的目标不同，相应地不同年龄阶段幼儿的空间和时间认知活动的内容也有所差别。

（一）3~4岁幼儿空间和时间活动的内容

1）能认识并区分圆形、正方形和三角形。

2）在提供一种几何形状轮廓图的情况下，用至少3块几何形状拼板拼出这个简单图形。

3）能正确区分上下、前后、里外的方位。
4）能按含有方位词（上下、前后、里外）的指令行动。
5）能够结合日常生活实践和自然现象来感知、识别早晨、中午、晚上以及白天、黑夜。
6）区分早晨、中午、晚上以及白天、黑夜发生的先后顺序。

（二）4~5岁幼儿空间和时间活动的内容

1）能认识并区分长方形、椭圆形、半圆形、梯形。
2）能借助几何形状组合范例图，用拼板拼出这个组合图形。
3）在提供一种几何形状轮廓图的情况下，用至少5块几何形状拼板拼出这个简单图形。
4）能辨认简单图形（如长方形、三角形、梯形等）改变方位后还是同一种图形。
5）能区分远近、中间、旁边的方位。
6）能按远近、中间、旁边的指令行动。
7）能用简单的方位语言描述位置，如小鸟在树的上面，我站在红红的前面等。
8）认识并区分"今天""昨天""明天"。
9）能运用时间词汇"今天""昨天""明天"来正确表述事件发生的时间顺序。
10）初步感知时间长度的变化。

（三）5~6岁幼儿空间和时间活动的内容

1）能认识并区分球体、正方体、长方体和圆柱体。
2）能认识并找出平面图形和立体图形之间的关系，如圆形和圆柱体。
3）能用小几何图形（正方形、长方形、三角形等）拼成一个大几何图形。
4）能以自身为中心区分左右的方位。
5）学习用方位语言描述简单的路径，如向前走到玩具店，往左拐，再往前走，就到学校了。
6）初步认识星期、月、四季、年。
7）进一步感知时间长度。
8）认识时钟和日历，感知时钟和日历的用途。
9）初步尝试管理和安排自己的时间、制订计划并完成计划。

第二节　幼儿园空间和时间活动的组织与指导

一、幼儿园空间活动的组织与指导

（一）幼儿园空间形体活动的组织与指导

有关空间形体的学习一般可分为平面图形和立体图形的认识和区分两部分。平面图形的教学主要安排在小、中班年龄段，而立体图形的教学主要安排在大班年龄段。

1. 认识平面图形

（1）在感知实物轮廓的基础上认识图形

幼儿对图形的认识，实际上是对图形的知觉。幼儿认识图形是在充分感知图形，获得有关图形的感性经验的基础上，再配合说出名称，以达到认识图形的目的。因此，教师应引导幼儿用观察、触摸的方法感知图形。开始时，教师应尽量选用生活中接近平面图形的物体，让幼儿从实物出发感知图形。如要让小班幼儿认识圆时，教师可以先让幼儿观察圆形的物体，如圆盘子、圆饼干等，提出："这块饼干是什么形状的？"引导幼儿关注这些物品的形状，然后再让幼儿摸一摸物品的边缘和面。通过感知这些熟悉的物品的形状特征，引导幼儿归纳出这些物品的形状都是一样的，都是圆形。

当幼儿对生活中物品的形状有一定的了解后，教师就可以出示与物品的面相似的几何图形，介绍其名称、特征。例如：帮助幼儿认识圆形时，在触摸感知圆形饼干的基础上，教师出示圆形的纸，同时说这张纸与圆形饼干的形状差不多，也是圆形的；再次让幼儿摸一摸圆形纸的边缘和面，感受圆形都是圆圆的、光滑的。

材料名称：动物吃饼干

关键经验：根据标记将相同的物体集中在一起，进行简单的归类。

指导要点：将相似的形状归为一类。

注意事项：不受其他因素的干扰，如颜色。

玩法：图9-1所示为动物吃饼干的图片。幼儿根据三只动物嘴巴形状的不同，将盖子里的不同图形投放到动物盒子里。

图9-1 动物吃饼干的图片

（2）通过对图形的比较，学习新图形

通过比较，可以让幼儿区分不同图形之间的异同，加深对图形特征的理解。起初，可以让幼儿进行重叠比较。通过将要认识的新图形与认识过的图形重叠，可以找出两种图形的异同，从而掌握新的图形名称及其特征。例如：帮助幼儿认识正方形时，可以把幼儿已经认识的圆形和将要认识的正方形进行重叠比较。选用正方形的边长与圆形的直径一样长的两张图形进行重叠，将圆形放在正方形的上面，引导幼儿观察圆形没有棱角，而正方形有棱角。

当幼儿对图形的基本特征有所了解后，可以提供颜色不同、大小不同、形状不同的各类图形，让幼儿通过观察、比较，找出某种图形。例如：教师可以在美工区提供大小、颜色、形状不同的图形，让幼儿用正方形进行拼贴，观察幼儿能否排除大小、颜色等的干扰，将所有的正方形找出来，巩固对正方形的认识。

材料名称：给图形分类

关键经验：按物体的一种外部特征（颜色、形状、大小、高矮、长短）进行简单的分类。

指导要点：在游戏中培养幼儿的观察能力。

注意事项：能够发现物体较明显的形状特征。

玩法：分点心——为幼儿准备爱心型、圆形、正方形、三角形的纸片若干，并每人发1个盘子，幼儿要按照教师的要求把相应形状的纸片放在盘子里，如图9-2所示。或者给幼儿4个盘子，幼儿要根据形状来把纸片分到不同的盘子里。

图9-2 图形分类材料

（3）通过对图形的分割和拼合活动，认识图形之间的关系

分割与拼合的操作活动可以由教师先演示：先示范分割，再示范拼合。示范分割时强调先对折再剪开，对折时要讲清对折的方法。如把一张长方形纸分割成两个三角形时，要求角对角对齐对折，再沿折线痕迹剪开。示范拼合时强调要将哪几个图形拼合在一起。

当然，也可以启发幼儿自己先探索如何分合图形。例如：教师可以为幼儿提供正方形的手工纸，请他们用折叠的方法，将手工纸分成两部分，鼓励他们用不同的方法折叠，比较折出的两个图形有什么不同，探索图形的不同分割方法，再用拼合的方法来验证，不论用哪种方法来分割，拼合起来还是原来的图形。[①]

---

① 张俊. 幼儿园数学领域教育精要——关键经验与活动指导［M］. 北京：教育科学出版社，2015.

材料名称：拼一拼

关键经验：能够进行简单几何图形的组合与分解。
指导要点：能够借助范例图或运用图形的边、角的连接进行图形组合。
注意事项：在操作的基础上进行图形的分解与组合，注重培养幼儿的创新能力。
玩法：教师为幼儿提供难易程度不同的物体轮廓，引导幼儿运用不同形状的卡纸进行粘贴，如图9-3所示的图形。对于图形组合与分解还不熟悉的幼儿，教师可提供适当的分割线，当幼儿对其熟悉后，教师可撤掉分割线。

图9-3 形状拼板

2. 认识立体图形

（1）在观察与操作中感知几何体的特征

与认识平面图形一样，幼儿认识几何体也是在感知的基础上获得有关几何体特征的经验与知识。教师应为幼儿提供丰富的材料，让幼儿在充分感知的基础上观察、比较和讨论几何体的特征。例如：在教儿童认识正方体时，教师准备不同大小的正方体发给幼儿，先让幼儿摸一摸，初步感知正方体的形状特征；然后让幼儿数一数正方体有几个面，这些面像什么形状；教师还可以为幼儿准备颜料，请幼儿将正方体的面蘸上颜料拓印到纸上，观察正方体的各个面有什么特点；最后，教师引导幼儿总结出正方体有棱角，还有6个正方形面，并且这些面的大小相同。

（2）在操作中感知比较几何体之间的异同

在操作中感知比较几何体既能巩固对已习得几何体的认识，也是认识新几何体的重要方法。教师可以提供不同的几何体，引导幼儿关注几何体之间的相同与差异，通过比较和描述来加深对几何体的理解。例如：在认识正方体时，除了提供各种颜色、大小的正方体，让幼儿归纳这些正方体的共同特征外，还可以提供另一种几何体（如球体等），让幼儿比较正方体和球体之间的差别。当幼儿对正方体的基本特征有所了解后，教师可以扩大幼儿比较的对象，提供更多的几何体（如长方体、圆柱体等），在比较正方体与这些几何体的异同中，巩固对正方体特征的认识。

（3）采用多种活动形式巩固对几何体的认识

1）寻找活动。引导幼儿按教师要求寻找与几何体相似的物体。可以让幼儿在户外活动中，或提前布置好的环境中寻找哪些物体是正方体，哪些物体是球体，等等。

2）分类、排序活动。让幼儿按几何体的特征正确地进行分类，也可以给幼儿各种几何体，让他们按一定规则进行排序，加深对几何体的认识。

3）拼搭活动。各种大小的积木都是较好的几何体，让幼儿按自己的构想，根据几何体积木的特征，选择最适宜的积木正确放置，拼搭成城堡、立交桥、大轮船等不同造型，这不仅可以加深幼儿对几何体的认识，同时也能帮助他们学会拼搭的技能。①

材料名称：拼图形

关键经验：有意识地运用平移、旋转和翻转进行图形拼搭。
指导要点：能通过平移、旋转或翻转来拼搭图形。
注意事项：允许幼儿通过尝试错误来完成图形拼搭。
玩法：小数块（见图9-4）——幼儿通过观察小数块的凸起与凹陷，将小数块拼接在一起，构成整体的、大的图案或造型。

图9-4 小数块

（二）幼儿园空间方位活动的组织与指导

1. 在游戏中感知、认识空间方位

幼儿对空间方位的认识是从对自己身体有关部位的方位认识开始的。因此，可以通过指认身体部位来帮助幼儿理解方位词。如"头在你身体的什么地方，请你摸一摸"幼儿可以一边回答"头在我身体的上方"，一边摸摸自己的头。

当幼儿对自己身体部位所处的空间位置熟悉后，教师就可以引导幼儿将视野扩大到周围的环境中。如在"找朋友"的游戏中，教师可以请幼儿拉拉自己左边朋友的手，抱抱前面的小伙伴等，教师也可以变换方位词，请幼儿说说自己前面有什么，后面有什么，左边

---

① 黄瑾. 学前儿童数学教育与活动指导［M］. 上海：华东师范大学出版社，2014.

第三部分　幼儿园数学认知教育活动的设计与指导

有什么，右边有什么，等等。

当幼儿掌握了以自我为中心辨别方位后，教师可再进行以客体为中心辨别方位的游戏。例如：教师可以扮"兔妈妈"，然后问："我前边的兔宝宝请过来亲亲我""我后边的兔宝宝请和我围一个圈"，等等。

2. 鼓励幼儿用语言描述空间方位，理解方位词

对空间方位词的理解和掌握有助于幼儿理解和判断空间方位。因此，教师在引导幼儿感知空间方位的过程中，应鼓励幼儿用言语描述空间方位。

首先，教师可以利用一些儿歌来帮助幼儿掌握方位词。例如：手指律动《手指变变变》："一根手指头呀，一根手指头，变、变、变，变成毛毛虫，我向左爬，我向右爬，我向上爬，我向下爬……"儿歌中出现的这些方位词，能帮助幼儿在唱诵的过程中潜移默化地掌握它们。

其次，教师还可以在教学中给予幼儿表达的机会，让幼儿用自己的语言来表述活动的过程和结果。如在按教师的要求找物品的过程中，教师可以让幼儿说说自己是在哪找到物品的，以此培养幼儿用语言描述空间方位的能力。

活动名称：我的朋友[①]**（大班）**

【活动类型】

日常活动。

【活动目标】

1. 能够辨别自己的左右，并用语言进行描述。
2. 喜欢参与游戏，并能体验到游戏的乐趣。

【活动准备】

幼儿了解"嗒、嗒、嗒嗒嗒"的音乐节奏型。

【活动过程】

每名幼儿轮流打着节奏（嗒、嗒、嗒嗒嗒）分别介绍两边的小朋友：我叫×××，左边是×××，右边是×××。

教师边打着节奏（嗒、嗒、嗒嗒嗒）边向个别幼儿发问：请问×××，你的左边（右边）是谁呀？幼儿根据实际情况回答"左（右）边是×××"。

【活动建议】

此活动可在幼儿对打节奏有一定基础之后再开展，可在任何休息时间进行。

如果幼儿跟随音乐节奏配上语言有点困难，教师可以带着幼儿一起打节奏，当说到"左边是×××"的时候，再让幼儿自己说。通过反复练习，帮助幼儿熟悉这个节奏。

【活动评析】

首先，从数学的概念来看，此活动蕴含了关于空间方位的核心概念：描述位置和方向的方位语言很重要，它们常常是相对的，如前和后、上和下、左和右等。通过本次活动，幼儿可以获得辨别自己的左右，以及用左、右方位词来介绍自己的朋友等关

[①] 黄瑾，田方. 学前儿童数学学习与发展核心经验［M］. 南京：南京师范大学出版社，2014.

第九章 幼儿园空间和时间活动的设计与指导

键经验。

其次,从年龄阶段来看,大班幼儿已经能够理解上下、前后等方位词,但对左右方位的辨别还存在一定的困难。因此,该活动符合大班幼儿的年龄特点。

最后,从活动设计来看,该活动主要运用了游戏法。在活动中教师组织幼儿通过打节奏来介绍自己两边的朋友,能让幼儿在一种自由自在的环境中理解方位词。因此,该活动既能调动幼儿的学习积极性,也能激起他们的参与兴趣。

3. 运用不同的方式表征空间方位

幼儿在生活中对箭头表示的方向意义并不陌生,路牌、地铁站中地标,到处都有箭头。因此,教师可以在幼儿理解方向标记意义的基础上,设计活动让幼儿运用方向标记来表征方位。例如:教师可以提供一张简易的网格平面图,在其中标记几个幼儿熟悉的地点(如幼儿园、家、超市、公园等),引导幼儿观察平面图中几个地点的位置关系,尝试用箭头标出从幼儿园到家、超市、公园的路径。

教师还可鼓励幼儿运用绘画、建构游戏等方式来表征空间方位。例如:教师可以让幼儿画"游乐场",并针对幼儿画出的人与物提出空间方位问题,引导幼儿讲一讲他们在什么位置画了什么。

材料名称:去大班怎么走

关键经验:在游戏中,区分自身的左右。

指导要点:注意引导幼儿要手眼协调一致。

玩法:教师给幼儿提供一个方位,让幼儿以最快的速度到达。例如:在图9-5所示的迷宫中,滚珠在右上角,教师告诉幼儿,大班在左下角,让幼儿自己去寻找走到大班的路线。在此过程中,暗示幼儿注意滚珠向左向右走的路线。

图9-5 迷宫

二、幼儿园时间活动的组织与指导

(一)通过游戏活动认识时间

各类游戏活动是儿童认识时间的主要途径之一。例如:在"小熊开店"的角色游戏中,让幼儿扮演不同的角色,通过游戏情节的开展,幼儿在游戏中感知"昨天""今天""明天",知道等太阳再次升起时明天就到了,引导幼儿在角色扮演中运用"昨天""今天""明天"等词汇,如说"今天的蜜糖已经卖完了,你明天再来买吧",让幼儿从自身角度出发,感知时间顺序的发展变化。

教师还可以通过音乐游戏来帮助幼儿认识时间,如在"开火车"的音乐游戏中,幼儿听音乐做邀请的动作,嘴里念儿歌:"嗨嗨!我们的火车要开了,我们的火车要开了。"这时大家停在原位不动,问:"几点开?"一位幼儿做站长,发出信号"3点开。"脖子上挂有指针指向3点钟的钟面卡片的幼儿上来一起做开火车动作,重复念儿歌继续邀请。在这愉快的游戏活动中巩固对钟点的认识。①

活动名称:太阳和月亮②(小班)

【活动类型】
集体活动。

【活动目标】
1. 通过欣赏和游戏活动,能够了解早、晚及白天、黑夜的时间概念。
2. 喜欢积极参与活动并大胆表现。

【活动准备】
自制拟人化"太阳"和"月亮"活动教具各一个,小猫头饰同幼儿人数。

【活动过程】
一、教师带领幼儿到公园或操场上去欣赏蓝天、白天和大自然

出示活动教具"太阳"和"月亮",在幼儿欣赏中引起兴趣:小朋友,你们知道太阳和月亮是在什么时候出来的吗?(早晨(白天)——太阳出来了;晚上(黑夜)——月亮出来了。)

出示小猫头饰,幼儿扮演小猫,看到教师手里举的"太阳"或"月亮"活动教具的变换,幼儿做相应的小猫动作:白天(太阳出来)——小猫舒服地睡大觉;黑夜(月亮出来)——小猫轻轻地去抓老鼠。

二、幼儿模拟自己在白天和黑夜的不同活动

如白天——做操、游戏、上幼儿园……;黑夜——看电视、关灯、睡觉……

【活动建议】
此活动可选择在操场或空间较大的活动室进行。在幼儿的动手做模拟游戏中,也可以结合小班年龄特点,鼓励幼儿用简单的语言加以表达,如:"我白天在做操。""我晚上在看电视。"……在幼儿游戏和动作表现活动中,可以适当配上一些表现白天和黑夜情景的音乐做衬托。

【活动评析】
首先,从数学的概念来看,此活动蕴含了关于时间的核心概念:认识早、中、晚、白天与黑夜。通过本次活动,幼儿能够借助对日常生活经验的回忆来理解早、晚及白天、黑夜等时间概念。

---

① 金浩. 学前儿童数学教育概论[M]. 上海:华东师范大学出版社,2000.
② 黄瑾. 学前儿童数学教育与活动指导[M]. 上海:华东师范大学出版社,2014.

其次，从年龄阶段来看，小班幼儿一般能够掌握白天、黑夜、早上、晚上等最初步的时间概念，且对时间的理解往往和生活中的事件相联系。因此，该活动符合小班幼儿的年龄特点。

最后，从活动设计来看，该活动主要运用了情节性游戏法。教师通过"小猫"这一形象进行导入，能够帮助幼儿在游戏情节中，通过联系生活实际来理解白天、黑夜等时间概念，符合幼儿具体形象化的思维特点。

（二）在日常生活谈话与活动中认识时间

教师可利用日常生活中与幼儿谈话的机会，让幼儿理解时间概念，帮助幼儿丰富关于时间方面的知识。例如：教师可以告诉幼儿今天的活动安排，说明今天都要做什么，还可以把明天的事情提前告知幼儿。同时教师可以让幼儿说说白天都发生了哪些有趣的事？中午吃了什么？对于大班的幼儿，教师可以问问他们早上是几点起床的？晚上是几点睡觉的？教师还可以和幼儿谈谈昨天值日生是谁？他做得怎样？今天值日生是谁？明天谁将要做值日生等？在这种回顾与反思中加深幼儿对活动事件的记忆，强化时间与事件的联系，让幼儿逐步感受昨天是已经度过的一天、今天是正在进行的一天、明天是还没有到来的一天。

教师也可以设计一些日常生活中的活动，让幼儿认识时间。如在教室里放一本日历，每天撕日历，让幼儿认识到星期日至星期六的周期，知道今天是星期几。在教室里还可以做"气象日志"，用"雨伞"图形表示下雨天、"太阳"图形表示晴天、"云朵"图形表示多云、阴天。每天由值日生填画，并写上自己的名字。每星期总结一次，一周中有几天晴天、几天下雨天。

材料名称：日历板

关键经验：认识日历，学会看日历，如图9-6所示。

图9-6　日历板

指导要点：在操作中了解一年有12个月，不同月份有不同的天数。让幼儿对日历感兴趣，初步感知时间概念，懂得珍惜时间。发展幼儿的推理能力。

注意事项：了解日历在生活中的运用及作用。

第三部分 幼儿园数学认知教育活动的设计与指导

（三）在合理的作息制度与常规中渗透时间概念

首先，建立良好的生活作息制度，保证在固定时间开展常规性活动，形成稳定的、规律性的活动顺序。例如：幼儿每天的活动都有固定的时间，因此，教师可以在活动室的墙面上挂一个钟表，如到了早餐时间，教师就可以说"现在时针走到××，分针走到××，是××点，所以到我们吃早餐的时间了"，从而将固定的事件和活动与固定的时间建立联系，帮助幼儿积累具体的时间经验。

其次，建立值日生制度。值日生制度是许多幼儿园班级普遍采用和实施的班级制度，这一制度为教师开展时间教学提供了很好的契机。对于小班幼儿，教师可以将一天的时间分开来，让幼儿分别在早晨、中午、下午做值日。而对于中班和大班幼儿，教师可以让每位幼儿值日一天。

第三节 幼儿园空间和时间活动设计与组织的案例评析

一、促进小班幼儿空间和时间认知发展的活动案例展示与评析

活动名称：饼干宝宝总动员[①]**（小班）**

【活动类型】
集体活动。

【活动目标】
1. 知道饼干的种类、形状很多，能按形状对物体进行分类。
2. 会用视觉、触觉等感官感知饼干的形状。
3. 乐于讲述自己的发现给小朋友听。

【活动重点】
知道饼干的种类、形状很多，能按形状对物体进行分类。

【活动难点】
会用视觉、触觉等感官感知饼干的形状，并乐于讲述自己的发现给小朋友听。

【活动准备】
1. 饼干（圆形、方形饼干的小包装），食品盘子5个或6个。
2. 几何图形片若干、小盘子若干（每个盘子里有3个或4个几何图形片）、瓶子娃娃（雪碧瓶子制作的瓶子娃娃，嘴巴分别是圆形、三角形和正方形的）若干。
3. 活动前组织幼儿将手洗干净。

【活动过程】
一、认认、尝尝饼干
1. 教师出示有小包装饼干的盘子：请每个小朋友拿一袋饼干，摸一摸、猜一猜里

---

① 活动设计来自幼教网.

面是什么东西?

2. 教师:饼干宝宝真多呀!看看饼干宝宝长得一样吗?(幼儿打开小包装饼干,仔细观察)

3. 请幼儿说说自己的发现:饼干有各种各样的,有大的,有小的;有圆形的,有方形的;有不同的颜色;有的上面还有花……

4. 教师:闻一闻饼干香不香?尝一尝饼干是什么味道的?饼干吃在嘴巴里有什么变化?

二、瓶宝宝来做客,观察瓶宝宝嘴巴的形状

老师出示瓶宝宝:我们班来了许多可爱的瓶宝宝,看看这些瓶宝宝有什么地方不一样?(引导幼儿观察瓶宝宝,发现瓶宝宝嘴巴的形状有圆形的,还有三角形和正方形的)

三、瓶宝宝吃"饼干",按形状分图形片

1. 观察"饼干"。教师出示图形片:瓶宝宝肚子饿了,我们一起喂它们吃"饼干"吧!这是瓶宝宝吃的"饼干",看看有些什么样的"饼干"?(幼儿观察,发现"饼干"有圆形的,还有三角形和正方形的)

2. 喂瓶宝宝吃"饼干"。教师:这么多的瓶宝宝要吃什么形状的"饼干"呢?

3. 幼儿根据瓶宝宝的嘴巴形状,喂相同形状的"饼干"。幼儿边喂边说:瓶宝宝,给你吃"××"饼干。

4. 幼儿自主地选取一个小盘子和几块饼干,根据瓶宝宝的嘴巴形状,喂其吃相应形状的"饼干"。(幼儿把小盘子里各种形状的"饼干"喂完)

【活动延伸】

饼干宝宝除了有圆形、三角形和正方形的,还有其他形状的吗?请小朋友下次吃饼干时注意观察,可以把自己发现的其他形状的饼干带到幼儿园和同伴一起分享。

【活动评析】

首先,从数学的概念来看,此活动蕴含了关于图形的核心概念:可以根据属性特征对图形进行定义和分类。饼干有不同的形状,是幼儿在生活中常吃的一种食物。通过本次活动,幼儿可以获得饼干具有不同的形状,以及按形状特征给物体进行分类等关键经验。

其次,从年龄阶段来看,小班幼儿一般能正确地认识和区分圆形、正方形、三角形,且对椭圆形、长方形、半圆形等其他平面图形也有一定的匹配能力;能根据成人提供的范例找出与之相同的图形,因此,该活动符合小班幼儿的年龄特点。

最后,从活动设计来看,该活动主要运用了操作性数学游戏的方法。在活动中,幼儿通过游戏"饼干宝宝总动员",先通过触摸等方式感知饼干的形状,然后在喂瓶宝宝吃"饼干"的活动中学习根据物体的形状进行分类的方法。总之,幼儿在游戏的过程中,通过动手操作,对圆形、三角形、正方形的形状特征有了基本的了解。

活动名称：认识上下、里外①（小班）

【活动类型】
集体活动。

【设计意图】
在一次游戏活动中，娃娃家的妈妈对爸爸说："你去把奶瓶给我拿过来吧！"爸爸找了一会没有找到，就问妈妈："在哪里呀？我怎么找不到呢？"妈妈指着冰箱说："在那里呀！"可爸爸还是没有看见。通过这次事件，我感觉小班孩子不能很好地用语言表达方位，因此在圣诞节来临之际，我开展了此活动，希望通过活动的神秘和有趣让幼儿轻松地掌握简单的方位。

【活动目标】
1. 在游戏活动中理解并掌握方位词：上下、里外。
2. 积极参与、大胆讲述，体验游戏活动的乐趣。

【活动准备】
1. 创设情境：两棵挂有礼物的圣诞树；几只放有礼物的圣诞帽子。
2. 各种包装好的礼物，圣诞老爷爷手套一只。
3. 音乐：圣诞歌。

【活动过程】
一、导入：随音乐进活动室
（播放圣诞歌）圣诞节快到了，圣诞老爷爷给我们准备了许多礼物，我们一块儿去瞧瞧吧！

二、感知方位：上下、里外
1. 找一找、说一说
1）教师：圣诞老爷爷把礼物放在哪里了？我们一块儿去找找吧！（播放圣诞歌）
2）提问：圣诞老爷爷把礼物放在了哪里？
2. 游戏：摸摸礼物跑回来
圣诞老爷爷要请小朋友去摸摸礼物，你们愿意吗？（游戏玩法：小孩小孩真爱玩，摸摸这，摸摸那，男孩摸摸树上面的礼物，女孩摸摸树下面的礼物，快回来）
3. 自由取下自己喜欢的礼物
1）教师小结：圣诞老爷爷带来了这么多的礼物，有的放在上面（动作），有的放在下面（动作），有的藏在里面（动作），有的摆在外面（动作）。
2）小朋友，你们想要这些礼物吗？请你去拿一个自己喜欢的礼物。
4. 拆礼物
1）摇一摇、听一听，猜猜里面装的是什么礼物？
2）拆开礼物，相互说说盒子里的礼物是什么？
3）品尝、分享糖果。

三、唱歌表演"圣诞礼物"
1. 教师演唱"圣诞礼物"歌。（歌词：圣诞礼物、圣诞礼物、在哪里？在哪里？有

---
① 活动设计来自幼教网.

的放在上面、有的放在下面，真好看、真好看！圣诞礼物、圣诞礼物、在哪里？在哪里？有的藏在里面、有的摆在外面，真好看、真好看！）

2.幼儿跟着老师一起演唱。

圣诞老爷爷唱得好听吗？你们想唱吗？那我们一起跟着圣诞老爷爷唱吧！

【活动延伸】

小朋友们收到圣诞老爷爷的礼物开心吗？但爸爸妈妈还没收到圣诞老爷爷的礼物，小朋友们能模仿圣诞老爷爷给爸爸妈妈送礼物吗？大家可以把礼物藏起来，请自己的爸爸妈妈找。第二天来园后，大家可以说说自己把礼物藏在了哪里。

【活动评析】

首先，从数学的概念来看，此活动蕴含了关于空间关系的核心概念：数学可以准确地描述物体与方位之间的关系。圣诞节是现在的幼儿较熟悉的一个节日，而寻找圣诞礼物也是深受幼儿喜爱的一个环节。通过本次活动，幼儿可以获得关于方位词"上下""里外"等关键经验。

其次，从年龄阶段来看，小班幼儿能够逐渐认识物体的上下、前后、里外等空间方位关系，因此，该活动符合小班幼儿的年龄特点。

最后，从活动设计来看，教师主要运用了情节性游戏法。整个活动都是围绕圣诞节取礼物来展开的，幼儿通过找礼物、摸礼物，以及唱"圣诞礼物"歌等环节来感知和理解方位词"上下""里外"。由于该活动具有一定的游戏情节和内容，因此幼儿理解起来比较容易。

活动名称：认识时间[①]（小班）

【活动类型】

集体活动。

【活动目标】

1.分辨白天、黑夜、早上、晚上的突出特征。

2.理解简单时间先后发生的时序关系。

【活动准备】

与幼儿生活相关的背景图、PPT课件。

【活动过程】

一、观察图片，感知早上和晚上

1.出示早上和晚上的图片，请幼儿观察。

2.比较两张图片上的不同之处。

3.表述联系（结合一日生活的具体细节给幼儿进行相应的语言输入）：

早上，天亮了！太阳出来了！小朋友起床了！

---

① 活动设计来自幼教网.

晚上，天黑了！月亮、星星出来了！小朋友睡觉了！

二、结合生活实际，了解"我们的一天"

结合家庭实际情况，把孩子和家人一天当中做的事情记录下来（照片式的或图片式的）。例如：早晨——起床、洗漱、吃早餐、上幼儿园。

白天——孩子上幼儿园，爸爸妈妈上班。

晚上——回到家，吃完饭，看电视，做游戏，做家务，洗漱，准备睡觉。

黑夜——天很黑，天上有月亮、星星，大家都睡觉了。

三、联系生活实际，自由表达交流

早晨起床之后要做哪些事情？白天谁去上幼儿园？谁要上班？晚上我们可以做哪些事情？天黑了，大家都睡着了，这是什么时候？（可以根据幼儿的理解水平，学习"先……然后/再……"，理解简单时间的先后顺序，比如："早上起床，我先穿衣服，然后再洗脸刷牙。""我先洗洗手，然后再吃东西。"等）

四、通过游戏巩固对时间的认识

教师说情景，请幼儿判断是什么时间。（白天、晚上、早上、黑夜）

如：天黑了，大家都睡觉了。——黑夜

小朋友在幼儿园做游戏。——白天

太阳出来了，小朋友坐在床上穿衣服。——早上

洗澡，准备睡觉。——晚上

【活动延伸】

教师准备不同时间的背景图，幼儿根据背景图玩过家家的游戏。

【活动评析】

首先，从数学的概念来看，此活动蕴含了关于时间的核心概念：认识早、中、晚、白天与黑夜。这些概念都与幼儿的生活紧密联系，都是幼儿每天都要经历的。通过本次活动，幼儿可以获得关于分辨白天、黑夜、早上、晚上的突出特征，以及理解简单时间先后发生的时序关系等关键经验。

其次，从年龄阶段来看，小班幼儿在日常生活中虽然能用"白天""晚上""早上""黑夜"等词汇进行交流，但往往不能准确理解和应用这些时间词汇，对这些时间词汇的准确把握，还需要教师的引导。因此，该活动符合小班幼儿的年龄特点。

最后，从活动设计来看，该活动主要运用了讲述法和游戏法。教师借助图片帮助幼儿理解白天、黑夜的特点，并将幼儿的一日生活记录下来，请幼儿思考自己白天做什么，晚上做什么，以及早上做什么，等等。由于利用图片进行讲述比较直观，再加上图片上的事件都是与幼儿的生活紧密联系的，因此小班幼儿理解起来更容易些。而最后环节的游戏，是幼儿对时间词汇的运用，由于游戏是学前阶段的幼儿最喜欢的，因此，借助游戏的方式进行教学，更符合幼儿的天性。

第九章 幼儿园空间和时间活动的设计与指导

二、促进中班幼儿空间和时间认知发展的活动案例展示与评析

活动名称：跟图形娃娃做朋友①（中班）

【活动类型】
集体活动。

【活动目标】
1. 复习巩固各种几何图形的特征。
2. 通过动手操作，能够拼画出自己喜欢的图形和给图形分类。

【活动准备】
1. 知识类的准备：幼儿已经认识了几种几何图形。
2. 物质材料准备：奇妙箱、幼儿操作用的6种几何图形若干、各种图形卡片人手一份。

活动流程总观：奇妙箱里找图形说特征——拼画——数数、分类——延伸，让幼儿自己寻找其他图形。

【活动过程】
一、游戏："奇妙箱"里找图形娃娃
教师：今天，老师带来了一只奇妙的箱子。（出示奇妙箱）你们想不想知道里面藏了什么秘密吗？

1. 老师念儿歌：奇妙口袋东西多，让我先来摸一摸，摸出来看是什么？拿出长方形，问：这是什么啊？为什么说它是长方形的啊？日常生活中，我们见过哪些东西是长方形的？（引导幼儿讨论）

2. 再念儿歌：奇妙口袋东西多，请某某小朋友来摸一摸。

当幼儿摸出图形后，要求说出图形名称和特征，并讲出生活中还有哪些这样的物品。

……游戏反复进行。

3. 教师小结：奇妙箱里有圆形、三角形、正方形、长方形、梯形和椭圆形。（一边说一边出示相应的物品）三角形有3个角、3条边；正方形有4个角、4条边，而且4个角一样大，4条边一样长；长方形也有4个角、4条边，而且4个角一样大，对面的两条边一样长；梯形也有4条边，上下对面的两条边是平行边，旁边是两条斜边；圆形和椭圆形都是圆圆的，没有角，边缘摸上去是光滑的，只是椭圆形是扁的。

二、拼画
教师：小朋友的本领真大，所以图形娃娃们想和我们做个游戏。盘子里放着许多图形宝宝，等一下请你们挑选自己喜欢的图形，在这些图形上添画几笔变成其他有趣的物品，也可以用几个图形拼成其他物品。让我来看看哪个小朋友最聪明，变的东西

---

① 活动设计来自幼教网．

和别人的不一样。（让幼儿大胆想象，在几何图形上通过添画变成另一个物品）

三、数数、分类活动

根据自己拼画图形娃娃的数量、种类进行数数、分类活动。

1. 请个别幼儿上来说说：你用什么图形宝宝来变的？变成了什么？

2. 哪些小朋友的图形娃娃里有圆形？你用圆形变了几样东西？谁变得最多？（把最多的展示）

3. 三角形、正方形、长方形、梯形和椭圆形依次展示。

【活动延伸】

小朋友们今天的表现都很棒，让我们把自己的作品带回家，给爸爸妈妈看，然后让爸爸妈妈带小朋友去寻找我们还不认识的其他图形，下次上课带过来我们一起分享，好吗？

【活动评析】

首先，从数学的概念来看，此活动蕴含了关于图形的核心概念：可以根据属性特征对图形进行定义和分类，以及图形可以组合和分割成新的图形。通过本次活动，幼儿可以获得关于图形分类及图形组合等关键经验。

其次，从年龄阶段来看，4岁左右是图形认知的敏感期，这一时期的幼儿对平面图形的认识能力得到大幅提高。具体表现在：能够正确认识平面图形的范围有所扩展，且能逐步理解平面图形的基本特征，并逐步做到图形守恒，对平面图形的组合拼搭活动也表现出较高的积极性及一定的创造性。因此，该活动符合中班幼儿的年龄特点。

最后，从活动设计来看，该活动主要运用了操作法。首先，教师通过"奇妙箱里找图形"的活动，引导幼儿通过摸、看来感知图形的基本特征，并通过小结将幼儿的经验系统化；其次，在创意拼画或拼图中，教师为幼儿提供了充分的材料，帮助幼儿在动手操作的过程中感知图形之间整体与部分的关系。而最后一环节的数数与分类活动，虽然是幼幼之间、师幼之间的交流，但这些交流也是建立在幼儿动手操作的基础上的。总之，活动中采用的操作法比较符合幼儿的发展特点，即幼儿数概念的获得是建立在通过自身的操作活动而获得感性经验的基础之上的。

活动名称：区分左和右①（中班）

【活动类型】

集体活动。

【活动意图】

有一天，班上有个小朋友跑来问我："老师，我转个身，为什么右边改变了个位置？"这促使我分析有关这方面的生活经验，发现幼儿已有初步的左右的意识。为了

---

① 活动设计来自幼教网．

让幼儿初步掌握"以自身为中心区分自己身体的左右,分清自己的左边和右边",我设计了以游戏为主的整个活动方案。

【活动目标】

1. 以自身为中心区分自己身体的左右,分清自己的左边和右边。

2. 在活动中对区分左右感兴趣。

【活动准备】

手环人手一个,竞赛用的物品——星星、气球、贴纸等,活动场地布置左右边上挂东西。

【活动过程】

一、谜语激趣

谜语:一棵小树五个杈,不长树叶不开花。从早到晚不讲话,写字画画不离它。

二、区别自己身体的左右

1. 区别左右手。

1)请小朋友举起拿笔的那只手,招招手。

2)交流做哪些事情需要右手。

3)请伸出左手摇一摇。

4)竞赛游戏:"听口令"。(选择自己喜欢的手环颜色,然后找同样颜色的队坐下)

A. 把手环戴在右手。

游戏规则:听口令举手。(游戏中增加难度,说相反:我说左手,你们举右手等)

B. 全部都对了,得一颗星,有错不得星。

2. 区别左右脚。

1)交流身体上除了左手、右手,还有什么分左和右的?

(摸摸耳朵,捂捂眼睛,踏踏脚)

2)竞赛游戏:点鼻子。(游戏中增加难度,说相反:我说左眼,你点右眼等)

3)小结:左手这边是左边,右手这边是右边。

三、感知左边、右边

1. 交流左边有什么,右边有什么?

A. 你的左边是谁?在活动室里你的左边有什么?

B. 你的右边是谁?在活动室里你的右边有什么?

2. 改变方位再交流左右边有什么?

四、总结

评出冠军队和亚军队。

【活动评析】

首先,从数学的概念来看,此活动蕴含了关于空间关系的核心概念:数学可以准确地描述物体与方位之间的关系。通过本次活动,幼儿可以获得以自身为中心区分自己身体的左右,分清自己的左边和右边等关键经验。

其次,从年龄阶段来看,由于中班幼儿开始结合生活经验以自身为中心辨别左右方位。因此,该活动符合中班幼儿的年龄特点。

最后,从活动设计来看,该活动主要运用了竞赛性游戏法。教师首先通过做游戏,引导幼儿区分自己身体的左右,当幼儿对自己身体的左右有所感知后,将游戏拓展到以自身为中心辨别左右方位,并通过改变方位引导幼儿感受左右的相对性,由于改变方位后的左右对于中班幼儿来说颇具挑战性,所以只需幼儿有一定的感知,而不需要理解。整个活动教师以适当的物品作为奖励,这不仅能满足中班幼儿的竞赛、好胜心理,而且有助于培养幼儿思维的敏捷性和灵活性。

活动名称:认识昨天、今天、明天①(中班)

【活动类型】

集体活动。

【活动目标】

1. 能初步理解"昨天、今天、明天"的含义并区分其顺序。
2. 能运用"昨天、今天、明天"来表述生活中事件发生的时间。

【活动准备】

1. 经验准备:幼儿已经认识过星期;在家观看本周天气预报;了解幼儿园本周食谱。
2. 物质准备:幼儿的活动照片若干、周历、气象卡、食谱图片、值日生照片、作业单。

【活动过程】

一、谈话引入,理解今天的含义

1. 教师:今天是星期几?今天的天气怎样?今天谁送你上幼儿园的?
2. 今天还发生了什么有趣的事?(要求幼儿使用"今天"的词语)
3. 在周历上找出今天的位置。

教师:找一找,今天在周历的哪个位置呢?(用红笔把它圈出来)

二、互相交流分享照片,理解昨天的含义

1. 出示一张幼儿的照片,请其介绍。

教师:这张照片上的事情是什么时候发生的?昨天过去了吗?

2. 幼儿互相交流介绍:昨天你做了什么事?
3. 找一找昨天在周历的哪一个位置并用蓝笔圈出来。

三、分享交流,理解明天的含义

1. 幼儿互相交流明天想做什么。

教师:明天到来了没有?你明天还想做什么?

---

① 活动设计来自幼教网.

2.请个别幼儿用绿笔在周历上圈出来。

教师：有谁知道明天在周历的什么位置，请你用绿笔圈出来。

教师：仔细看看，昨天、今天、明天它们是怎么排队的？今天的前一天是谁？过去了吗？今天的后面一天是谁？到来了吗？

四、分组操作

1.幼儿分组操作，教师巡回指导。

2.幼儿根据自己的操作结果自由交流。

第一组：

气象卡：根据昨天、今天、明天的天气，将相应的气象卡贴在作业单里。

气象卡作业单：昨天、今天、明天。

第二组：

值日生：将值日生的照片贴在昨天、今天、明天的作业单里。

值日生作业单：昨天、今天、明天。

第三组：

排食谱：将食谱图片排在相应的日期下面。

排食谱作业单：昨天、今天、明天。

第四组：

排照片：根据事件发生的时间，将活动照片排在作业单里。

排照片作业单：昨天、今天、明天。

【活动延伸】

我们都知道了昨天、今天、明天要做的事情，请你问一问爸爸妈妈昨天做了什么事情？今天做了什么事情？明天打算做什么？

【活动评析】

首先，从数学的概念来看，此活动蕴含了关于时间的核心概念：区分"昨天""今天"和"明天"。通过本次活动，幼儿可以获得初步理解"昨天""今天""明天"的含义，并能运用这些时间词汇来表述生活中事件发生的时间等关键经验。

其次，从年龄阶段来看，由于中班幼儿对"昨天""今天""明天"的时间概念有初步的感知，但缺乏深入的理解，大多数幼儿不能用语言进行准确的描述。因此，该活动适合中班幼儿的年龄特点。

最后，从活动设计来看，该活动主要运用了谈话法和操作法。教师通过与幼儿的谈话，将时间概念的学习与幼儿的日常生活事件联系起来，帮助幼儿在交流自己日常生活的过程中，感知昨天、今天、明天之间的时间顺序。并通过不同的作业卡，帮助幼儿在动手操作的过程中，进一步巩固对昨天、今天、明天时间概念的认识。

三、促进大班幼儿空间和时间认知发展的活动案例展示与评析

活动名称：正方体与长方体（大班）

【活动类型】
集体活动。

【活动目标】
1. 能正确地认识正方体与长方体的名称及特征。
2. 通过观察能够发现正方体与长方体之间的差异。
3. 在探索活动中对认识立体图形感兴趣。

【活动准备】
正方体、长方体制作材料纸若干张，正方体、长方体积木若干块。

【活动过程】
一、观察活动

观察两张制作材料，讲述异同。老师提问：小朋友看老师带来了两张纸，请你们仔细观察它们有什么相同的地方和不同的地方？（相同点：都由6个图形组成。不同点：一张纸上都是由一样大的正方形组成，还有一张纸上由正方形和长方形组成）

二、幼儿操作活动

今天老师就要请小朋友用这两张纸来变魔术，怎么做呢？
1. 介绍制作形体的方法。出示示意图，教师简单讲述制作方法。
2. 制作后讲述异同，介绍形体名称。（正方体、长方体）

你们做的两件东西像什么？（积木、盒子）它们一样吗？（不一样）怎么不一样？（有的上面都是正方形，有的上面除了有正方形还有长方形）老师手指正方体的一面，说这就叫面。我们一起数数它有几个面。（6个）这6个面都是怎样的？（同样大小的正方形。）由6个大小相同的正方形围成的形体，它的名字就叫正方体。请你把你做的正方体找出来，说说它是什么样的？现在请你们拿出制作的另一个形体，数数上面有几个面？每个面一样吗？（不一样）怎么不一样？（6个面里有正方形和长方形）它也有名字，叫长方体。

小结：正方体的6个面是一样大小的正方形。长方体的6个面，有的都是长方形（面对面的一样大）；有4个面是长方形（面对面的一样大），2个面是正方形。

三、按特征标记将正方体与长方体分类

出示贴有正方体与长方体标记的两个篮子。提问：这里有两个篮子，篮子上分别贴有什么样的标记？（正方体、长方体）请你们把桌子上的各种形状放进带有特征标记的篮子里，并说说你送的是什么形状。

【活动延伸】
我们周围还有长方体或正方体的物体吗？请小朋友找一找。小朋友回到家里后，也可以找找有哪些物体长得像长方体或正方体。

【活动评析】

首先，从数学的概念来看，此活动蕴含了关于图形的核心概念：立体图形的表面是平面图形。通过本次活动，幼儿可以获得关于认识正方体与长方体的名称及特征，发现正方体与长方体之间的差异等关键经验。

其次，从年龄阶段来看，由于大班幼儿对平面图形已经有了深入的了解，而对立体图形的了解还停留在较浅的层面，在辨认相似的立体图形时还存在困难，因此，该活动符合大班幼儿的年龄特点。

最后，从活动设计来看，该活动主要运用了操作法和比较法。教师首先通过为幼儿提供材料，请幼儿在动手操作的过程中，感知正方体与长方体的形状特征，并将幼儿获得的感性经验进行总结，帮助幼儿形成系统化的经验。然后请幼儿比较正方体与长方体之间的相同与不同，找出他们之间的差异。而最后环节的按形状特征分类，以及找出周围环境中的正方体和长方体，能帮助幼儿巩固获得的新经验。由于这些经验都是建立在幼儿动手操作的基础之上的，因此幼儿能够更好地理解。

活动名称：跳格子①（大班）

【活动类型】

集体活动。

【活动目标】

1. 尝试按照方位语言的指令行动。
2. 体验跳格子游戏的快乐。

【活动准备】

泡沫垫子若干，摆成8×9的格子；8个礼物（每个礼物盒上贴一个数字），数字1~8三套；障碍物若干（可以是飞碟，飞碟上有数字）；小旗。

【活动过程】

一、交流跳格子的玩法

提问：你们玩过跳格子吗？怎么玩得？

小结：跳格子有很多的玩法，有单脚跳、双脚跳，有向前跳、向左跳和向左前跳等。

二、玩跳格子游戏

1. 请幼儿根据教师的指令来做游戏。
2. 请幼儿自己决定路线，并描述路线：从起点出发先是往……跳……格，再往……跳……格，然后往……跳……格，最后终于到达了钟点。

三、跳格子寻宝

介绍游戏玩法：两个人结伴寻宝，一人做发指令的人，一人做寻宝人。发起指令的人先抽一张任务卡，根据任务卡上写明的几号宝盒来设计寻宝路线，并描述出来，寻宝的人

---

① 黄瑾，田方．学前儿童数学学习与发展核心经验[M]．南京：南京师范大学出版社，2015.

根据路线去拿取宝物。如果路线设计错误或寻宝的人未能根据指令行进则视为失败。

【活动评析】

首先，从数学的概念来看，此活动蕴含了关于空间关系的核心概念：数学可以准确地描述物体与方位之间的关系，以及大脑可以形成并操作空间关系的视觉图像。通过本次活动，幼儿可以获得关于按照空间方位语言的指令行动等关键经验。

其次，从年龄阶段来看，由于大班幼儿对空间方位的理解有了进一步的提高，开始能够判断离自己身体较远的以及稍微偏斜的物体的方位。因此，该活动符合大班幼儿的年龄特点。

最后，从活动设计来看，该活动主要运用了竞赛性游戏法。整个活动主要是玩一个有趣的游戏，从初次体验跳格子的玩法到熟悉游戏规则后的小组竞赛，幼儿在游戏的进行中感知体验着方位，并在竞赛的游戏氛围中将方位语言的表征和交流变成了自然的游戏需要，使数学认知活动真正融入到了游戏的形式之中。

活动名称：认识整点、半点[①]（大班）

【活动类型】

集体活动。

【活动目标】

1.在回忆已有经验的基础上，通过对钟面的观察与操作了解分针、时针的运行关系。

2.认识整点、半点的读法及记录方法。

3.具有遵守时间与爱惜时间的意识。

【活动准备】

教具：有关各种时钟的幻灯片；时钟一面，可活动的钟面一只；表示7、8、9、10点钟的钟面各一只；时间记录卡各一张。

学具：幼儿观察记录表每人一份、活动钟面每人一份、实物时钟4只。

【活动过程】

一、调动已有经验，回忆相关知识

1.前段时间我们小朋友和老师一起做了有关时钟的调查，知道时钟有好多好多种。现在请你们看看图片里的钟，大家认识吗？

2.依次出示幻灯片，让幼儿讲名称。

3.上次我们已经认识过钟面，请告诉大家，长针叫（分针），短针叫（时针）。钟面上一共有多少个数字（12），最上面的是数字12，然后依次是1，2，3…11。请你们好好回忆一下，时钟里的指针是朝哪一个方向走的？（1，2，3…12）对了，这样的方向叫顺时针方向。

[①] 活动设计来自幼教网．

二、交流调查表

1. 小朋友们说得真好，那你知道我们人为什么要使用钟吗？
2. 钟与我们人的生活有着密切的关系，前几天我们小朋友已经做过了一个调查，将自己活动的时间记录了下来，现在请你拿出自己的调查表，说说你在什么时间在干什么。
3. 谁愿意上来说给大家听。（请3~4个小朋友上来说）
4. （幼儿一边说时间，教师一边拨动时钟上的指针）钟面上发生了什么变化？
5. 老师为你们准备了几个时钟？请你看看里面有几根指针？（两根）你猜猜看是哪两根针呢？（分针与时针）那分针与时针在运行时有什么秘密呢？下面请我们小朋友去玩一玩，看看它们之间到底有什么秘密？注意，拨指针的时候一定要按照顺时针方向拨。
6. 说说看，你们都发现了什么？说得真好，分针走一圈，时针走一格，这就表示一个小时。
7. 那么长针、短针指着的数字又是表示几点钟呢？别急，老师来向你们介绍。

三、认识整点、半点以及它们的记录方法

1. 先请大家听一个好听的故事。
2. 教师带有表情地讲述故事《小明秋游》，边讲边出示相关时间的钟面。
3. 讲述后提问：
1）小明去秋游了吗？为什么没去成？
2）他该几点钟起床？他是几点钟起床的？
3）小明到幼儿园是几点钟了？
4）他为什么会迟到？他是几点钟睡觉的？
4. 请小朋友将小明晚上睡觉的时间、早上起床的时间、去幼儿园的时间记录下来。

【活动延伸】

那小朋友们都是晚上几点睡觉、早上几点起床、几点到幼儿园的？请小朋友今天回到家，和爸爸妈妈一起统计出自己睡觉、起床、上幼儿园的时间。

【活动评析】

首先，从数学的概念来看，此活动蕴含了关于时间的核心概念：认识整点、半点。通过此次活动，幼儿可以获得关于了解分针、时针的运行关系和认识整点、半点的读法等关键经验。

其次，从年龄阶段来看，由于大班幼儿开始感知并区分相对较小的时间单位，如一个小时等，并对钟表感兴趣，表现出一定的探究欲望。因此，该活动符合大班幼儿的年龄特点。

最后，从活动设计来看，该活动主要运用了操作法和讨论法。教师通过提前让幼儿做调查，然后说说自己在什么时间在干什么，将时间与幼儿生活中的具体事件联系起来的同时，为幼儿提供了动手操作的机会，使他们能够在拨动指针的过程中感知时针与分针之间的运行关系。此外，教师通过与幼儿一起讨论故事中小明迟到的原因，以及统计自己起床、上幼儿园、睡觉等几个事件的时间点，使幼儿在认识整点、半点

以及它们的记录方法的同时,感受到了遵守时间与爱惜时间的重要性。总之,教师在活动中所运用的这些数学方法,帮助幼儿加深了对时间概念的认识,比较符合幼儿的认知特点。

附录: 故事《小明秋游》

小明是幼儿园大班的小朋友,他非常喜欢看动画片,《奥特曼》、《大头儿子和小头爸爸》——都是他爱看的片子。一天晚上,它又缠着妈妈放DVD,《大头儿子和小头爸爸》还有4集就看完了,他想把故事在明天秋游时告诉朋友们。妈妈说:"小明,早点睡吧,明天8点你们要去秋游了,睡晚了,早晨起不来要迟到的。"

啊,秋游是小明盼望了很久的活动,想到秋游,小明真兴奋。可还有4集动画片没看呢,那可是他最爱看的动画片,小明实在忍不住,他对妈妈说:"我保证,明天7点起床。"看完一集又一集,不知不觉已是晚上10点钟,小明喜滋滋地上床睡觉了。

晚上,小明梦见自己和大头儿子一起去秋游,在公园里和小伙伴们一起游戏,真带劲!这一晚,小明睡得很香很香。第二天早晨7点钟,妈妈叫小明起床,可怎么也叫不醒。等小明醒来,已经是8点了。8点钟小朋友们都已经排队上车了。昨天老师告诉小朋友:8点钟要准时到幼儿园。这可急坏了小明。他早饭也顾不上吃,就吵着要妈妈快骑车送他去幼儿园。妈妈带着小明,骑得满头大汗,可到幼儿园,幼儿园里一片寂静,小朋友早上8点钟就出发了。小明急急地问妈妈:"现在几点钟?""9点钟了,你迟到了1个小时。"任凭小明怎么哭,怎么闹,他也没有办法和小朋友们一起秋游了。

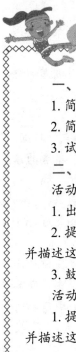

思考与实训

一、思考题

1. 简述各年龄阶段幼儿空间和时间活动的目标。
2. 简述各年龄阶段幼儿空间和时间活动的内容。
3. 试述如何指导幼儿园空间和时间的教学活动。

二、案例分析

活动1:

1. 出示事先裁好的圆形纸片,引导幼儿认识圆形。
2. 提供圆形的物品,如镜子、圆形积木、圆形饼干等,引导幼儿观察比较,并描述这些物品的形状。
3. 鼓励幼儿在班级中寻找圆形的物品。

活动2:

1. 提供圆形的物品,如镜子、圆形积木、圆形饼干等,引导幼儿观察比较,并描述这些物品的形状。

2. 鼓励幼儿在班级中寻找圆形的物品。

3. 出示事先裁好的圆形纸片，引导幼儿描述圆形的特征。

根据所学内容，说说上述两则活动设计有何不同？哪种设计更适合幼儿的认知特点，谈谈你的理由。

三、实践性学习活动

1. 选择一个幼儿园班级，统计分析班级中哪些材料可以支持幼儿感知和认识几何形体。

2. 选择4名中班幼儿，评价其空间方位认知的发展情况，针对每名幼儿的实际需要，设计一项教育活动。

3. 选择4名大班幼儿，评价其对时间的认知水平，针对每名幼儿的实际需要，设计一项教育活动。

第十章 幼儿园量与测量活动的设计与组织

案例导入

一天,教师带领幼儿在户外活动。貌似幼儿比较喜欢玩圆筒滑梯,有的幼儿从里面钻出来之后从另一端爬上去又钻出来,有的幼儿小心翼翼地从高台上面跳下来又爬上去跳第二次。看着幼儿如此快乐,教师也很高兴。不一会儿,班级里面有个胖胖的小女孩爬上了滑滑梯,站在圆筒滑梯那里有点犹豫,不敢钻进去,旁边的小伙伴们可高兴了,有个小男孩说:"她肯定不行,太胖了!"有个小女孩说:"可以的,圆筒滑梯挺大的呀!"其他幼儿开始笑,小女孩很不好意思地走下来,没有玩圆筒滑梯。不一会儿,有的跳高台的幼儿开始比谁跳得远,谁跳得高,他们用脚步的多少去测量跳的距离的远近;有的幼儿之间开始比较身高和腿长。于是,教师借助这次户外活动中钻圆筒滑梯和跳高台的事情,给幼儿组织了很多有趣的测量活动,让幼儿懂得遇到问题应该怎么去处理。

问题: 为什么有些幼儿感觉小女孩能够钻进圆筒滑梯,有些幼儿感觉不能钻进圆筒滑梯?幼儿园量与测量在帮助幼儿认识空间形体方面有什么作用?其教育目标和内容是什么?针对这些目标和内容,教师又该怎样组织活动?带着这些问题,一起进入本章的学习。

学习目标

通过本章学习,应该具备以下知识:
1. 了解幼儿园量与测量活动的目标。
2. 了解幼儿园量与测量活动的内容。
3. 知道怎样组织和指导幼儿园量与测量的活动。
4. 学会评价幼儿园关于量与测量的教学活动。

第十章　幼儿园量与测量活动的设计与组织

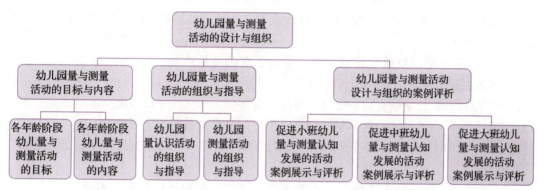

第一节　幼儿园量与测量活动的目标与内容

一、各年龄阶段幼儿量与测量活动的目标

量分为连续量和非连续量。连续量是通过测量来明确的量，要想知道连续量的多少，必须借用测量的工具才能得出结果，如物体的长度、面积等。非连续量是用计数来明确的量，如有多少个小朋友。幼儿园所开展的量的认识与测量活动有助于幼儿探索事物的特征，促进数学思维的发展，因此，幼儿对量的认识以及对自然测量技能的初步掌握，既是幼儿园教育需要实现的目标，也是幼儿数学教育的重要内容。

（一）3~4岁幼儿量与测量活动的发展目标

1. 能感知和区分物体的大小、多少、高矮、长短等量方面的特点，并能用相应的词表示

对于不同集合的初步感知是幼儿认识量的基础，对量的特点与差异的感知是后续测量、数运算的基础。对于3~4岁的幼儿，一方面应该能够感知这些差异，比如4块饼干和9块饼干，幼儿会倾向于要9块饼干（喜欢要多的）；再如知道自己个子矮，爸爸个子高；自己的手小，爸爸的手大。另一方面，对于3~4岁的幼儿，还应该用相应的词表达自己对这些量的感知，因为语言与数学思维是联系在一起的，幼儿在使用量词的同时也能帮助他们进一步认识量。

（二）4~5岁幼儿量与测量活动的发展目标

1. 能感知和区分物体的粗细、厚薄、轻重等量方面的特点，并能用相应的词描述

物体的粗细、厚薄、轻重都是有差异的，幼儿可以感知两棵不同粗细的树、一斤重的

铁和两斤重的铁的差别、天气热时自己穿的衣服很薄而天气冷时自己穿的衣服很厚。周围环境中充满了各种不同量的事物，成人要注意引导幼儿观察，4~5岁的幼儿不仅要能感知和区分这些量之间的差别，还应该能用相应的词来描述，比如幼儿说"第一棵树要细一些，第二棵树要粗一些""棉花轻、铁块重"……语言的描述可以加深幼儿对这些量的认识。

2. 用首尾相接摆放单位量的方式，进行长度的自然测量

4~5岁的幼儿虽然开始知道长度可以分割成若干份，但他们在进行长度测量时还需借助首尾相连摆放单位量的方式，完成物体的长度测量。如把筷子按首尾相连的方式摆放来测桌子的长度。在这一阶段的测量活动中，引导幼儿掌握首尾相连摆放这一测量的技能至关重要，摆放时不能重复，不能间断，这也是帮助4~5岁幼儿理解长度与单位量等量替换关系的关键。

3. 通过用单位面积（方块）覆盖的方式，体验面积和面积测量的意义

4~5岁的幼儿应能够通过单位面积覆盖的方式，对物体的面积进行测量，如通过用图画书覆盖桌面的方式，来测量覆盖完整个桌面需要几本相同大小的图画书。幼儿在这一过程中，能够发现测量一块区域所需的单位面积数量不仅与被测区域的长度有关，还与其宽度有关，从而积累与面积相关的感性经验，体验面积与面积测量的意义。

（三）5~6岁幼儿量与测量活动的发展目标

1. 初步理解量的相对性

比较两个集合的量时，幼儿可以运用多种方式比较，得出一个多、一个少，或者一个高、一个矮等。但是当比较三个或更多物体时，就出现了相对性，如和贝贝比时，乐乐高；但和壮壮比时，乐乐矮。幼儿对事物的认识往往是绝对的，不是多就是少、不是高就是矮，但5~6岁的幼儿应能理解量的相对性，这是思维灵活性和关联起来看问题的表现。因此，成人在平时的生活中应多提醒幼儿注意不同事物之间的比较。

2. 重复使用一个单位量进行长度的自然测量

5~6岁的幼儿应能重复使用一个单位量进行长度的自然测量，如重复使用同一根小棒来测量桌子的长度。由于重复使用同一自然测量工具来测物体的长度，需要幼儿记住前一次测量的终点位置，因此教师可以引导幼儿通过做记号的方式来帮助记忆。

3. 理解测量同一长度时，单位长度的长短和所需单位数量之间的相反关系

5~6岁的幼儿在学习和生活情境中积累了一定的测量经验，并能尝试用不同的单位测量同一长度，他们或自发或在教师的启发下开始了测量单位和测量结果之间关系的思考：同样的长度，测量工具的单位长度不同，其测量结果中计量数也相应不同，且它们之间呈一种相反的关系。因此，5~6岁的幼儿应能理解测量同一长度时，单位长度的长短和所需单位数量之间的相反关系。例如：用小棒和筷子同时测桌子的长度，小棒比筷子短，所测的数量是小棒的数量要比筷子多。

4. 通过用单位体积（立方体）填充的方式，体验体积和体积测量的意义

5~6岁的幼儿应能通过单位体积（立方体）填充的方式，对物体的容积进行测量。例如：用相同大小的积木块填充一个正方体盒子，测一测填充完整个盒子需要多少块相同大

小的积木。5~6岁的幼儿在用单位立方体填充立体空间时，通过发现填充所需要的单位立方体数量不仅取决于填充第一层所需的立方体数量（长和宽），还与物体的高度有关，从而积累起与体积相关的经验，并体验体积和体积测量的意义。因此，教师在日常活动中应为幼儿多提供用单位体积（立方体）对物体的容积进行填充的机会。

二、各年龄阶段幼儿量与测量活动的内容

由于不同年龄阶段的幼儿所要达到的量与测量活动的目标不同，相应地不同年龄阶段幼儿量与测量活动的内容也有所差别。

（一）3~4岁幼儿量与测量活动的内容

1）能用直接比较的方法判断两个物体的大小、长短、高矮。
2）能在比较的基础上给3~4个物体按照量的差异特征（如大小、长短、高矮）排序。

（二）4~5岁幼儿量与测量活动的内容

1）会用直接比较的方法判断物体的粗细、轻重、厚薄、宽窄等。
2）能在比较的基础上给5~6个物体按照量的差异特征（如粗细、轻重、厚薄、宽窄）排序。

（三）5~6岁幼儿量与测量活动的内容

1）能在比较的基础上给7~8个物体按照量的差异特征（如高矮、宽窄、粗细等）排序。
2）能在比较的过程中体验量的相对性，如记号笔比铅笔粗，比胶棒细。
3）能在比较的过程中，体验量的守恒，如一块方形的橡皮泥搓成长条后，质量不变。
4）能用生活中的物体作为工具进行简单的测量，如用绳子、扭扭棒、手掌等作为量具测量桌子的长度。

第二节　幼儿园量与测量活动的组织与指导

一、幼儿园量认识活动的组织与指导

有关幼儿园量认识活动的学习是学前儿童数学教育中的一个重要方面，在教学中，不仅要使幼儿学会进行量的比较和排序，还应当帮助幼儿建立量的守恒的概念。因此，从教学内容来分，量的学习一般可分为量的比较、量的排序和量的守恒三部分。

（一）量的比较

1. 运用各种感官感知、比较物体的量

儿童对物体量的认识主要是通过感官的感知，如通过视觉、触摸觉、运动觉等感觉通

道体验到物体的大小、长度、质量等方面的特性。因此，教学中要让幼儿在看看、摸摸、摆弄等活动中进行比较、认识物体的量。

（1）目测比较

认识物体的大小、长短、厚薄、粗细、高矮等特征时，可以让幼儿用视觉观察进行比较。例如：教师出示一大一小两个皮球，让幼儿看看，问他们哪个大、哪个小，还是一样大小。再如：帮助幼儿认识轻重时，也可以出示两块形状一样、材料一样、大小不同的积木，问幼儿哪个轻、哪个重，还是一样轻重。然后再通过检验让幼儿知道一样的物体，大的、多的重，小的、少的轻。

（2）触摸觉比较

教师可以让幼儿双手抱球，仔细地抚摸，感知球外形大小的区别，以及球所占空间的不同。教师还可以让幼儿用拇指、食指等触摸自己的单衣和滑雪衣等物，感知其厚与薄的区别，也可以让幼儿不用眼睛看，只用手摸，在布袋里摸出粗的或细的小棒，摸出长的或短的小棒等，同时用正确的词语表述。

（3）运动觉感知比较

运动觉感知比较主要用于认识物体的轻重，它是由肌肉的运动觉来感受的。可让幼儿用手掂一掂，或提一提两个不同的物体来获得质量的直接经验，如一小块铁和一大堆棉花谁重谁轻？眼睛看不准了，就可以用手掂掂或提提，来判断物体的轻重，使幼儿知道不一样的物体，大的不一定重，小的不一定轻。

2. 运用重叠、并放法比较物体的量

在让幼儿认识两个圆形纸片的大小时，可以把这两个圆形纸片重叠在一起进行比较，区别大与小；比较物体的长短，可选用两支不同长度的铅笔重叠在一起，即把短的一支重叠在长的一支上面，铅笔要横放，区别哪支长、哪支短。还可以用并放法比较，如并排横放着两支长短不同的铅笔、并肩站着老师与小朋友、桌上并排放着两本不同厚度的书等，让幼儿区别长短、高矮、厚薄。

3. 运用发现法认识物体的量

教师可以为幼儿创设一定的情境，让幼儿在特定情境的活动中发现物体量的不同，达到认识量的目的。例如：在让幼儿认识大小时，教师为幼儿准备各种大小不同的瓶子，将瓶盖与瓶子分开打乱放置，让幼儿玩盖瓶盖的游戏，看谁盖得快，使幼儿感受瓶盖、瓶口有大有小，逐步摸索规律。再如认识粗细时，教师可以为幼儿准备很多有孔的木珠和粗细不同的绳子，让幼儿玩穿木珠，看看谁穿得又快又多。如果有的幼儿穿得很快、有的幼儿穿得很慢、有的甚至一粒也没穿上，教师就可以引导幼儿找找原因，让幼儿发现绳子有粗有细，从而认识粗与细。

4. 运用寻找法描述物体的量

在幼儿初步认识量的基础上，教师可以有意识地引导幼儿在周围环境中寻找哪些物体是大的（长的、粗的等），哪些物体是小的（短的、细的等），并运用正确词汇去描述。教师还可以引导儿童运用记忆表象回忆、描述马路上或家里自己所熟悉的各种物体的大小、长短、粗细、厚薄等。例如：在教室里找找，幼儿会找出某某小朋友高、某某小朋友矮，皮球大、乒乓球小等；在自己身上找找，他们会找出腿粗、臂细、衬衣薄、毛衣厚等。教师也可以在教室里事先放一些长短不等、厚薄不同的物品,让他们在布置好的环境中找出两样东西并描述哪个大、哪个小,哪个厚、哪个薄等。

5. 运用游戏法巩固对量的认识

教师可以设计各种形式的游戏,让幼儿来区别物体的量,加深对物体大小、长短、粗细、高矮等的认识。例如:"反动作游戏",教师做一个动作,并按动作说出一个词,要求幼儿做与教师相反的动作并说出相反的词。教师用手做大的动作说"大大",幼儿做小的动作并说"小小",教师用手做拉长的动作并说"长长",幼儿用手做短短的动作并说"短短"。通过这种游戏活动可以训练幼儿对大小、长短等的掌握,加深幼儿对相应词汇实际意义的理解,同时,也训练了幼儿思维的敏捷性。这类游戏可以在教师与幼儿之间进行,也可以在幼儿与幼儿之间进行。

(二) 量的排序

1. 从小数量的排序到大数量的排序

排序是以比较为基础的,而最简单的比较就是两两比较,排序最小的数量是3,对于小班幼儿来说,可以从数量为3或4、5的物品的排序开始,让幼儿首先找出最大(长)的和最小(短)的,然后再分别找出其他的,通过与最大(长)的或最小(短)的相比,最后确定它们的序列顺序。随着幼儿年龄的增大及排序经验的积累,序列的数量可以逐渐增加到7,甚至增加到10。对于大数量的排序,也同样是按照先找两端再逐一比较,最后确定序列的步骤来进行。

2. 从按次序规则排序到按特定规则排序

与从序列的数量上可以按照年龄班分成几个阶段一样,在每个年龄阶段,也可以相应安排幼儿学习按次序规则和按特定规则排序,但从数学的一般经验来看,次序规则在先,特定规则在后。这是因为在量的比较教学中,幼儿已经积累了一定的对物体大小、长短、粗细、高矮等量的特征区分的相关经验,按量的次序规则排序实际上就是幼儿理解量的差异的一种操作表现。

3. 从参照排序到独立排序

幼儿通过不同形式的操作活动可以获得对不同形式排序的理解和掌握。在排序的相关操作活动中,开始时,教师应把教学的重点放在"让幼儿找出并理解排序的规律"上,因此,教师可以先出示已经排好的序列,让幼儿去发现其中的规律,并让幼儿尝试着模仿教师的排序继续接着往下排。当幼儿积累了较多的排序经验后,教师可以启发幼儿自己去寻找排序材料中的不同,按照自己的理解独立思考,并尽量用不同于他人的方式来排序。

材料名称:比一比,排排序

关键经验:按大小、高矮、长短等差异对5个以内物体进行排序。

指导要点:能按某一属性特征对物体排序。

注意事项:不受无关因素的干扰,能明白任务要求。

玩法：如图 10-1 所示，提供给幼儿大小不同、高矮不同的瓶子，请幼儿按照高矮顺序或者大小顺序排列。

图 10-1　各种瓶子

（三）量的守恒

1. 引导幼儿充分感知和比较不同样式的等量物体

量的守恒是在物体的形状、空间位置等知觉特征发生变化的情况下，其总量保持不变。首先，教师应向幼儿呈现不同样式的等量物体，鼓励幼儿进行探索。例如：教师可以在沙水区投放容量相同，但形状不同的量瓶或矿泉水瓶等容器。其次，教师应在幼儿操作探索材料的过程中，提出有关量的大小的问题，如这块积木由几个正方形组成、这个瓶子能装多少水等，来引导幼儿感知和比较物体的外观特征与量的关系，从而支持幼儿感知量的守恒。

2. 用数来表示和比较量的大小

把量的大小转化为数，通过对数的大小的比较来判断量的差异，是解决量的守恒问题的重要策略，也是帮助幼儿理解量的守恒的主要策略之一。由于任何量都可以通过一定的方式来进行测量，用计量单位和数来表示，因此，教师可以鼓励幼儿对不同的量进行测量，用数与单位来表示量的大小，在比较数与单位的过程中感知守恒。例如：每块积木是由 5 个等面积正方形组成，幼儿可以通过计数正方形的数量来比较面积大小。

3. 引导幼儿描述和讨论知觉特征与量的关系

量的守恒概念的形成要求幼儿将知觉特征与量的关系进行抽象概括，理解可逆性、补偿性和同一性三个原则，认识到：第一，一个转换了的物体可以再变回原来的样子（可逆性）；第二，这东西变高了，但它也变细了（补偿性）；第三，它还是原来的东西，你没有加上什么，也没有去掉什么（同一性）。[①]因此，在教育活动中，教师应注意鼓励幼儿描述和讨论物体知觉特征的变化和差异与量的大小之间的关系，引导幼儿感知可逆性、

---

① 守恒概念研究协作组. 守恒概念获得的研究［J］. 心理科学通讯，1985（12）：20.

补偿性和同一性原则。例如：在幼儿因杯子形状不一样而对牛奶多少产生分歧时，教师可以询问幼儿"你的杯子和他的杯子有什么不一样"，引导幼儿关注杯子外形差异上的补偿性。

二、幼儿园测量活动的组织与指导

皮亚杰认为，量和数具有同构性，但是儿童对量的认识要晚于对数的认识，如测量的技能要到8~11岁才完全发展。这是因为，儿童认识量度时，必须把它作为分割和有顺序位移的一种综合来建构，由此造成了儿童在掌握测量技能上的困难。中班以前幼儿的测量是一种"目测"，即通过感知来比较量的差异。中班以后，儿童才有可能学习用工具测量（自然测量）。由于测量技能本身的要求，幼儿对于测量的方法、技巧还较难掌握，有赖于教师的示范和指导。在涉及"自然测量"的教学中，主要的教学方法可以包括：

1. 示范讲解的方法

在幼儿学习自然测量的过程中，教师首先要明确测量对象及测量工具，其次要向幼儿讲清测量的始端、终点、移动及其记号，算出量的结果，然后重复测量加以验证。例如：要测量活动室里小黑板与儿童桌面谁长谁短，还是一样长短，可以用一根竹筷子来量。教师边示范边讲解，从小黑板左边顶端开始，把小竹筷一头与这顶端对齐，顺着小黑板上面直边量一次，用粉笔在竹筷这一头（末端）的黑板上画一条短线为记号……一直量到黑板的右边这一头。然后请幼儿数一数，这块小黑板有几根竹筷长，把数的结果记下来或记在脑子里。接着用同一量具、同样方法测量桌面的长度，记住桌面有几根竹筷长，再把量的数据进行比较，初步得出谁长、谁短还是一样长短的结论。最后再把小黑板与桌面的长度重新测量一遍，看看与刚才量的结果是否一样，再做出正确判断。

2. 实践操作的方法

自然测量作为一种技能，能够帮助幼儿在具体的操作中获得关于量的感性经验。作为教师，应当创设尽可能的环境和材料让幼儿自己去感知，材料的提供则应当和日常生活相联系，结合生活中所遇到的有关测量的问题，在情境中学习和感知。例如：测量活动室里桌、椅的长度，幼儿之间比高度等，都可以启发幼儿用各种工具作为量具尝试着进行自然测量。

在幼儿操作、运用自然测量的方法去比较物体量的过程中，教师应当启发幼儿注意比较不同的量具所带来的不同结果。如同样是量身高，用小凳子做量具、用绳子做量具和用餐巾纸盒做量具所测得的结果数量是不同的。通过这种量具不同的比较，帮助幼儿认识到不同量具测量同一物体能得到不同的结果；要比较两个物体等量与否，应当用同一种量具进行测量，才能得到正确的比较结果。

材料名称：量一量

关键经验：用首尾相接摆放单位量的方式，进行长度的自然测量。

指导要点：测量用具要首尾相连地摆。

注意事项：引导幼儿初步感受测量所得的数的大小，可以比较被测物的长短。

第三部分 幼儿园数学认知教育活动的设计与指导

玩法：幼儿用同一测量工具按首尾相连的方式测不同物体的长度。如用相同的小积木块按首尾相连的方式测操作卡中不同毛毛虫的长度，如图10-2所示。

图10-2 自然测量操作材料

第三节 幼儿园量与测量活动设计与组织的案例评析

一、促进小班幼儿量概念发展的活动案例展示与评析

活动名称：按长短排序（小班）

【活动类型】
集体活动。

【活动目标】
1. 能辨别5个以内物体的长短。
2. 在操作活动中，体验物体从长到短或者从短到长排列的顺序，尝试按物体的长短差异排序。

【活动准备】
1. 教具：长短不一的小棒5根、标记图（有从长到短或者从短到长的标记）1张。
2. 学具：第一、二组，长短不一的冰棒棍人手5根（或长短不一的铅笔5支），每人1张标记图；第三组、四组，人手3张点卡（分别为1、2、3），每人三色花片1盘（数量分别为1~3，如1片红色、2片蓝色、3片黄色）；第五、六组，手撕的纸条若干。

【活动过程】

一、教师讲解演示长短排序的方法

教师出示5根小棒，并做如下引导：这里有什么？它们有什么不同？哪根是最长的？哪根是最短的？用什么办法证明你说的是对的呢？（把两根放在一起比一比）比的时候，要把两根小棒靠在一起，一端对齐，这样就能看出哪根长，哪根短了。

引导幼儿在5根小棒当中找出最长的，再用同样的方法在剩下的小棒中逐一找出最长的。教师再出示标记图说：谁会在红线上给这几根小棒排队？想想哪根小棒应该排在最上面？哪根小棒跟在它的下面？要把这几根小棒排得很整齐，教师一边排一边说：哪根小棒排在最上面？哪根小棒跟在下面？

请个别幼儿在黑板上操作。教师说：请大家说说他是怎样给小棒排队的？（最长的、最短的）。引导幼儿从上往下观察，体验小棒一支比一支短；再从下往上看，体验小棒一支比一支长。

二、幼儿分组操作，练习长短排序

第一、二组：给冰棒棍或铅笔排队。

教师：先把盘子里的冰棒棍或铅笔都拿出来，比比它们哪根长、哪根短；再把它们放在红线上排队，排好后，说说你是怎么排的。

第三、四组：把相同的花片放在一起。

教师：看看盘子里的花片有什么不同，把相同的花片放在一起，数数每样有几个，再按数目的多少有顺序地送它们"回家"。然后再给花片送点卡，有几朵花片，送几张点卡。

第五、六组：先手撕五根长短各异的纸条，再排序，方向不限。

在小组活动中，教师注意观察，看幼儿是否按物体量的差异排序。

【活动延伸】

小朋友们已经能按长短给物体排队了，那按大小又该怎样排队呢？大家可以在活动区自己动手试一试。

【活动评析】

首先，从数学概念来看，该活动教师通过变换图式来帮助幼儿感知比较，启发幼儿在比较的过程中对所比较量的结果和每一个比较单位之间的关系进行思考和联系，这种感知和比较也自然地联系到了对抽象数学关系的思考。

其次，从年龄阶段来看，在量的差异比较中，小班幼儿受年龄和思维抽象性发展的限制，往往在量的比较中容易受到外在形式、视觉判断等方面的干扰而不能很正确地意识到物体的量，故而该活动着重关注基于情境的知识经验梳理，让儿童在动手动脑中体验到了量的不同差异。

最后，从活动设计来看，该活动借助了幼儿熟悉的生活情境，通过唤起幼儿生活经验中的情境性知识和相关信息来思考和体验其中的差异。同时，也用了游戏化、操作化的活动形式，且创设了开放、自主的学习氛围。

二、促进中班幼儿量与测量认知发展的活动案例展示与评析

活动名称：宽和窄（中班）

【活动类型】
集体活动。

【活动目标】
1. 初步了解宽和窄的概念，并能通过比较辨别宽和窄。
2. 通过亲身体验感受宽与窄，体验宽与窄的不同。

【活动准备】
长短、宽窄不同的橙色、蓝色纸条各一张，宽窄不同的纸条若干张（保证每人手上分别有一张橙色纸条和蓝色纸条），装两色纸条的盒子两个（不同颜色纸条分开放），长凳拼成的宽桥和窄桥。

【活动过程】
一、教师引导幼儿认识宽与窄
1. 教师分别出示两张长短、宽窄不同的红色和蓝色手工纸。

提问：这两张手工纸哪里不一样？引导幼儿从手工纸的颜色、大小、长短、宽窄等方面进行回答。

小结：我们通常把一张纸从上到下之间的这段叫作长度，从左到右的这段长度叫作宽度。

2. 教师引导幼儿观察两张手工纸的宽窄。

提问：这两张手工纸哪张比较宽？哪张比较窄？你是用什么方法进行比较的？

小结：比较两张纸的宽窄可以把两张纸重叠起来进行比较。

二、通过游戏比较宽窄

请每名幼儿从两个纸盒中分别摸出橙色和蓝色两张宽窄不同的手工纸，教师引导幼儿在游戏中比较手中纸片的宽与窄。

首先请幼儿举起手中比较窄的手工纸，师幼共同验证对错；然后请幼儿边上的朋友交换一张纸片，再举起比较宽的那张纸片；最后将自己手上的宽（窄）纸片与同伴手上的纸片进行比较。

教师引导幼儿观察：你手上的宽（窄）纸条与别人手上的纸条比还是宽（窄）的吗？发生了什么变化？

小结：宽与窄具有相对性，要根据与他比较的对象才能进行判断。

三、通过游戏，亲身体验宽窄

首先，请幼儿观察两座桥，引导幼儿发现两座桥一座宽一座窄；然后教师请幼儿分别走两座宽窄不同的桥；最后讨论：走这两座桥的时候你的感受一样吗？分别是什么感觉？

第十章 幼儿园量与测量活动的设计与组织

【活动延伸】

请小朋友在活动区制作桥,然后和自己周围的小伙伴比一比谁的桥宽,谁的桥窄,并7人一组按宽窄给桥排序。

【活动评析】

首先,从数学概念来看,该活动预设了与核心概念相关联的问题,启发幼儿带着问题、带着好奇去探究、去思考,关注到了在差异比较中的认知提升。

其次,从年龄阶段来看,该活动关注到了中班幼儿的学习特点,学习情境是比较自由开放、生活化的,看似随意的活动,却在幼儿学习的过程中帮助他们积累了有关量的相对感性的经验,为建立清晰的概念打下了基础。

最后,从活动设计来看,教师关注的是找到量的比较之属性维度,然后相对于不同的属性维度特征再思考用怎样的手段和材料更有利于让幼儿做出比较。由此可见,教师在进行该活动的设计时,确定量的比较之属性特征是一个基本前提。同时,不同的属性特征之间的比较要尽量采用适合的方式帮助幼儿感知其差异,教师避免了简单化的视觉感知方式,还借助于材料的操作,符合幼儿发展的特点。

活动名称:长度和高度测量活动①(中班)

【活动类型】

日常活动。

【活动目标】

1. 直观地学习长度和高度的概念。
2. 学会使用随意的测量单位。

【活动准备】

一定长度的硬纸条、毛线或者其他东西,用来被测量的桌椅、水杯、毛巾、绘本图书等。

【活动过程】

1. 提出一些与长度相关的问题情境,规定幼儿必须选出一定长度的东西,如桌子、椅子、手指和脚步等。
2. 教师可以提问:环顾我们的教室,哪些东西离得近,哪些东西离得远?
3. 让几个幼儿站成一排。请一个幼儿指出哪个人最高,哪个人最矮。(也可以让某个幼儿依次给每一个人按照从高到矮或者从矮到高的次序进行排列)
4. 在塑纸上画两条线,请儿童回答需要多少颗豆子(夹子、牙签或其他小物品)才能沿着线条摊开。哪条线需要的豆子多一些?哪条线长一些?在幼儿熟悉之后,可以尝试在纸上画更多的线条让他们练习。
5. 用铅笔、牙签、一段细线和积木块作为随意的测量单位,让幼儿测量教室里的

---

① 活动设计来自幼教网.

东西，看看它们分别有几个单位那么长、那么宽或那么高。

【活动评析】

首先，从数学概念来看，该活动教师设置如比较幼儿的五个手指哪只长哪只短，五个幼儿排排站看看哪个幼儿最高，哪个幼儿最矮等活动，让幼儿在日常生活中就能直观地感知长度和高度等概念，也激发孩子对测量的兴趣和好奇，运用测量来验证数量的多少，是中班幼儿解决问题的方式之一。

其次，从年龄阶段来看，中班幼儿已经积累了数量多少比较的经验，也有通过目测进行估数的经验，所以教师将活动目标设定为直观学习、随意的自然测量是比较合理的，也容易引发幼儿的探索热情。

最后，从活动设计来看，该活动主要运用了操作法和提问法。教师为幼儿提供了动手操作的机会，使他们能够在动手操作，亲身体验的过程中感知长度和高度的概念。此外，教师通过有目的的创设测量活动，让幼儿自由觉察我们周围可以测量的东西，在必要的时候给予适当的引导和支持。总之，在区域活动和集体教学活动中，教师所运用的这些数学方法，帮助幼儿加深了对长度和高度概念的认识，比较符合幼儿的认知特点。

三、促进大班幼儿量与测量认知发展的系列活动案例展示与评析

活动名称：面积守恒（大班）

【活动类型】

集体活动。

【活动目标】

1. 能与同伴协商、分工，合作完成活动任务。
2. 通过测量、比较面积的大小，初步体验面积守恒。
3. 能积极尝试和主动地学习。

【活动准备】

面积大小相同、形状不同的底块场地，塑胶板70块，记录单、笔若干。

【活动过程】

一、幼儿自主操作发现

1. 给每个幼儿人手5块塑胶板，让幼儿用塑胶板自主地拼图。然后，请幼儿根据拼出的场地形状，想想它们分别像什么。再请幼儿比较这些场地的面积大小。

2. 引导幼儿讨论：你们拼出的场地面积大吗？让幼儿通过铺垫子去发现5块场地是否一样大。

二、幼儿自主操作活动，并记录操作结果

1. 引导幼儿讨论如何分工合作完成任务。

2. 出示记录单，引导幼儿将操作结果记录下来。

3. 通过给不同的场地铺垫子，比较5块场地面积的大小。

三、通过评价，幼儿初步体验面积守恒

1. 幼儿分组介绍操作过程和结果。

你是和哪些小朋友合作的？怎样合作？分别给哪些场地铺垫子的？用了多少块垫子？

2. 引导幼儿比较自己或别人的操作结果，并讨论。

你认为这5块场地一样大吗？为什么？

小结：大家都用一样大小的垫子去铺场地，虽然场地的形状不一样，但每一块场地都是用了12块垫子，说明这5块场地一样大。

【活动延伸】

教师在活动区提供面积不同的底块场地，请幼儿用相同大小的垫子探索铺满这些场地所用的垫子数是否相同。

【活动评析】

首先，从数学概念来看，该活动对测量的要求是在通过测量和比较之后对面积守恒的初步感知，幼儿能更好地思考和找到有关测量的相关问题的契合点，在动手动脑中提升相关经验。

其次，从年龄阶段来看，目标设置合理，重在强调幼儿对于测量活动的兴趣和良好测量习惯的培养，也符合大班幼儿的发展水平。

最后，从活动设计来看，该集体活动开始的时候主要是介绍材料的用途和即将进行的活动内容。接下来的自由探索活动，意在激发幼儿通过给不同的场地铺垫子，将5块场地面积的大小进行比较。由于幼儿的知识是通过操作进行"建构"的，所以教师鼓励幼儿大胆地进行操作，在讨论中对测量结果进行比较。同时，在讨论中教师通过引导幼儿比较自己和别人的操作结果，使幼儿不断地思考：为什么这5块场地一样大？对幼儿具有一定的挑战，符合幼儿的发展需要。

活动名称：一寸虫①（大班）

【活动类型】

集体活动。

【活动目标】

1. 和同伴一起尝试用首尾相连、重复测量的方法给物体测量。
2. 欣赏、理解故事内容，享受阅读带来的乐趣。
3. 懂得遇到困难不要害怕，要多动脑，想办法。

---

① 张俊. 幼儿园数学领域教育精要——关键经验与活动指导[M]. 北京：教育科学出版社，2015.

【活动准备】

课件、一寸虫若干、知更鸟尾巴、故事中的各种鸟卡片、各种鸟的记录表若干、指偶一寸虫。

【活动过程】

一、谈话导入，激发兴趣

教师：今天，老师给你们带来了一本书，看看这是哪里？草丛里会有什么？

教师：一寸表示一个东西的长度，请你们说说一寸虫有多长？（用手比一比。）

教师：一寸虫到底在草丛里发生了什么事情呢？我们一起来看一看。

提问：你觉得一寸虫能正确量出知更鸟的尾巴吗？

二、初次测量，学习首尾相连的测量方法

教师：老师在桌上也放了知更鸟的尾巴，还有一寸虫，请你们去帮帮一寸虫吧，去摆一摆，看看用了几条一寸虫，算一算知更鸟的尾巴到底有多长。

1. 请幼儿两两合作，运用"一寸虫"当测量工具，依次摆放一寸虫，测量一寸虫的长度。

2. 个别幼儿说说用了几条一寸虫，集体验证测量方法。

3. 教师小结：原来知更鸟的尾巴长度是3寸。

4. 教师：你们在量的时候用了3条一寸虫，可是在那密密的草丛里只有一条一寸虫，怎么量呢？

5. 介绍重复测量的方法：一寸虫爬一次做记号，爬一次做记号，然后数记号有几个就是几寸长。

三、结合故事情节，开展第二次测量

1. 教师：知更鸟放走了一寸虫，这个故事就在森林里传开了。好多鸟都找来了，它们是谁？认识吗？它们会请一寸虫量什么？

2. 第二次测量要求：请你独自一人用一条一寸虫，运用重复测量的方法测量故事中3种鸟的嘴巴、腿和全身的长度。

3. 教师：3种鸟量出来的结果是几寸呢？

四、同伴互动，开展第三次测量

1. 教师：树丛里的鸟都有自己钟爱的地方，那你们有自己最钟爱的地方吗？你最钟爱身体的哪个部分呢？为什么？请你和一个好朋友拿一条一寸虫，量一量朋友钟爱的地方有多长。

2. 交流验证，你朋友最钟爱的地方有多长？

附录：故事《一寸虫》

在一个绿绿的叶子上，有一条像绿宝石一样的一寸虫。知更鸟看见了一寸虫，要吃掉它。这可是它的美食呀，一寸虫该怎么办呢？

一寸虫说："不能吃掉我，我很有用。"知更鸟说："你有什么用？""我可以量东西。"一寸虫说。

"那你来量量我的尾巴吧。"知更鸟说。

一寸虫就开始量了，一寸、两寸、三寸、四寸、五寸。原来知更鸟的尾巴有五寸长。"那我再背你去量其他鸟吧。"知更鸟就背着一寸虫飞走了。

接着一寸虫量了巨嘴鸟的喙、火烈鸟的脖子、苍鹭的腿、雉鸡的尾巴，还量了蜂鸟的全身。

就这样，一寸虫通过自己量尺寸的本领躲过了一次又一次的危险。这时碰到了森林里最会唱歌的夜莺，看看它又会要一寸虫量什么呢。

夜莺看到了一寸虫，说："我想让你量量我的歌。"可是，一寸虫说："我要怎么量呢？我只能量东西，不能量歌。"

"不，我就要你量我的歌声，也不许别人帮忙，如果你量不出我的歌，我就把你当早餐吃掉。""好吧，我试试看。"

于是，夜莺就开始唱了。一寸虫就开始量了，它从叶子的上面爬到叶子的下面，从叶子下面又爬到中间，从中间再爬到旁边，量着量着，一寸又一寸，一直量到看不见踪影……

【活动评析】

首先，从数学概念来看，《一寸虫》这个绘本故事的情节展开比较显性地蕴含了测量的问题情境，用该绘本故事素材来设计数学活动，可以利用故事情节中的线索为幼儿更好地思考测量的相关问题找到契合点，在动手动脑中提升幼儿测量的相关经验。

其次，从年龄阶段来看，该活动中，老师为大班幼儿创设了一个"经验化、探究化、过程化、多元化"的活动环境，使幼儿主动依据个人的已有经验、认知水平愉快地学习，是对大班幼儿测量技能的适宜发展。

最后，从活动设计来看，首先，教师通过谈话导入活动，激发幼儿的学习兴趣，引导幼儿说一说、比一比一寸的长度，再结合老师出示的一寸虫，帮助幼儿了解了一寸所表示的实际长度，为测量活动做好了准备。初次测量的目的在于了解幼儿的原有经验，体现了"幼儿在前，老师在后"的教育理念。在幼儿测量的基础上，引导幼儿验证测量结果，学习重复测量的方法，给孩子们很好的测量方法的引导和梳理。进行第三次测量，联系幼儿实际，引导幼儿给自己的好朋友测量最钟爱的地方，提升幼儿的学习兴趣，进一步巩固测量方法，并且提升了幼儿的学习兴趣，变枯燥的数学学习为有趣的游戏活动。这是因为测量本身是一个相对抽象和精细化的概念与技能，幼儿测量技能的获得既需要探索的时间，也需要巩固加强的操作。

思考与实训

一、思考题

1. 各年龄阶段幼儿量与测量活动的目标是什么？
2. 简述各年龄阶段幼儿量与测量活动的内容。

3. 试述教师如何指导幼儿园的量与测量活动。

二、建议开展的活动

1. 仔细观察中班和大班幼儿在进行量与测量活动时的发现和问题。

2. 引导幼儿注意问题产生的原因，提出量与测量的有用和有趣之处。提供可进行测量的物品，如镜子、圆形积木、圆形饼干等，引导幼儿观察比较并描述测量的方法。

3. 鼓励幼儿在班级中进行正确的测量，通过测量解决问题。

三、实践性学习活动

1. 选择一个幼儿园班级，统计分析班级中哪些材料可以支持幼儿进行量与测量活动。

2. 选择10名中班幼儿，评价其量与测量能力的发展水平，针对每名幼儿的实际需要，设计一项测量活动。

3. 选择10名大班幼儿，评价其量与测量活动的能力和水平，针对每名幼儿的实际需要，设计一项测量活动。

参考文献

[1] 中华人民共和国教育部基础教育司. 幼儿园教育指导纲要（试行）[M]. 南京：江苏教育出版社，2002.

[2] 中华人民共和国教育部. 3~6岁儿童学习与发展指南[EB/OL]. http://www.edu.cn/xueqian 779/20121016.

[3] 史亚娟. 论模式能力及其对儿童数学认知能力发展的影响[J]. 学前教育研究，2003.

[4] 董玉华. 对《指南》科学领域目标的解读和思考[J]. 天津市教科院学报，2013.

[5] 周欣.《指南》数学认知目标解读[J]. 幼儿教育，2013.

[6] 刘占兰. 学前儿童科学教育[M]. 北京：北京师范大学出版社，2008.

[7] 黄诗笺. 现代生命科学概论[M]. 北京：高等教育出版社，2001.

[8] 张惟杰. 生命科学导论[M]. 北京：高等教育出版社，2008.

[9] 刘广发. 现代生命科学概论[M].（第3版）北京：科学出版社，2014.

[10] 陈虹. 幼儿园科学教育与活动指导[M]. 北京：高等教育出版社，2012：165.

[11] 黄瑾. 学前儿童数学教育与活动指导[M]. 上海：华东师范大学出版社，2014.

[12] 金浩，黄瑾. 学前儿童数学教育[M]. 上海：华东师范大学出版社，1999.

[13] 廖丽英. 学前儿童科学教育[M]. 北京：高等教育出版社，2015.

[14] 林嘉绥，李丹玲. 幼儿园数学教学法[M]. 北京：北京师范大学出版社，1994：77.

[15] 王志明，张慧和. 科学[M]. 南京：南京师范大学出版社，1997.

[16] 张俊. 幼儿园数学领域教育精要——关键经验与活动指导[M]. 北京：教育科学出版社，2015.

[17] 幸福新童年编写组.《3~6岁儿童学习与发展指南》解读[M]. 北京：旅游教育出版社，2012.

[18] 黄瑾，田方. 学前儿童数学学习与发展核心经验[M]. 南京：南京师范大学出版社，2014.

[19] 张俊. 幼儿园数学领域教育精要——关键经验与活动指导[M]. 北京：教育科学出版社，2015.

[20] 潘月娟. 幼儿数学教育与活动指导[M]. 北京：高等教育出版社，2013.

[21] 教育部基础教育司组织编写.《幼儿园教育指导纲要(试行)》解读[M]. 南京：江苏教育出版社，2002.

[22] 陈英和. 认知发展心理学[M]. 杭州：浙江人民出版社，1996.